博士生导师学术文库

A Library of Academics by
Ph.D.Supervisors

中国思想史方法论集

张茂泽 著

光明日报出版社

图书在版编目（CIP）数据

中国思想史方法论集 / 张茂泽著 .-- 北京：光明日报出版社，2020.2

（博士生导师学术文库）

ISBN 978-7-5194-5613-9

Ⅰ.①中… Ⅱ.①张… Ⅲ.①思想史—中国—文集 Ⅳ.① B2-53

中国版本图书馆 CIP 数据核字（2020）第 023148 号

中国思想史方法论集

ZHONGGUO SIXIANGSHI FANGFALUN JI

著　者：张茂泽

责任编辑：宋　悦　　　　　　责任校对：赵鸣鸣
封面设计：一站出版网　　　　责任印制：曹　净

出版发行：光明日报出版社
地　　址：北京市西城区永安路 106 号，100050
电　　话：010-63139890（咨询），63131930(邮购)
传　　真：010-63131930
网　　址：http://book.gmw.cn
E－mail：songyue@gmw.cn
法律顾问：北京德恒律师事务所龚柳方律师

印　　刷：三河市华东印刷有限公司
装　　订：三河市华东印刷有限公司
本书如有破损、缺页、装订错误，请与本社联系调换，电话：010-63131930

开　　本：170mm×240mm
字　　数：268 千字　　　　　　印　　张：17
版　　次：2020 年 2 月第 1 版　　印　　次：2020 年 2 月第 1 次印刷
书　　号：ISBN 978-7-5194-5613-9

定　　价：98.00 元

序　言

　　西北大学中国思想文化研究所是侯外庐等先生开创的以唯物史观为指导研究中国思想史的学术重镇。半个多世纪以来，积淀了经过历史检验的人文学术传统，形成了富有特色的学术要求。比如，研究生学习中国思想史，就要求学习、掌握侯外庐先生提出的思想史和社会史相结合方法。但究竟如何学习和掌握这个方法？除了阅读和研究马克思恩格斯等经典作家的著作，研读侯外庐等前辈学者的中国思想史原著，似乎也没有其他好的途径。但马恩著作汉译第一版就有50卷，侯外庐等前辈学者也著述等身，况且还有其他古今中外众多经典著作，内含灿若星辰的学术思想精华，等待我们去学习、采撷呢。这么多学术著作，摆在年轻的研究生面前，要求他们在学制规定的三年内尽皆读完，那是苛求。而且以马克思主义指导研究思想史，理论要求本就较高。一位同学要是只阅读马克思恩格斯著作，而于中外学术思想史一无所知，对社会生产劳动全无参与，是不可能准确理解和掌握马恩学说的。这说明，立德树人，培养合格的、理想的中国思想史高级专门人才，责任重大，任务艰巨，极富挑战性。无论老师还是学生，一旦进入中国思想史领域，首先就要面临中国思想史方法的学与教问题，面临如何汲取中西古今传统学术思想方法，传承发展前辈学者的优秀传统问题。

　　方法是进入中国思想史堂奥的金钥匙。老师进行专业教育，关键在帮助学生学习、掌握专业方法。学生学习时，要是能领悟、掌握一些方法、窍门，学习研究肯定事半功倍。如果有中国思想史方法之类的论著立于案头，供有关师生阅读、参考，想必有助于中国思想史研究生的教学和学习工作。

中国思想史方法有很多，比如搜集材料、辨析材料真伪、分析材料内容的方法，认识和评价历史人物的方法，阅读和理解经典文本的方法，等等，这里不能一一细论。而且这些方法和其他学科的方法多有交叉，比如材料搜集整理分析和文献学交叉，历史人物认识、评价和历史学交叉，文本阅读理解和诠释学交叉。研究生如果想学习掌握这些方法，也可以从这些相关学科成果中学习汲取。

本书所指的中国思想史方法，主要指与理性认识、思想系统相关的思维方式或思想方法，有时也称认识方法。因为这些方法涉及思想问题，需要会抽象思维、逻辑分析，需要较高理论思维水平，这就必须有相应哲学和哲学史基础，研究生很难一蹴而就，快速学习掌握。在思想系统中，思想方法是思想的钢筋铁骨，是人类认识到的真理的引申和应用。所以，这类方法不仅和人们的认识、实践有关，而且和整个世界有关，尤其和人有关。方法论就是本体论、逻辑学，这是黑格尔的重大发现。我国古人也认为，工夫和本体密不可分，工夫所至，即其本体。讨论方法，就要讨论本体，讨论世界，讨论人。研究中国思想史方法，和研究者的世界观、价值观、人生观有关。这说明中国思想史方法的学习、研究，有理论难度，需要慎重、认真对待。

我思考、研究中国思想史方法已经二十余年了。20世纪90年代后期，我博士毕业留校工作。记得曾经撰写一篇关于中国思想史方法的论文，名为《论思想史和社会史相结合的方法》，呈递给张岂之先生。先生批语"抽象"，建议我先多读书，多研究；等研究经验多了，再谈方法不迟。后来，我在博士学位论文《贺麟学术思想述论》的研究基础上，又先后研究了冯友兰、金岳霖、熊十力、张东荪、张岱年等学者的学术思想，研究了关学大家张载的思想，研究了孔孟之道，研究了先秦儒家、道家、墨家、名家、法家等的思想，积累渐增。同时也研究了中国古代宗教思想、经典诠释思想、形而上学思想等。2008年，我从德国图宾根大学访学归来，又受命研读马克思恩格斯的书。

在此过程中，中国思想史方法问题，始终萦绕于心，难以忘怀。结合学术研究实践，我先后形成了一些关于历史上思想家、学者思想方法的单篇论文，也有对中国思想史方法本身的思考。

我逐渐意识到，从性能上看，科学的中国思想史方法，应是学者进入中国思想史研究对象的途径，是学者和中国思想史在知行上有机结合的桥梁，所以还是中国思想史传承发展的路径。因为从根本上说，真正科学的中国思想史方法，必然反映了中国思想史的发展主线、历史规律、优秀传统。换言之，科学的中国思想史方法，应是中国思想史发展规律的总结，更是中国思想史优秀传统的传承发展和实践应用。只有这样，中国思想史方法才能真正成为我们理性认识中国思想史的途径，成为我们理性实践中国思想史内容的办法，为我们运用所学，推动中国思想史在新时代进一步发展指明康庄大道。

要紧的是，我们如何使中国思想史方法成为科学方法。这必然要求我们将中国思想史研究置于科学研究的基础上，如实、合理而有效。我们努力追求达到这样的地步：中国思想史方法就是我们经过科学研究后，对中国思想史形成系统的科学认识，而后将这些科学认识转化而成的思想方法、认识方法、评价方法、实践方法。故科学的中国思想史方法一定是我们对中国思想史的逻辑概括和实践应用。所以，关于中国思想史的对象、中国思想史的内容、中国思想史的主体，以及中国思想史发展的历史主线、历史阶段、逻辑环节，都有必要进行分析研究。而中国思想史又是整个中国历史的一部分，是整个宇宙大化流行的一条小支流。所以，上述这些分析研究，又和我们对整个中国历史、中华文明史的认识相关，推而广之，和我们对整个世界、人类社会的理性认识密切相关。换言之，中国思想史方法论和我们的中国史观、世界观密不可分。

不过，从历史角度看，现在我们认识和运用的中国思想史方法，只能是历史上学者们认识和应用的中国思想史方法的传承发展。即是说，中国思想史方法事实上的来源，不仅有历史上思想家、学者们的思想方法，还有他们的优秀思想内容，以及历史上中国思想史的发展规律、发展方向等。用古人的意思说，中国思想史方法，应是数千年人类文明，尤其是中华文明道统、学统的接续和发展，在方法上的表现。

所以，大体上，中国思想史方法主要有理论和历史两大源泉：

首先是马克思恩格斯学说的学习和掌握。讨论马克思主义的中国思想史方法，必须全面准确理解马克思主义，科学认识和总结中国思想史学术传统。我在为研究生开设经典著作导读课的基础上形成的《马克思恩格斯学说要义》（人民出版社2018年版），可供研究生查阅、研读。希望研究生在三年时间内，以此为阶梯，尽可能学习掌握马恩学说要旨和思想方法。

其次是中华优秀传统思想方法的学习和掌握。从思想史角度考虑，本书更多的是研究和总结我国历史上学者、思想家们的思想方法。我的有关学术论著，如《贺麟学术思想述论》《金岳霖逻辑哲学述评》《孔孟学述》《中国思想文化十八讲》《中国诠释思想史论》《道论》等，其中多涉及中国思想史方法问题的探讨。同时，我也间或发表了一些探讨思想方法的单篇论文，但这些论述散见各处，读者查阅殊为不便。

时值光明日报出版社"博士生导师学术文库"征稿，遂将其中涉及中国思想史方法问题的论著内容选列出来，稍加整理，编辑成册，作为笔者思考这个问题的阶段性总结。

本书内容大约有两个部分：一是探讨历史上思想家、学者们的思想方法，如孔子的学习方法、孔孟"思"（反思）的方法、儒家经典诠释（文本理解）方法，以及现代中国学者同情的了解方法、源于西学的逻辑分析方法、我国近现代外来学说中国化的经验方法等。其中，马克思本人的思想史研究方法当然尤其应该重视。二是作者探讨思想史和社会史结合方法的相关内容，如关于思想史和社会史结合方法的思考，还有思想史和学术史关系、学术社会问题、中道思维和中道精神、道论方法，以及直接针对研究生讲解如何提高理论思维水平的学术报告等。

这些可谓20余年来我思考中国思想史方法的心得，现在公诸学界，向同人汇报，敬请读者朋友批评。

张茂泽

2018年9月28日于西安

目　录
CONTENTS

孔子的学习思想 [1]

儒学是人学，研究人成为人的问题，研究现实的人成为理想的人的问题。孔子被尊为圣人。圣人就是标准的、典型的、理想的人，是实现了"人"概念规定性的人。孔子借助不断学习而成就圣贤先师。那么，他是如何学习的？又是如何谈论学习的？孔子的学习思想已然成为我们追溯国人学习方法的历史源头和核心内容。

孔子一生都在学习。《论语·述而》载："吾非生而知之者，好古，敏以求之者也。"孔子对"道"的认识或觉悟，并不是天生的，而是在现实生活实践中，通过努力学习（"敏以求之"），从丰富的历史文化（"好古"）中获得的。

《论语》记载，孔子自我评价说："默而识之，学而不厌，诲人不倦，何有于我哉？"又说："若圣与仁，则吾岂敢？抑为之不厌，诲人不倦，则可谓云尔已矣。"（《论语·述而》）意思是说，他一生都在学习和从事教学工作，除了学习与教学之外，似乎没有做其他什么事情。可见，孔子反省自己，非常看重学习和教学工作的意义。

孔子进行了大量学习实践活动，对于学习自然有不少体会。《论语·学而》第一句："子曰：'学而时习之，不亦说乎？'"朱熹注："既学而又时时习之，则所学者熟，而中心喜悦，其进自不能已矣。"[2] "学而时习"，就是学

---

[1] 本文原载《孔孟学述》（三秦出版社2003年版），收入本书时，有不少修改。

[2] 朱熹.四书章句集注·论语集注·卷一 [M]// 新编诸子集成第一辑.北京：中华书局，1983：47.

习而又时时练习、复习、实习。学，有觉悟的意思，也有仿效的意思。其中的"之"，朱熹理解为人固有的至善本性，即"道"。我们现在称"道"为真理。"道"或真理之在于人，即人性或人之"道"，就是关于人的真理。那么，"学而时习"，就是学习"道"、效法"道"，认识人之所以为人的真理，对于人生活的意义与价值能够有深刻的自觉、觉悟。据此，孔子已明确将"学习"作为人性修养活动进行讨论了。这些讨论，就是他的"学习"思想。

在孔子看来，"学习"是现实的人成为真正的、理想的人的唯一也是最重要的途径。他发现，在现实中，人们学习的动力和他们达到的境界，有四种情况。《论语·季氏》载："子曰：'生而知之者，上也；学而知之者，次也；困而学之，又其次也；困而不学，民斯为下矣。'"孔子认为他自己并非"生而知之"，而是"学而知之"甚或"困而学之"。他对于"困而不学"的那些人，特别表示了自己出于仁爱的忧虑。《论语·述而》载："子曰：'德之不修，学之不讲，闻义不能徙，不善不能改，是吾忧也。'"

孔子一生关心平凡的人们——非"生而知之"的那些人——如何通过"讲学""修德"，迁善改过，成为真正的、理想的人。学习正是现实的人成为理想的人的必经之途。而"学习"思想，在孔子儒学思想中，作为其人性修养的核心内容，占有重要地位。强调在日常生产生活中学习不止，"活到老，学到老"，可谓孔孟人学最基本的内容之一，也是他们有别于其他诸子的重点所在。

从《论语》看，孔子的"学习"思想内容丰富。如果将"学习"作为一种现实活动，那么，结合《论语》提供的材料，我们就可以从四个方面观察孔子的"学习"思想：一是学习的条件；二是学习的对象、内容与方法；三是学习的阶段、境界和评价标准；四是学习的目的和功能。

一、学习的条件

学习作为一种现实活动，它的出现，需要一定的条件。孔子注意到，一个人的学习活动，是以他的生活实践（"行"）为基础的。《论语·学而》记载，"子曰：'弟子入则孝，出则弟，谨而信，泛爱众，而亲仁。行有余力，则以学文。'""学文"是学习，"行"也是学习，只不过"行"是广义的学习而已。但孔子指出，"行有余力，则以学文"。也就是说，"行"又是"学文"的基础或准备，"行"之后如果还"有余力"的话，就可以从事"学文"了。但是，孔子并没有以此为满足，而是更多地发掘出学习活动正常进行的主体条件。其中，这些条件主要有两个方面：一是学习者要有追求"道"或真理的志向和理想，二是学习者要有真正"好学"的精神。

（一）追求真理（"道"）的远大理想和坚定志向

《论语·卫灵公》载，"子曰：'君子谋道不谋食。耕也，馁在其中矣；学也，禄在其中矣。君子忧道不忧贫。'"生活在现实世界中的人，一般都有他们的志向、理想。人们的志向、理想，受到他们关于自己需要的意识的制约。如果他们认为自己缺乏的是利益与成功，那么，他们的理想、志向大多与利益和成功相关。与利益、成功相关的志向、理想，我们可称之为功利性的志向、理想，孔子则将有这种志向、理想的人叫作"谋食"或"忧贫"。一个人如果一生都在"谋食""忧贫"，他的生活恐怕难以真正幸福，他的人生境界恐怕也难以有真正质的提高。功利当然是人的内在需要之一，但同时，人还有超越功利层次的需要，如自我实现等精神需要。后一种需要一旦实现，更能给人带来满足感，使人获得真正的幸福。

而且，功利之所以为"功利"，从社会历史过程看，有其条件和原因。事物都有其性质或关系，社会上的事情怎样变化总有其因果关系，历史的发展也有其规律性，这些性质或关系、规律性等因素，孔子称之为"道"。在孔子看来，道从根本上决定了我们事业的成功还是失败、得利还是受害。而且，我们认为某种事情有利或成功，是根据一定价值标准做出的评价。现实社会中并存着许多不同的价值标准，在社会转型时期，这一现象更加突出。而将这些价值标准合起来看，是否存在着一种总的、更高的价值标准呢？我们现在通常肯定有这样一种价值标准存在，那就是真、善、美、用，我们也将这些好的价值标准称为广义的真理。孔子也认为有这样一种价值标准存在，并且他称之为"道"。其实，"道"或真理是功利之所以为功利的根据或原因，也是我们评价某事物是否功利的最高标准，故道可谓最大、最理想的真功利。孔子主张，一个真正的、理想的人（"君子"），要具有超越而又包含功利在内的志向或理想，即"谋道""忧道"，以及求"道"的志向和理想，也就相当于我们现在所说的追求真理的志向、理想。孔子明确提出，人们要"志于道"（论语·述而》），以"道"或真理作为自己一生不变的志向、理想，这是人性修养的现实起点。

在现实生活中，一个人始终如一坚持远大志向、理想，比只树立志向、理想更为困难。树立理想，也许只需想象即可但树立真正理想，必然包含不忘初心、始终坚持远大理想。一方面，必须有长期生产生活实践基础上获得的理性认识成果的支撑，理想才能真；另一方面，又必然经受现实的考验，历经艰难曲折、坎坷磨难，理想才能实现。只有树立了真实理想，人们才能杜绝种种外诱，持之以恒，才能坚如磐石，终生不动摇。孔子自述，也勉励大家说："三军可夺帅也，匹夫不可夺志也。"（《论语·子罕》）一个人只有将真实理想，当作自己之所以为自己的最主要的标准来坚持，当作自己立身行事最根本的原则来维护，当作自己大我或真我的家园来描绘，才能成为现实社会的砥柱、民族国家的脊梁。

一个人的志向、理想，乃是其人生活动逻辑上的出发点。一个人如果能"志于道"，而且不动摇，那么，他一生的学习活动就不只是学习生活所必需的技术能力或专长，以满足一个人或一部分人生存和发展的功利需要；他更要通过学习，认识普遍必然的真理，觉悟人的本性和意义，满足所有人的生存和发展的需要，在现实世界显示出真理的力量，实现真理的价值，使人成为真人，使社会成为理想的社会。换言之，一个人如果能够"志于道"，而且不动摇，那么，他就为学习提供了最基本的主体条件。

（二）"好学"精神

在孔子看来，"道"或真理很有价值。但是，现实的人未必都会去学道、求道。而且，即使有一部分人赞成孔子对"道"的认识，他们也会认为"道"太理想、太完美，且离现实太远。我们现实的人只活几十年，最多百余年，生命有限，我们怎么能够学习并追求到这个"道"呢？这涉及学习方法和学习自信心的问题。其中，现实的人们在学习中，如何树立起学道的自信心，更是问题的关键所在。如果一个人认为"道"或真理很好，但是他没有追求的自信，总认为自己"力不足"《论语·雍也》)，能力不够，那么，他可能就不会继续学习、追求下去。面对这个问题，孔子明确表示，相对于"道"或真理而言，现实的人有主体性，而且，现实的人有学"道"、求"道"的必要性。

《论语·卫灵公》载："子曰：'人能弘道，非道弘人。'"弘，朱熹解为"廓而大之"①，有些抽象。我们现在或许可以这样理解，"道"或真理一直就在那里，但对现实的人而言，我们并没有认识、把握到它。在我们现实生产生活实践中，"道"或真理并没有完全体现出它应有的意义。"人能弘道"，就是说，现实的人能够认识、理解"道"，让"道"从可能变成现实，从单纯形式的变成有内容的，从抽象存在的变成具体存在的，从先验形式变成经验能力，从外在于人的必然变成内在于人的应然和自由等，从而在经验中实现"道"的价值，释放出"道"的现实力量。"人能弘道"，给现实的人学"道"、求"道"提供了自信心。借助"弘道"，现实的人有能力使自己成为真正的、理想的人，从而把握自己的人生命运。但这不是"道"有意要这样的，所以才说"非道弘人"；这是人通过自己学习、实践等努力，使现实的自己与"道"建立起内在联系，在"道"的支持下才实现的。人成为真正的、理想的人，理论的原因在于"道"，而现实的根本原因则在于自己的学习。"非道弘人"，又给现实的人指出了学"道"、求"道"的必要性，也就是"好学"的必要性。

《论语·卫灵公》载："当仁，不让于师。"孔子所谓的"仁"和他所谓的"道"（或真理），并没有本质的区别。在孔子看来，对于"仁"或"道"，每个人都应追求。在追求"仁"或"道"方面，学生和老师是平等的。追求"道"或真理，理应当仁不让，不必因为自己是学生、后学、晚辈等而裹足不前。

人为什么要"好学"呢？孔子结合实际情况指出，一个人修养的提高，必须与"好学"联系起来。《论语·阳货》载，孔子问："由也，汝闻六言六蔽矣乎？"子路回答："未也。"孔子说："居！吾语汝。好仁不好学，其蔽也愚；好知不好学，其蔽也荡；好信不好学，其蔽也贼；好直不好学，其蔽也绞；好勇不好学，其蔽也乱；好刚不好学，其蔽也狂。"即如果一个人要提高自己的修养，而又不与"好学"联系起来，则他所期望的修养是难以达到的，

---

① 朱熹.四书章句集注·论语集注·卷八 [M]// 新编诸子集成第一辑，北京：中华书局，1983：167.

结果出乎意料，甚或与自己的期望相反。孔子对子路说，假设你不"好学"，你只是好仁或好知或好信或好直或好勇或好刚，那么，你就难以避免相应的弊端，如愚蠢（"愚"）、狂妄草率（"狂"）、没有规范（"荡""绞""乱"），甚至给人、事造成伤害（"贼"）等。在孔子看来，一个人要做一个理想的人，他就必须"好学"。

　　孔子认为，"好学"与人的"信"（信念或信仰）密切相关。他说："笃信好学，守死善道。"（《论语·泰伯》）将信仰和"好学"联系起来，有以理性的学习活动以解决人的信仰问题的意思。这意味着，孔子想让人们将自己安身立命的精神家园建筑在人理性学习的基础上。一般而言，各种宗教在理性与信仰的关系问题上，并不完全排斥理性，而是一方面利用理性论证神的存在和神的超越权能，另一方面又限制理性作用的范围，限制甚至排除人运用理性能力认识和把握神的可能性。孔子提出"知天命"说，要求人们觉悟做人而非鸟兽、器物，做人而非神灵的性命，担负"父父子子""夫夫妇妇"等成人的使命，无条件承受作为事业最终结局的命运。这说明，孔子有让人运用理性能力自觉性命、担负使命而把握自己命运的意思，也有敬畏天命而承受天命的意思。这种天命观，似乎有矛盾，但仔细分析，原来两者作用范围有别。对前者，孔子主张学习、克己等，以修养之；对后者，孔子罕言、不语，敬而远之。他明显是强调前者而对后者保持沉默。结果是，他的论述极大地提高了人在神面前的地位，扩大了人理性能力的作用范围，体现出学习对于人成为人的非凡意义。这正是孔子儒学思想与各种宗教信仰不同，而又能使人安身立命的根本所在。孔子借助学习等思想，让传统宗教学术化、信仰理性化，开辟了中国思想文化史的新纪元。

　　在《论语》中，孔子评价自己与众不同的特点时，就说人家不如自己"好学"（《论语·公冶长》）。他多次表彰他最喜爱的弟子颜回"好学"。《论语》载，哀公问："弟子孰为好学？"孔子回答："有颜回者好学，不迁怒，不贰过，不幸短命死矣！今也则亡，未闻好学者也。"（《论语·雍也》）季康子问："弟子孰为好学？"孔子回答："有颜回者好学，不幸短命死矣！今也则亡。"（《论语·先进》）那么，颜回是怎样好学的？《论语·雍也》又载，"子曰：'贤哉，回也！一箪食，一瓢饮，在陋巷。人不堪其忧，回也不改其乐。贤哉，回也！'"

在孔子看来，颜回之所以好学，就在于他不以物质生活条件的艰苦而摇动其心志，反而能在艰苦条件下，体会到学习人生的快"乐"，这是真正"好学"的一种表现。颜回的品质，孔子作为老师，也禁不住再三叹赏之。一个人在学习中，能经受住外在环境的考验，并不容易。比如，孔子发现，当时一般人"三年学，不至于谷，不易得也"（《论语·泰伯》）。在长期的学习过程中始终保持理想信念，很难不受利禄引诱，不被困苦动摇。孔子说："岁寒，然后知松柏之后凋也。"（《论语·子罕》）人们好学，应经得住艰苦条件的考验，像松柏经受严寒考验一样，坚持下来，这才是真正的好学。

孔子发现，除颜回外，还有一种好学情况。《论语·学而》载："子曰：'君子食无求饱，居无求安，敏于事而慎于言，就有道而正焉，可谓好学也已。'"在吃、穿、住等方面，人不要追求太舒服的享受。应该说话谨慎，多做事情，向"有道"的人学习，不断克服自己的弱点或不足，这也可谓好学。颜回好学，他的志向或理想经受住了艰苦物质条件的考验，而且通过学习文化，追求真理，体会到了好学的快乐，这是高层次的好学。而后一条材料所说的好学，乃是就一般人而言，要求也相对较低。可见，孔子看问题很会针对不同的人，提出不同的要求。

比如，当时，卫国有一位大夫，叫做孔圉，他生前为人有亏[①]，死后竟然谥为"文"。根据当时谥法，"勤学好问"就可称"文"。子贡对这位先生的谥号表示不解，孔子解释说："敏而好学，不耻下问，是以谓之文也。"（《论语·公冶长》）一般人的情况下，"性敏者多不好学，位高者多耻下问"[②]，但能够像孔文子那样，做到"敏而好学，不耻下问"，对于一般人而言也是难事。孔子对于大夫们的"好学"要求，和与上述颜回的好学、君子的好学相比，又有所不同。

不同的人，好学的要求不同，但每一个人都应该好学，这应没有疑问。因为，如前所述，好学乃是人之所以成为真正的、理想的人的必要条件。

---

① 朱熹《论语集注》卷三"子贡问曰"章注，引苏氏曰："孔文子使太叔疾出其妻而妻之，疾通于初妻之娣，文子怒，将攻之。访于仲尼，仲尼不对，命驾而行。疾奔宋，文子使疾弟室孔姞。其为人如此而谥曰文，此子贡之所以疑而问也。"载《四书章句集注》，新编诸子集成本第一辑，中华书局，1983：79.

② 朱熹.四书章句集注·论语集注·卷三 [M]// 新编诸子集成本第一辑.北京：中华书局，1983：79.

在孔子看来，好学的精神，还体现在其他方面。比如，一个人真正好学的话，他一定具备了"知之为知之，不知为不知"（《论语·为政》）这种诚实的学习态度，也具有"述而不作"（《论语·述而》）、虚怀若谷的心态，能像孔子弟子曾子所说，做到"以能问于不能，以多问于寡"（《论语·泰伯》）。此外，如果一个人真正好学，他一定还具有专心致志、认真求索、勇往直前、精进不已的精神。孔子说："学如不及，犹恐失之。"（《论语·泰伯》）努力学习新知识，懂得新道理，但原来学过的内容，也不能丢掉，而应该循序渐进，使学习的新旧知识能有机统一起来，成为一个连续不断的过程，就像河水的流动"不舍昼夜"（《论语·子罕》）一样。在孔子看来，要做到这一点，学者自己的努力非常关键。

《论语·子罕》载："子曰：'譬如为山，未成一篑，止，吾止也。譬如平地，虽覆一篑，进，吾往也。'"孔子认为，在学习过程中，在追求"道"或真理的过程中，如果有进步，那是他自己让自己进步，如果有停止，那是他自己让自己停止，如果有退步，当然也是他自己让自己退步。好学与否、进步与否、坚持与否，关键在自己，而不在别人或周围的环境。

从孔子上述思想看，在学习条件方面，他更注重学习者自身的精神准备，而不那么强调学习的外在客观条件，这是值得当代的学者们深思的。

二、学习的对象、内容与方法

在孔子看来，学习的对象不只有六经，像自然界、社会生活实践、社会政治活动等，都是人们学习的对象。孔子曾经说："不学《诗》，无以言。""不学礼，无以立。"（《论语·季氏》）又说："小子！何莫学夫《诗》？"（《论语·阳货》）孔子整理六经，用以教学，《诗》《礼》等历史文化经典便是学习对象。《论语·阳货》载，孔子说："予欲无言。"子贡问："子如不言，则小子何述焉？"孔子回答："天何言哉？四时行焉，百物生焉，天何言哉？"这意味着自然界（"四时行""百物生"）也是我们学习的对象。

此外，从孔子关于学习途径的讨论中，也可以看出他的学习对象论。在孔子看来，学习的途径有多种。比如，受正规教育、自己读书、亲自参加社会实践等都是学习的途径，而且这些途径互相联系，不可分割。只参加社会实践而不读书，或者只读书而不参加社会实践，都不妥。《论语·先进》载："子路使子羔为费宰。子曰：'贼夫人之子。'子路曰：'有民人焉，有社稷焉。何必读书，然后为学？'子曰：'是故恶夫佞者。'"照子路的意见，子羔为学，不必要读书，其直接参加社会政治活动，就是学习。孔子不直接批评子路的看法，因为子路的说法有他一定的道理。在孔子看来，社会政治实践本就是学习的对象或途径之一。只是子路的看法有不足，他将读书与参加社会政治实践对立了起来。其实，这两者本应统一于学习活动中。怎么统一呢？据朱熹理解，应"必学之已成"①，然后可行。先要读书、受教育，等打好基础后，再参加社会政治实践活动，这样才能保证自己不犯低级错误。可见，在孔子那里，社会实践也是学习的对象。

关于学习内容，孔子自己"多识于鸟兽草木之名"（《论语·阳货》），当可推知，在他看来，像鸟兽草木之类的自然知识自当学习了解。至于技能，孔子自己学到一些生产生活技能，但却并不看重。

一个人拥有某项甚或几项专业技能，在分工发达的现代社会里，已经成为其立身行事的基础。所以，在现代社会里，职业技术培训发达。但在孔子时代，社会生产力水平不高，分工也不发达，一个人的技能更多体现为一些手工技术。这些手工技术，往往只在小范围个别传授，如家传或拜师学艺。这种方式，在教育领域的影响，反而不如孔子"私学"那样具有社会普遍性。况且，当时"礼崩乐坏"，"天下无道"，并非是大家技能不够格造成的。所以，在孔子看来，这类技能，对君子而言，似乎并不是最重要的。《论语·子罕》载，大宰问子贡："夫子圣者与？何其多能也？"子贡答："固天纵之将圣，又多能也。"孔子听闻后说："大宰知我乎！吾少也贱，故多能鄙事。君子多乎哉？不多也。"孔子少时多磨难，故学会了一些生存技能（"多能"）。但他认为，从"君子"理想人格角度看，君子固然"多能"，但"多能"只是君子的次要特征，其主要特征在于内在修养。孔子对技能的看法，从人学的角度看，是正确的，并且在大家都重视技能学习的今天，也不无发人深思之处。

---

① 朱熹.四书章句集注·论语集注[M]// 新编诸子集成本第一辑.北京：中华书局，1983：129.

　　那么，人们最重要的学习内容是什么呢？在孔子看来，既不是各种知识，也不是各种技能，而是对"道"的觉悟。对"道"的觉悟，是一个人作为人最重要的事情。《论语·子路》有一段很有意思的记载。"樊迟请学稼。子曰：'吾不如老农。'请学为圃，曰：'吾不如老圃。'樊迟出，子曰：'小人哉，樊须也！上好礼，则民莫敢不敬；上好义，则民莫敢不服；上好信，则民莫敢不用情。夫如是，则四方之民襁负其子而至矣，焉用稼？'"孔子所谓"道"，相当于我们现在所谓真理，表现在个人身上，为修养或素养，表现到社会规范上，即社会正义、礼法制度，表现到人际交往上，即和谐、诚信的社会关系。"稼"（种植庄稼）、"圃"（种植蔬菜）是当时作为小生产的农民所必备的生产技能，农民只有依靠这些技能才能生存下去。孔子的学生樊迟，主张应该在孔子"私学"中传授农业种植技能，但遭到孔子拒绝。为什么呢？从孔子的整个思想看，其并不是要为社会培养合格的农民或手工业工人。这一点，孔子本人是很清楚的。在孔子看来，当时社会礼崩乐坏、天下无"道"，并非源于农民和工人们技能不合格，而是统治者不合格。社会秩序混乱的真正原因在于缺乏合格的统治者。统治者不合格，互相征伐，战争频仍，于是盘剥百姓，实行严酷统治，才导致"民不敬""民不服""民不用情"等社会乱象。孔子办"私学"的一个重要目的，即是要利用三代流传下来的历史文化，培养在新时期治理国家的合格统治者。而在孔子看来，统治者要合格，就必须具备较高的综合修养，"道"或"仁"等，是这种修养的统称，而"礼""义""信"等，则是这种修养的具体表现，另外，知识、品德、审美等修养，都包括在其中。樊迟似乎没有理解到孔子办学的这一宗旨，没有认识到孔子办的"私学"只是一所人文学校，反而误以为孔子办的是一所职业技术培训学校，所以要"请学稼""请学圃"，被老师怒斥，是自然的。

　　然而，人们应该怎么才能具备这样的综合修养呢？换言之，学习的方法是什么呢？在孔子看来，有几个方面的问题，学习者必须首先要注意。

　　一是学习者必须亲自到地头涉猎一番，获得真正的认识或体会。只听老师讲解，只听他人言论，远远不够。孔子就此特别提出批评说："道听而涂说，德之弃也。"（《论语·阳货》）对于学习者成为理想的人而言，像鸟兽草木之类的知识，可能只是某物的表象经验或某方面的专业知识，不一定关系到他人性的自觉和实现，且这类外在知识，或可依靠"道听而途说"求得。而技能培训，仅依靠"道听而途说"实不足够，还须亲自参加实践锻炼，不断重复仿效，才有可能学好炼精。至于人文修养的提高，就更加复杂。如果只是"道听而途说"，没有亲自实践，缺乏生活体验，人是不可能对于真正的"人"有认识或觉悟的。甚至情况正好相反，越是依靠"道听而途说"理解人性，寻找真我，自己对于人的理解、对于自我的觉悟便越有偏差。结果势必是：人的言行现状离真正的"人"就越远。孔子很形象地将这种不良后果称为"德之弃"。也就是说，这种人乃是被自己的本性，即德性所抛弃的人。

二是学习要抓住关键，注重自己内在修养的提高。孔子自己说过"君子不重则不威，学则不固"（《论语·学而》）的话，意思是说，人们学习到的东西要转化为自己内在固有的东西，使自己真正能"立"起来，进而其言行活动自然持重、庄重、稳重。

一个人要"重"，就不能"惑"，自然必须正确处理认识和情感的关系。孔子说："知之者不如好之者，好之者不如乐之者。"（《论语·雍也》）在学习中，人们仅仅认识"道"是什么还不够，还应将认识到的"道"进一步转化为自己的情感和意志；在转化基础上，使认识与道德、情感统一起来。只有学习到的知识已经进展为人的智慧，一个人的综合素养才能由此获得真正的提高。

三是学习者要在现实生活中不断学习，"学而时习"，时时学习、复习、实习、练习。这一点，孔子多次强调。《论语·里仁》载："子曰：'见贤思齐焉，见不贤而内自省也。'"（《论语·述而》）"子曰：'三人行，必有我师焉。择其善者而从之，其不善者而改之。'"又载："子曰：'……多闻择其善者而从之，多见而识之，知之次也。'"人们应在现实生产生活以及与他人的交往中，"见贤思齐""见不贤而内自省"，不断学习，迁善改过，提高自己的综合修养水平。

此外，关于学习的方法，孔子还强调两个结合：其一，学习与实践结合；其二，学习与思考结合。关于学习与实践结合，孔子反复强调。《论语·学而》载："子曰：'弟子入则孝，出则弟，谨而信，泛爱众，而亲仁。行有余力，则以学我文。'"《论语·述而》载："子曰：'文，莫吾犹人也。躬行君子，则吾未之有得。'"《论语·颜渊》载："子曰：'博学于文，约之以礼，亦可以弗畔矣夫。'"其中孔子讲的"约之以礼"，就是"躬行"实践，包括孝、悌、信、爱、仁等"行"为活动。实践既是学习（"学文"）的基础，又是学习收获（"博学于文"）的检验、运用和提高。可见，孔子所谓的学习与实践不可分割。

关于学习与思考，孔子要求将学习和思考结合起来。他说："学而不思则罔，思而不学则殆。"（《论语·为政》）这看来是孔子自己的为学经验之谈。

孔子还认为，学习是思考的基础。他说："吾尝终日不食，终夜不寝，以思，无益，不如学也。"（《论语·卫灵公》）即一个人只思考，不学习，最终"无益"。值得注意的是，孔子所谓的"思"有三个意义：一为"思想"，如"思无邪"之类；二为反思，《论语》中的"思"大多为反思的意思；三为推类而思，接近于一种直觉式的演绎推论。意思是说，他的演绎推论，在前提和推论方式等方面，都不是很清楚，但确实又将一个命题（如关于诗的命题）意义的有效范围，直接引用到另外的领域（如"礼"）中去，实际上暗中断定了这种比类而推的逻辑必然性。

《论语》中解释经典时，多运用这种"思"。例如，子贡问："贫而无谄，富而无骄，何如？"孔子回答："可也。未若贫而乐，富而好礼者也。"子贡又说：《诗》云：'如切如磋，如琢如磨。'其斯之谓与？"孔子回答："赐也，始可与言《诗》已矣！告诸往而知来者。"（《论语·学而》）此中引用《诗》中有关治骨角、玉石的诗句论及人的修养，体现了孔子及其弟子子贡推类而思的思维方式。此诗本讲治骨角、玉石之反复不已，精益求精，但子贡借以讲人的学习与修养，也要如此精进不已，深得孔子的赞许。由此可见，孔子本人在理解《诗》的意义时，从治骨角、玉石之反复不已，归纳出"做事情要精益求精"这一类具有普遍性意义的命题，且将这一普遍性命题运用到人学中去，特别是运用到人的修养提高这一不断精进的过程中去，事实上也就是在逻辑思维上进行了近似于演绎的推论。

三、学习的阶段、最高境界、评价标准

孔子发现，人们学习有四个阶段。《论语·子罕》记载："子曰：'可与共学，未可与适道；可与适道，未可与立；可与立，未可与权。'"朱熹注解说："可与者，言其可与共为此事也。程子曰：'可与共学，知所以求之也。可与

适道，知所往也。可与立者，笃志固执而不变也。权，秤锤也，所以称物而知轻重者也。可与权，谓能权轻重，使合义也。'杨氏曰：'知为己，则可与共学矣。学足以明善，然后可与适道。信道笃，然后可与立。知时措之宜，然后可与权。'"①综合程颐、朱熹他们的意见，则"学"指学习；"适道"指借助学习而明白了道理，且相信这种道理的正确性，由此明确树立起自己人生的理想；"立"则更进一步，指自己的价值标准确定了，而且运用到现实人生中，信道诚笃，自己做人的出发点、言行活动准则、安身立命之所都建立起来；"权"则指将自己的出发点、价值标准、行为准则、安身立命之所等，与现实的社会历史条件结合起来，既有原则性，又有灵活性，能应对自如，"从心所欲，不逾矩"。可见，在孔子那里，"共学"是单纯学习的阶段，"适道"是认识到"道"的阶段，"立"则是将认识到的"道"转化为自己的立场、观点、方法和精神家园的阶段，而"权"则是自己所"立"的道理与社会现实结合，无不适宜的阶段。学习的四个阶段，反映了人们的认识从抽象到具体的发展过程，也反映了学习到理论后，要进一步和现实社会实践相结合的发展方向。孔子认识的四个阶段论，具有认识论的意义，集中体现了他的认识辩证法思想或真理（"道"）辩证法思想。

此外，孔子还谈到他自己学习人生的六个阶段。《论语·为政》载："子曰：'吾十有五而志于学，三十而立，四十而不惑，五十而知天命，六十而耳顺，七十而从心所欲，不逾矩。'"孔子从人生角度，描述在不同人生阶段，自己不同学习收获、达到不同人生境界情况。孔子讲到，自己十五岁就有学习（"道"）的志向，三十岁就能立身行世，四十岁已经完全可以凭着理性办事，不会受个人情感的迷惑②，五十岁，已经能觉悟做人的性命、担当成人的使命、承受作为事情结局的命运了，六十岁声入心通，对现实世界任何言论、事情，都能看清楚，能理解，看得开，七十岁，则达到随心所欲而不

---

① 朱熹.四书章句集注·论语集注·卷五 [M]// 新编诸子集成第一辑.北京：中华书局，1983：116.

② 作者按：《论语》中的"惑"，多指一个人全受感情左右，而缺乏理智的情况。如《颜渊》："子张问崇德辨惑。子曰：'……爱之欲其生，恶之欲其死。既欲其生，又欲其死，是惑也。'"又："樊迟从游于舞雩之下，曰：'敢问崇德、修慝、辨惑。'子曰：'善哉问！……一朝之忿，忘其身以及其亲，非惑与？'"从这两条材料看，孔子所谓的"惑"指个人完全被感情冲动蒙蔽，处于不理智状态。

会逾越任何规矩的自由境界了。这六个阶段进展的基础就是孔子自己不断的学习。

由此可知，孔子的一生，是学习的一生。他的人生，可谓学习人生。孔子是一位非常普通、非常平凡的人，但他能终身坚持学习，拥有一个学习人生，又是极不普通、极不平凡的。他非常普通、非常平凡，和众人并没有什么本质区别，以至人们都可以像他一样，学习成人。可他又极不普通、极不平凡，所以，大家又都应该向他学习。孔子是一位平凡而又伟大的学习者。他之所以被时人和后人尊为"圣人"，尊为普通人的理想人格来终身学习，应是重要原因。

孔子的学习人生六阶段论，乃是对他成为真正的、理想的人的辩证历程的具体描述。这六个阶段，也体现了他的主体（"心欲"与"矩"的结合）辩证法思想。

学习进展，意味着学习者的收获是动态的。学习所达到的最高境界，除了孔子自述的"从心所欲，不逾矩"这一特征外，还有其他特征。《论语·子罕》载：子曰：'吾有知乎哉？无知也。有鄙夫问于我……我叩其两端而竭焉。'""子曰：'赐也，女以予为多学而识之者与？'对曰：'然。非与？'曰：'予一以贯之。'"（《论语·卫灵公》）"子曰：'……我则异于是，无可无不可。'"（《论语·微子》）

上列第一条材料说，人达到最高境界时，会有一个特征，即自己认为自己"无知"。这里似乎可以和西方古希腊哲人苏格拉底自以为自己无知（我知道自己的无知，我知我无知）的名言相提并论。第二条材料说，达到最高境界的人，在知识、思想或表达上，是"一以贯之"的，是有思想根本或宗旨的，或者说是有思想体系的。第三条材料说，最高境界的人，对待现实世界，"无可无不可"。意思是说，从"道"的高度看现实世界，则现实世界总有它的不足。所以，对待现实世界，当然要"无可"，不会完全随顺现实，赶时髦。同时，从"道"的高度看现实世界，则现实世界又总有其不能不如此的道理，对于现实世界的一切，又是完全可以理解的。所以，对待现实世界，当然又要"无不可"。最高境界的人，完全可以顺应历史潮流而动。但无论是"无可"，还是"无不可"，都只是表象。只有"道"或真理，才是最高境界的人所唯一真正固守和坚持的东西。而至于现实世界，总是一部分符合"道"或真理，而一部分不符合，在这种情况下，"无可无不可"的人生态度就很自然了。

孔子描述了人生理想境界的特征，那么他自己有没有达到呢？在弟子眼中，孔子就是达到最高境界的人。由孔子弟子及再传弟子记录、编辑而成的《论语·子罕》就记载："子绝四：'毋意，毋必，毋固，毋我。'颜渊喟然叹曰：'仰之弥高，钻之弥坚。瞻之在前，忽焉在后。'"（《论语·子罕》）在弟子们看来，孔子绝对没有出现这四种情况，即：认识上不符合"道"或真理的主观臆测（"意"）；个人意志上不符合"道"或真理而凌驾于事物之上，一定要让事情怎么样（"必"）；违背现实情况或"道"（或真理），而固执己见，或顽固不化（"固"）；离开"道"或真理，与他人、世界、大自然截然对立的小我。一个人在现实生活中，为人处事要让这四种情况完全绝迹，很困难，但孔子做到了。而且在孔子最为欣赏的弟子颜回看来，孔子已经达到高不可仰、坚不可入的境界。一个人想把握这种境界，但它"瞻之在前，忽焉在后"，究竟在前还是在后，自己实在难以把捉。这是形象地描述孔子通过学习，掌握了"道"或真理时达到最高境界的状态。

那么，学习者最大收获是什么呢？在孔子看来，就是"道"。但孔子并不这样抽象地谈论学习标准，而是又提出了关于评价学习收获的具体标准，这就是"中庸"标准。《论语·先进》载："子贡问'师与商也孰贤？'子曰：'师也过，商也不及。'曰：'然则师愈与？'子曰：'过犹不及。'……柴也愚，参也鲁，师也辟，由也喭……子曰：'回也其庶乎！屡空。赐不受命，而货殖焉，亿则屡中。'"

"中庸"的内涵，从反面来看，就是"无过无不及"。从真理再往前多走半步，就是谬误，这是"过"，是超过真理，而"无过"，即不超过"道"或真理。"不及"，则指没有达到真理。柴之"愚"、参之"鲁"、师之"辟"，都是"不及"。"无不及"，就是没有达不到真理的情况。在孔子看来，只有颜回，接近于无过无不及的"中庸"。"道"或真理，孔子又称为"仁"。所以，"仁"德也是评价学习的标准。《论语·卫灵公》载："子曰：'知及之，仁不能守之，虽得之，必失之。知及之，仁能守之，不庄以莅之，则民不敬。知及之，仁能守之，庄以莅之，动之不以礼，未善也。'季氏富于周公，而求也为之聚敛而附益之。子曰：'非吾徒也。小子鸣鼓而攻之可也。'"（《论语·先进》）

用"仁"德作标准，衡量人们的学习收获，会产生一些比较具体的标准，如对"仁"德的认识与"仁"德的实践活动是否统一，作为人共性的"仁"德是否在自己的言行活动中表现出来了，等等。比如，一个人在治理国家时，总是帮助统治者盘剥农民，搜刮财富，就不能说这个人真正学好了，因为他并没有真正掌握仁义道德，所以，并没有真正在言行中贯彻以"德"治国的思想。

在孔子那里，如果说"中庸"标准是他评价学习的方法论标准，那么，"仁"德标准可说是他评价学习的本体论标准。不过，这两个标准其实是一体的。因为，"中庸"的实质就是"道"或"仁"德或真理。之所以称为"中庸"，只是因为这样可以从道的结构上，进一步揭示"道"或"仁"德或真理的形式特征而已。道的形式特征是什么呢？就是对立统一的辩证法。在学习过程中，这种辩证法表现为理论与实践、知识与智慧、理性与情感、人性与现实的人、"仁"与"礼"等的辩证统一。由于孔子并没有将这种辩证法的逻辑形式清晰地整理出来，也没有明确地揭示出"道"或真理的运动特征，没有明确揭示出主体通过学习而向前进展的发展意义，所以，我们可称之为朴素辩证法。

四、学习的目的或功能

在孔子看来，"学习"的直接目的，主要在"为己"。"为己"的意思就是不能只考虑自己，不考虑别人，而是要在认识上得之于己，进而借助实践，使自己成为真正的自己，使自己成为真正的、理想的人。在真正的自己那里，在真正的、理想的人那里，自己并不与他人对立，而是双方有机统一的整体。这就是真我或大我，也就是孔子所说的"仁"德或"道"，也是孟子所讲的良心、良知或本心。

在《论语》中，孔子在讲涉学习时，说了不少关于"为己"的话。比如：

子曰：'古之学者为己，今之学者为人。'"（《论语·宪词》）"子曰：'不患人之不己知，患其不能也。'"（《论语·宪词》）"子曰：'君子病无能焉，不病人之不己知也。'"（《论语·卫灵公》）其中，"古"，或为孔子假托，实际上是"理想的"的意思。我们不能只是照字面意义，理解为上古时代。时有人们假借历史之美好，而说人生社会之理想。毕竟知识来源有限，只能借助印象，回忆过去，以寄托对美好生活的向往。古代儒家时常如此，可谓儒学基本笔法。其中的"为己"，程颢程颐理解为"欲得之于己"①，既限定为学者之"欲"，又限定为认识上的"得"。其实，根据孔子整个人学思想宗旨看，"为己"应是努力追求成为真正自己的意思。真正的自己，就是真正的、理想的人，"欲"、认识，都只是其中一个方面，而非全部。后两句中的"不能""无能"，都是指自己"不能"和"无能"。自己"不能"和"无能"，就是自己的修养没有真正提高，没有找到真正的自我，而不可能成为真正的、理想的人。孔子认为，这种状况，乃是一个人作为人的真正大患或大病。至于他人是否知道自己有水平，能够发现自己是个人才，反而是次要的。"知不足喜，不知而不愠。"

如果他人不知道自己是一位德才兼备的人才，怎么办呢？孔子认为，在这种情况下，自己不要生气、恼怒/"不愠"（《论语·学而》），继续学习即可。孔子自己就是这样做的。《论语·宪问》记载，"子曰：'莫我知也夫！'子贡曰：'何为其莫知子也？'子曰：'不怨天，不尤人。下学而上达。知我者其天乎！'"自己究竟有没有真实水平，现实社会的人们要真正认识清楚，颇不容易。一个人修养水平越高，越难以为时人所理解，这也常见，正所谓英雄寂寞，高处不胜寒。孔子当时就知音难觅。怎么办呢？他说："不怨天，不尤人。下学而上达。"即不怨恨老天不公，也不怪罪环境不好，生不逢时，坚持继续学习，下学上达而已。世人是否能理解自己，那是世人的事情。自己专心致志，努力学习即可。而学习结果究竟如何，是否能达到预期目的？只有天知道。自己做好自己的事情，就是了。这里包含了做好自己的事情，不管环境如何，也不管结果如何的意思在内。这个意思的实质就是"为己"。

---

① 朱熹.四书章句集注·论语集注·卷七[M]// 新编诸子集成本第一辑.北京：中华书局，1983：155.

　　而"知人"则是"为己"之学的结果,"知人"的最终目的也在于"为己"。在孔子看来,以自己真正的修养为基础,推己及人,又辅之以经验观察,这样就可以"知人"(认识或理解他人)了。《论语·为政》:"子曰:'视其所以,观其所由,察其所安。人焉廋哉? 人焉廋哉? '"按照朱熹的注解,孔子所说的"视""观""察"都是对人进行经验观察。孔子说:"不患人之不己知,患不知人也。"(《论语·学而》)"知人"是学习的直接目的之一。不过,在孔子那里,"知人"实际上有两个层次:一是推己及人,以理解人的"仁"德共性或本性;二是经验观察,发现现实的人的不足,发现他们与人的"仁"德共性或本性之间存在的差距。而这样"知人"的目的,并不在于了解他人,以便为自己获取功利目的服务。比如,不在于了解大众的消费心理,以便推销自己的产品等。"知人"的真正目的在于,一方面为帮助他人进步做准备,另一方面可以回观自己,"见贤思齐,见不贤而内自省",有助于自己进一步提高修养。这样来看,"知人"的目的,仍然在于"为己"。

　　孔子还发现,"为己"的本质特点之一就是不违背"道"或真理("弗畔")。《论语·雍也》记载:"子曰:'君子博学于文,约之以礼,亦可以弗畔矣夫! '"博文、约礼,都是学习,要达及此的结果就是不背于"道"或真理,或者说就是不违背人的良知、人性,从而,使人成为真正的、理想的人。至于以"德"治国,则只是将所学习到的东西运用到治国理政活动中而已。

　　从孔子的整个思想宗旨看,他学习的根本目的,就在于自觉和实现人的共性或本性,使现实的人成为真正的、理想的人,即"君子"或"圣人"。以此为基础,一方面,提高社会成员的综合修养,建立制度文明,维护社会稳定;另一方面,传承历史文化,解决现实问题,发展人类文明。

　　孔子的"学习"思想,内容非常丰富。用我们现在科学的眼光看,其中包含了丰富的认识论内容。从这个角度说,孔子所说的"学习",绝不只是青少年朋友们的学习,也包括中老年朋友们的学习,且不只是学习,其还包括了科学研究活动在其中。比如,我们研究中国思想史,本身就是一种学习。不断学习,自然会增加认识,提高觉悟,对于真理可能就会有新的发现,用符合学术规范的方式表述出来,就是创造性的学术成果。如果有这样的研究成果,那么,显然,这些研究成果也只是自己不断学习的心得体会。可见,孔子的"学习"思想，实际上包含了他对于学术研究的看法在内，包含了他的学术观在内。

从学术观的角度来看孔子的"学习"思想，我们或有新的发现。比如，凡是孔子谈到"学习"的地方，我们都用"学术研究"去代替，从而我们可以发现孔子的部分学术观。那么，孔子对于"学习"的条件、基础、对象、内容、方法、阶段、目的等问题的看法，也可以看成是他对于学术研究的条件、基础、对象、内容、方法、阶段、目的等问题的看法。如果这样看没有什么问题的话，那么，孔子的学术观也可以说是比较系统的。所以，在21世纪人们反思中国人文学术向何处去这个问题时，孔子的学术观无疑可以提供重要的启示。

孔孟"思"的方法 ①

孔子主张，学习要和思考结合起来。孔孟所讲的思，不仅是一般的思考，尤其是反思。反思是认识或觉悟人本性的方法。反思方法的特别处，在于它不是对象性的认识，而是主体自己对自己的认识。我们应该如何反思？不妨看看孔孟是如何反思的。

孔子将人们关注的重心从天命转移为现实的人，建立了中国历史上第一个人学思想体系。孔子是中国古代发现人的意义与价值的第一人，也是发现反思（"思"）方法人学意义的第一人。孔子、曾子、子思、孟子都特别重视"思"这种方法，与老子重视"观"等显著不同。"思"在孔孟人学中具有特别地位，可以说是孔孟人学思想的基本方法。

一、《论语》中的"思"

前辈学者对于《论语》中的"思"，有很重要的讨论。比如，侯外庐、赵纪彬、杜国庠著《中国思想通史》第一卷，在讨论孔子的知识论时，专门列出"孔子的能思与所思论"一节，讨论孔子"思"论在知识论上的意义。他们认为，"能思"即孔子所说的"思"，"所思"即孔子所说的"学"。"学"与"思"在孔子知识论中是重要的部分，其包含着唯心主义和唯物主义的二元论。孔子讲的"思"是"默思"，"是形而上学超乎感觉的体悟"，"它不是单指理智，

---

① 本文原题《"思"：孔孟人学的基本方法》，刊于《湖南科技学院学报》2005年第9期。收入本书时，有部分修改。

而是理智与情操的统一"，而是一种"复杂的行为"，属于"先天的范畴"①。侯外庐等人已经发现，孔子所讲的"思"，有超乎寻常理智思维的意义。

根据《论语》的材料，笔者认为，孔子所讲的"思"，其超乎寻常理智思维的意义。孔子表达的这种"思"可能不是指一般的思考、思维，而特别指人自己对自己的思考、思维，特别指人的自我反思。所谓反思，就是自己认识自己、自己思考自己，即自己将自己作为认识对象加以思考，其实质内容是用理想的自己评价现实的自己，用自己的本性批评自己现实的言行活动。这个理想主义的正名（用自己理想的名来纠正自己现实的实，现实的名也是现实的实的一部分）过程，正是人发现人的本性和主体的过程。因为借助这样的反思，现实的自己就逼出了始终充当思维主体、评价主体，而且始终正确、绝不会错误的真自己；评价现实的自己，引领现实的自己，恰恰是理想的真自己发挥现实作用的表现。让真自己评价引领现实自己，让真自己主宰现实自己，是反思的主要目的。一个人如果总是不反思，则这真自己就潜藏着，一直被现实的自己遮蔽着，显示不出来。孔孟自觉人性，发现主体的方法，主要的就是"思"，即反思。

我们也注意到，《论语》中的"思"，至少有一处，不能是反思的意思。"子曰：'《诗》三百，一言以蔽之，曰思无邪。'"（《论语·为政》）这里的"思"，当指《诗》的思想内容，是名词，不能是反思的意思。而其他地方的"思"，笔者认为，它们或者直接就是反思的意思，或者包含了反思的意义在内。

我们看《论语》中的记载："子曰：'学而不思则罔，思而不学则殆。'"（《论语·为政》）"子曰：'吾尝终日不食，终夜不寝，以思，无益，不如学也。'"（《论语·卫灵公》）这里，提出"学习"要和"思"结合。且这里的"思"，可以理解为一般的思考、思维，即学习与思考、动脑筋相结合，有理。但考虑到孔子讲的学习，更多的是学习做人、"成人"，则他的学习除了书本学习之外，对于先进典型人物的模仿、仿效，也特别重要。那么，在这时，所谓"思"就不能只是一般思考或思维的意义，尤其有或者说必须有反思的意义。比如，《论语》又载：

---

① 侯外庐，赵纪彬，杜国庠．中国思想通史：第一卷[M]．人民出版社，1957：163-164．

子曰："见贤思齐焉，见不贤而内自省也。"（《论语·里仁》）

子曰："已矣乎！吾未见能见其过而内自讼者也。"（《论语·公冶长》）

司马牛问君子。子曰："君子不忧不惧。"曰："不忧不惧，斯谓之君子矣乎？"子曰："内省不疚，夫何忧何惧？"（《论语·颜渊》）

在这里，"思"与"内自省""内自讼"相对而言，其反思意义一目了然。而"内自省""内自讼"，和"内省"几乎就是一个意思，皆指一个人面对贤人或不贤的人时，将自己和他们比较，在内心中反省自己、评价自己。如果分开说，自己反省自己，可以叫做"内自省"，而自己批评自己，则是"内自讼"。如果合而言之，也可以说就是"内省"或反思。此外，以下材料中，孔子讲的"思"，也几乎都可以理解为是反思的意义。

"唐棣之华，偏其反而。岂不尔思？室是远而。"子曰："未之思也。夫何远之有。"（《论语·子罕》）

子路问成人……曰："今之成人者何必然？见利思义，见危授命，久要不忘平生之言，亦可以为成人矣。"[①]（《论语·宪问》）

孔子曰："君子有九思：视思明，听思聪，色思温，貌思恭，言思忠，事思敬，疑思问，忿思难，见得思义。"（《论语·季氏》）

其中，在"未之思也。夫何远之有"一句中，如果不将其中的"思"理解为反思，则将难以理解这一句的意思。即思考、思维与人格高低或理想远近有什么关系呢？但如理解为反思，则孔子的意思就非常清楚了。即是说，一个人不反思自己，他怎么能实现其远大的理想，成为远超现实的人呢！

另外，"见利思义"的"思"，也不能仅仅理解为一般的思考、考虑。比如，一位官员面对行贿赃物，其会反复想：自己能不能私自占有（这些物品）

[①] 《论语·宪问》。着重号为引者所加。作者按：南宋时曾经有学者认为："'今之成人'以下，乃子路之言。"朱熹对此不敢断定。我们从"思"词的意义等方面考虑，觉得这一句话仍然应该是孔子的话。"见利思义"中的"思"，不能只是一般思考、思维的思，而有根本地反思之意义。这个意思，与上述所举《论语》中其他"思"的反思意义，是相近的。如此语为子路所说，则思想、作风等与《论语》中所载之子路不侔。

呢？如果他只是这样想，这样"思"，则其"思"的境界不免就低了。依孔子的意思，这时候想的根本就不应该是能否自己占有的问题，而是应该反思自己要做一个什么样的人，然后根据自己的这个理想，引申出一系列的道义原则，再根据这些道义原则，来衡量自己应否贪赃枉法。

"九思"中的"思"，如果理解为一般的思考、思维，[①]则"视思明"等命题的意义将难以理解。在日常经验中，我们看见一个对象，自然就明白清楚该对象的部分性质和关系，即"视"自然就"明"了，何以还要通过"思"的环节才能"明"呢？让人难以理解。其实，如果我们将其中的"思"理解为反思的意思，则"视思明"等命题的意义，就较好理解了。我们看见一物，已经"明"了，但我们何以就能"视""明"白，却是需要思考或反思的。所以，孔子说："君子求诸己，小人求诸人。"（《论语·卫灵公》）反"求"自己，是学习和修养的重要环节。这也涉及知识论的重要问题。现在我们在西方知识论和20世纪中国知识论成就的基础上，已经比较清楚了。根据儒家的先验论，人有能够"看明白"的先验能力，我们看的对象，存在着让我们看明白的性质或关系，我们的先验能力和对象的性质和关系，能够在我们看的过程中结合起来，实现"视"的能力，让主体认识到光明的真理。其他八思的意思，与此相近，即我们要反思我们视、听、色（表情）、貌（礼貌）、言（言语和语言）、事（做事）、疑（疑问）、忿（情感）、见得（意志）等的内在本性和主体能力的根据，并根据这些反思而调整我们主体努力的方向，使主体奔向光明、聪明、有礼、有义等符合"道"的美好前程。

二、曾子和子思的"思"论

在孔子的弟子中，最重视反思的是曾子。曾子说："吾日三省吾身，为人谋而不忠乎，与朋友交而不信乎，传不习乎。"（《论语·学而》）由此，说

---

① 作者按：杨伯峻先生解释这里的"思"为"考虑"，而"视思明"的意思就是"看的时候，考虑看明白了没有。"（杨伯峻．论语译注 [M]．北京：中华书局，1980：177.）通常，我们看的时候，我们基本上就看明白了，何必在明白之前，要加上"考虑"这个环节呢？当然，我们在认识事物时，是要思考或考虑的。一旦加上"考虑"这个环节，就变成了"看→考虑→明白"的认识历程了。而在这个历程中，"考虑"就不能只是一般简单地考虑问题，而变成了逻辑思维或者反思了。

明曾子每天对自己的为人、交友、学习等，多次反省。又说："君子思不出其位。"（《论语·宪问》）曾子认为，反思要以人的"位"分为对象、规范或原则。这里的"位"，可以是现实的社会地位或政治经济地位，则这时"礼"就成为评价现实的自己的标准。另外，这里的"位"也可以是现实的人在"成人"过程中的地位，"思不出其位"，则是要求人们用自己的本性做标准，来批评现实的自己。

孔子的孙子子思，在《中庸》中也提出了"慎思"的问题。他说：

诚者，天之道也；诚之者，人之道也。诚者不勉而中，不思而得，从容中道，圣人也。诚之者，择善而固执之者也。博学之，审问之，慎思之，明辨之，笃行之。有弗学，学之弗能弗措也；有弗问，问之弗知弗措也；有弗思，思之弗得弗措也；有弗辨，辨之弗明弗措也；有弗行，行之弗笃弗措也；人一能之己百之，人十能之己千之。果能此道矣，虽愚必明，虽柔必强。（《论语·中庸·第二十卷》）

其中，"不思而得"的"思"，"慎思之"的"思"，如果理解为反思的意思，则意义显豁。《中庸》将"思"分为两个层面：一是圣人，他已经成为一种理想人格形象，所以，他自然如此，现实人格与理想人格已经统一起来，其间无矛盾，故圣人不需要反思自己的本性如何，他已经完全体现出了人的本性，这叫"不思而得"；二是一般人、普通人，需要慎重反思我们作为人的本性之所在，并将这种反思与"博学""审问""明辨""笃行"等修养环节结合起来，以"博学""审问"为基础，以"明辨""笃行"为目的。其中，要"明辨"什么，要"笃行"什么，很是关键。照《中庸》看，"明辨""笃行"的内容，绝非一般认识，而应是有关人本性的道理。因为，这五个修养环节所指向的，是成为像圣人那样理想的人，也就是自觉和实现了自己本性的人。可见，《中庸》已经将人的反思能力做了进一步分析和规定，即将反思界定为人发现人的本性，实现自己真正理想的关键环节或方法了。

三、孟子的"思"论

孟子出于孔子的孙子子思之门，他在学问上"私淑"（《孟子·离娄下》）孔子。孟子论述人的反思能力，比孔子、曾子、子思等人更加具体、深刻、充分。请看以下材料：

公都子问曰："钧是人也，或为大人，或为小人，何也？"孟子曰："从其大体为大人，从其小体为小人。"曰："钧是人也，或从其大体，或从其小体，何也？"曰："耳目之官，不思而蔽于物，物交物，则引之而已矣。心之官则思，思则得之，不思则不得也。此天之所与我者，先立乎其大者，则其小者弗能夺也。此为大人而已矣。"[①]

孟子提出"心"有耳目之官所不具备的功能、作用，即"思"。"思"可以帮助人们超越耳目之官的限制，而觉悟天赋予人的本心或良知，这一始终评价、引领和主宰着现实自己的真主体。由于人的本心、良知或理、义等，它们为人所"固有"，并非人通过认识外物，或从外物中吸收或加入进来的外在之物，所以，对于本心等的觉悟，当然非耳目之官所能为力，而必须通过"心"的"思"来完成。而且"心"的这种"思"，也不是对于一般认识对象的想象、回忆、知觉、分析、综合等，而主要是对于能"思"的"心"本身，对于人之所以为人的根据或原因，对于人之所以不同于禽兽的根据或原因，展开一种"思"，即"心"将人自己作为对象，自己"思"自己。孟子曾经说：

---

① 《孟子·告子上》。朱熹注解说："大体，心也。小体，耳目之类也。官之为言司也。耳司听，目司视，各有所职而不能思，是以蔽于外物，则亦一物而已。又以外物交于此物，其引之而去不难矣。心则能思，而以思为职。凡事物之来，心得其职，则得其理，而物不能蔽；失其职，则不得其理，而物来蔽之。此三者，皆天之所与我者，而心为大。若能有以立之，则事无不思，而耳目之欲则不能夺之矣。此所以为大人也。"（朱熹《孟子集注》卷十一，载《四书章句集注》，新编诸子集成第一辑，中华书局1983：三三五页）孟子在这一段话中，应该是在讲天赋的人的能力问题。其中有感官的感觉能力，如耳目的感觉能力等，现在，我们引用康德的概念，可以把这个能力叫做感性能力。此外，有"心"的能力，还有心"思"的能力。朱熹在注解中，将孟子所说"心之官则思"中的"思"，理解为"凡事物之来，心得其职，则得其理，而物不能蔽"，悄悄运用了朱熹自己格物穷理的思想，来解释这一句话。但其中，"思"一词本身的意义，朱熹似乎没有注解清楚。笔者认为，孟子在这里所说的"思"，与孔子所说的"思"相同，都是反思的意思。这也是孟子继承和发挥孔子思想的一个重要方面。

"是故诚者，天之道也。思诚者，人之道也。"①照朱熹注，句中的"诚"就是人的本性，而"思诚"则是人认识或觉悟自己的本性，达到自己的本性高度的过程或方法。人对于自己本性的"思"，当然只能是一种反思。同时，孟子这一段话，与《中庸》"诚者天之道也，诚之者人之道也"的说法，在思路上、用语上几乎完全一致，这是孟子继承《中庸》思想的一个重要证据。

孟子不仅继承了《中庸》的思想，而且发展了《中庸》的思想，这种发展，在关于"思"的讨论上，也有突出的表现。

首先，孟子提高了"思"作为一种方法在整个孔孟儒学思想体系中的逻辑地位。如果两相比较，便易发现，孟子的"思诚"可以和《中庸》的"诚之"相对而言。而在《中庸》那里，"诚之"是人达到"诚"的努力过程和方法。在这个过程和方法中，《中庸》的"慎思"还只是其中的一个环节。而孟子提出"思诚"来，代替了《中庸》"诚之"的地位，明显地，其将"思"的地位大大提高了。将反思方法提高至人成为真正的人的最高、最根本的方法这一高度，是孟子发展和超越《中庸》，甚至发展和超越孔子反思论的集中表现之一。

比如，孟子批评现实中的许多人，认识上不知轻重，追求时本末倒置时说："拱把之桐、梓，人苟欲生之，皆知所以养之者。至于身，而不知所以养之者。岂爱身不若桐、梓哉？弗思甚也！"（《孟子·告子上》）在此，他将"思"（反思）看成人们最为重要的修养方法。

其次，孟子明确了"思"的对象就是"诚"，即人的本性。《中庸》讲"思"，只说"慎思之"。其中的"之"，作为"思"的对象，究竟是什么呢？根据上引《中庸》原文的意思，我们或许可以推论出来。"思"的对象，应该和博学、审问以及明辨、笃行的对象相同，都是指"诚"，即人受之于天命的本性。但是，《中庸》毕竟没有将这层含义用语言或命题明确表示出不来。孟子提出"思诚"，恰恰完成了《中庸》所没有完成的工作。这是孟子反思方法

---

① 《孟子·离娄上》。作者按：理学家朱熹注解说："诚者，理之在我者皆实而无伪，天道之本然也。思诚者，欲此理之在我者皆实而无伪，人道之当然也。"（朱熹《孟子集注》卷七，载《四书章句集注》，新编诸子集成本第一辑，中华书局1983：282.）在朱熹看来，"诚"就是人的本性，而"思诚"也就是对于人本性的"思"。这种"思"，只能是一种反思。

论发展和超越《中庸》以及孔子的又一个表现。这就意味着，"思"是现实的人发现人的本性或良知主要的甚至是唯一的方法。

那么，人反思自己作为人的本性，究竟包括哪些内容呢？孟子当时还说得不很清楚。现在，我们或许可以说，人反思自己的本性，包括要思考"心"为什么具有超越耳目之官的能力，思考为什么不同人的"心"能共同发现相同的"理""义"，思考人凭什么能够追求真理、凭什么能够行善去恶、凭什么能够审美、凭什么能够追求功利、凭什么能够产生并追求实现理想，等等问题。这种"思"，事实上要在一般理性思维的基础上来进行，但它又超越了一般的理性思维，成为一种理性思维对于理性思维自己的反思。反思的结果，在西方哲学中，有可能像黑格尔那样，发现辩证法及其主体——绝对精神；在中国儒家中，也有可能如孟子那样。在孟子那里，他通过这种"思"发现了人真正的主体，即本心、良心、良知、理、义等人的真精神、真本性，发现人应该做一个什么样的人才是最为理想的人，才有最为深远的意义与价值。

从《孟子》一书看，孟子还特别通过反思的实例，具体谈到了如何进行自我反思的过程，这也是孟子发展甚至超越孔子和《中庸》思想之处。请看孟子反思认识人本性的具体事例：

孟子曰："君子所以异于人者，以其存心也。君子以仁存心，以礼存心。仁者爱人，有礼者敬人。爱人者人恒爱之，敬人者人恒敬之。有人于此，其待我以横逆，则君子必自反也：'我必不仁也，必无礼也，此物奚宜致哉？'其自反而仁矣，自反而有礼矣，其横逆由是也，君子必自反也：'我必不忠。'自反而忠矣，其横逆由是也。君子曰：'此亦妄人也已矣。如此，则与禽兽奚择哉？于禽兽又何难焉！'是故君子有终身之忧，无一朝之患也。乃所忧则有之：舜，人也；我，亦人也。舜为法于天下，可传于后世，我由未免为乡人也，是则可忧也。忧之如何？如舜而已矣。若夫君子所患，则亡矣。非仁无为也，非礼无行也。如有一朝之患，则君子不患矣。"（《孟子·离娄下》）

"自反"，即自己反思自己。例如，假设现今有人对我粗暴无理，怎么办呢？照孟子的想法，此时我们先要反思自己对待人家是否仁爱有礼。若反思结果认为我们对其已经仁爱有礼了，但此人仍然对我粗暴无理，又怎么办呢？孟子说，那我们再反思一下，自己对待人家仁爱有礼是否尽心了呢？若反思结果认为我们对待这个人仁爱有礼，已经尽心了，但其仍然对我粗暴无理，那又怎么办呢？孟子说，那这个人一定是一位"妄人"，与禽兽没有什么区别。而我们对待禽兽，何必那么认真计较，甚至苛求呢！

孟子还提出，我们"自反"或反思，不应该将自己和"妄人"比较，而应和舜那样的圣人，即和理想的全人比较。如果将我和舜比，就会发现，舜也是人，我也是人。但舜的言行，足以"为法于天下"，让天下后世的人效仿。而我自己呢，可能还是很普通的人，活了一辈子，没有留下让别人可以效法的东西。孟子说，这才是我们应该时刻忧虑的啊！那么，我们担心、忧虑的结果应该是什么呢？孟子说，向那些理想的人们学习吧！学习他们的仁爱有礼，学习着、努力着，争取自己也做一个理想的全人。如此，我们就不会再有忧患、忧虑或忧愁了。因为，我们发现了人生的意义与价值，并为此而有滋有味地活着，怎么会不快乐呢！这一段话，可以看成是孟子以"思"为重点，对孔子"见贤思齐焉"之说的全面注解。

可见，孟子全面深入地发展了孔子的反思方法，使它成为孔孟人学成熟定型的标志性思想方法。

而且，孟了将"心"有"思"这个能力，也断定为是"天之所与我者"。用现在的话说，人的反思能力，也是天赋的，即人本来所固有的能力。这一断定，使孟子的先验论完全突破了伦理学的范围，而走入知识论领域。面对这一思想事实，如果我们还将孟子的本心、良心、良知、理义等范畴，只理解为是伦理道德本体或主体，那就未免有些狭隘且也不符合历史思想事实。与此相应，"先立乎其大者"的意义，不能说只是要求先树立道德的本体主体地位。其实，首先树立起认识或觉悟的、审美的甚至趋利避害的本体主体地位，也是其应有之义。

孔子和孟子非常重视人和主体，他们发现了人的本性和主体性，提供了中国古代人学思想的一种基本思想模式。认识自我，对于人类而言，总是最困难的一件事情。但它也是人类必须面对的、逃避不了的问题，这也是人类设计自己最高生活所必须解决的问题。这个问题，从历史上看，始终纠缠着人类的思想；而从现实看，人类尚未能用经验科学来解决好这个问题。可见，它看来还将一直纠缠着人类不放。反思自我，回答"我是谁"的问题，是人类最普遍、最根本的问题之一。孔孟对于"思"的讨论，为解决这个问题提供了我国古代儒家的解决模式。而这个模式，可以成为我们今天反思自我的思想方法源泉。鉴于反思自我这个问题的困难程度和它的普遍性、根本性，孔孟的这番作为，值得充分肯定和借鉴。

中国古代儒家经典诠释方法 ①

对于经典文本，应该怎样阅读理解才是恰当的？阅读理解到什么程度，才算是读懂了？阅读理解的具体方法是什么？要对这些问题进行解读，不能不讨论我国古代儒家经典诠释方法。大体上，文本符号、思想内容、作者生平、写作意图等，是诠释对象，和这些对象分别相应，音韵训诂、义理分析、本意洞观，也应结合起来，加以综合考虑，才可能诞生如实、合理而有效的理解。

在思想史研究中，什么样的理解才是恰当的，即什么样的理解才是如实、合理而又有效的呢？笔者也一直在思考和探索这个问题。为了解决这个问题，笔者认为，从人类理解活动的历史角度，总结其经验和教训，是一个重要方面。

从中国诠释思想的历史看，《老子》第一章提出"道可道，非常道"命题，断定诠释主体对于诠释对象是可以理解的，但这样理解所获得的诠释内容，并不等于诠释对象本身，除非诠释主体在理解时以"道"观物，以物观物 ②，以诠释对象为基础和标准，来理解诠释对象。《老子》的说法，已经触及理解

---

① 本文原发表于笔者主编的《中国诠释思想史论》（陕西人民出版社，2015年版）中，收入本书时有个别修改。

② 作者按：《老子》说："故常无欲以观其妙，常有欲以观其徼。"（第一章）又说："故以身观身，以家观家，以乡观乡，以邦观邦，以天下观天下，吾何以知天下之然哉？以此。"（第五十四章）主张站在"道"的高度，照着对象本然的"道"，自然地使读者关于"道"的理解，与本文中关于"可道"之"道"的理解，统一起来，并在生活中显示出"道"来。

的根据和标准等问题，可以看成是中国古代诠释思想正式诞生的标志①。后来，孔子提出"述而不作"，称述大化流行的"道"及其表现的历史文化，描述（或称述，即"述"）中有创造（或发挥，即"作"），既描述又创造，而且他有时候还直接将描述当作创造，使描述过程成为创造过程。孔子明确注意到了"述"与"作"的关系问题，而这在诠释主体与诠释对象间，正好架立起互相统一的桥梁，为理解活动中意义的生长提供了可靠的逻辑基础。孔子由此也成为中国儒家古代经典诠释方法的开创人。

一、孔子是中国古代儒家经典诠释方法的开创人

孔子整理和诠释六经，创建儒家学派，在诠释实践活动中遵循"述而不作"的诠释原则，表明孔子有其诠释思想。而且，从后来儒家经学史看，中国古代儒家经典诠释思想不同程度都受到了孔子诠释思想的影响。

根据司马迁《史记》载，孔子对《诗》《书》《礼》《乐》《易》《春秋》六经都进行过整理和解释。对于《诗》与《乐》，孔子"去其重，取其可施于礼义，上采契、后稷，中述殷、周之盛，至幽、厉之缺"，同时，还"弦歌之，以求合《韶》《武》《雅》《颂》之音"。对于《书》和《礼》，孔子"追迹三代之礼，序《书》传。上纪唐虞之际，下至秦缪，编次其事……故《书》传、《礼》记自孔氏"。对于《易》，孔子则"序《彖》《系》《象》《说卦》《文言》。读《易》韦编三绝"。孔子还"作"了《春秋》。《春秋》本来是鲁国的史书。掌国史的史官，对于各项史实的记载，有传统的书写用词习惯，即所谓"书法"。孔子从这些"书法"中归纳出"正名"原则，以"礼义"为标准，在《春秋》中对于不符合"名"的事都给予褒贬，"笔则笔，削则削"，使《春秋》具有历史评判的意义，令"乱臣贼子惧"②。司马迁的记载如果属实，那么，孔子对六经进行了"述""作""序""去""取"等文献整理和意义发掘。这说明，孔

---

① 作者按：关于《老子》思想出现的时间，是在孔子之前还是在孔子之后呢？学术界曾有争议。本文主要从中国古代形而上学思想发展历程的角度来考虑这个问题，所以倾向于《老子》思想在孔子之前说。

② 司马迁.史记卷：四十七 孔子世家[M].二十五史本.上海：上海古籍出版社，1995.

子对六经进行了大量诠释。

在此，我们仅以孔子诠释《诗经》《尚书》为例，看看孔子如何"述而不作"，而又如何述中有作，甚至以述为作。《论语》中记载了几条孔子理解《诗》的材料：

> 子贡曰："贫而无谄，富而无骄，何如？"子曰："可也。未若贫而乐，富而好礼者也。"子贡曰：《诗》云：'如切如磋，如琢如磨'，其斯之谓与？"子曰："赐也，始可与言《诗》已矣！告诸往而知来者。"（《论语·学而》）
>
> 子夏问曰："'巧笑倩兮，美目盼兮，素以为绚兮。'何谓也？"子曰："绘事后素。"曰："礼后乎？"子曰："起予者商也！始可与言《诗》已矣。"（《论语·八佾》）

第一段材料本来引《诗》讲治骨角、玉石之反复不已，精益求精，但子贡却借以此讲人的学习与修养也要如此精进不已，这种讲法深得孔子赞许。而第二段材料，照朱熹理解，本是讲绘画之事，可子夏引申以讲"礼"，也获得孔子表扬。可见，孔子本人在理解《诗》的意义时，总是借诗歌本文的意义以讲述人之为人的道理，其将《诗经》诠释当作阐发自己人学思想的途径。《论语》还载：

> 子曰："《诗》三百，一言以蔽之，曰'思无邪'。"（《论语·为政》）
>
> 子曰："《关雎》，乐而不淫，哀而不伤。"（《论语·八佾》）
>
> "唐棣之华，偏其反而。岂不尔思？室是远而。"子曰："未之思也。夫何远之有。"（《论语·学而》）

前两条材料揭示出孔子理解六经所"作"新意义的核心内容，就是"思无邪""乐而不淫，哀而不伤"，强调审美情感与认识真理、道德真理的辩证统一，达到合情合理的理想境界。而第三条材料中，孔子整理六经所"作"出来的新意义，与原诗歌本文的意义几乎没有什么关系，这里完全是借诗歌而谈孔子自己的思想了。

　　孔子在理解六经时，提出"述而不作"（《论语·述而》）的诠释学命题。其意思是，主体（读者）只是尽力描述本文的意义，而非创造性地发挥自己的理解。表面看，这个命题要求将读者的意义，完全统一于本文意义，毫不掺杂主体自己的情感、认识、意志、欲望等。但从《论语》中"述"这个词的含义看，它并非指完全排除主体的所谓客观描述；而是在理解之上，已经包含了主体的因素在内。如《论语·宪问》中有这样的材料："原壤夷俟。子曰：'幼而不孙弟，长而无述焉，老而不死，是为贼！'以杖叩其胫。"朱熹在《论语集注》中注解："述，犹称也。"朱熹将这里的"述"直接解释为称述的意思，正面描述的意义明显。① 孔子"述"历史文化，表明他对于历史文化也是有感情甚至好感的，他在"述"之前，已经树立了相信同情历史传统、传承发展历史文化的使命感。故孔子讲"述而不作"，紧接着就说自己"信而好古"了。又如，孔子要"述"天，其中也包含了他对于"天"的敬畏情绪在内，而绝非只是把"天"作为自然现象，像现代自然科学家那样保持一种旁观、冷静的态度。在诠释实践活动中，或者说在理解过程中，上述的正面意义，实际上来自诠释主体的价值标准。可见，孔子虽然提出"述而不作"的理解原则，但他在诠释实践中，并没有完全排除在理解之前自己已经具备的因素。事实上，这些因素，在他的理解活动中，发挥了重要作用。换言之，从孔子自己的学术思想理解活动看，孔子本人也并没有完全做到"述而不作"，其是"述"中有"作"的。比如，他不仅继承了三代传承下来的文化，而且"作"出了"仁"等重要思想范畴，创建了儒家学派等。有时，他甚至直接以述为作，就像孟子所说的"作《春秋》""成《春秋》"（《孟子·滕文公·下》）那样。

　　那么，孔子自己说"述而不作"，与他诠释实践中的述中有作、以述为作

---

　　① 作者按：描述可以有几类：一是中性描述，如自然科学的研究。二是正面称扬性的描述，可称为称述。如孔子称述历史文化，子贡想称述孔子之言，而孔子则想称述上天之无言。《论语·阳货》记载，"子曰：'予欲无言。'子贡曰：'子如不言，则小子何述焉？'子曰：'天何言哉？四时行焉，百物生焉，天何言哉？'"在这里，孔子批评原壤"长而无述"，也就是说他人都长大了，但还没有做出什么可以让人称述的事情来，其人生价值之没有得到实现可知。三是反面暴露性的描述，如暴力、警匪、恐怖等通俗电影，抢劫、杀人、放火、强奸等所谓法制新闻，各种媒介，可谓"诸恶汇集"。孔子所谓"述而不作"的"述"，当是第二种描述，即称述。在这种描述中，诠释主体同情理解的意义已经先在于其中了，已经在理解活动中突出诠释主体的地位和作用。这一点，也是孔子诠释学思想与《易传》诠释学思想的区别所在。

是否矛盾呢？这需要具体分析。

从诠释学看，在理解活动中，理解者（作者或读者，现实的诠释主体）与理解对象（本文或文本，现实的诠释对象）之间，诠释内容（读者或作者理解到的意义）与本文意义内容之间，存在着辩证统一的关系。而这种辩证统一，具体表现在理解活动历程中。

比如，在理解活动的初期，现实的诠释主体当然要虚心客观理解本文的意义，做到像孔子所说的"述而不作"。这个意义，后来的汉学家将它概括为一套"注疏"规范，如"疏不破注，注不破经"等。以《易传》和荀子为代表的早期"气"学或"气"论思想，为这种"注疏"规范提供了相应的诠释学理论基础。在这一理解阶段，合理的理解内容，或者说理解意义的来源，只在于本文意义。本文意义，中国古人称之为"气"之"道"或"理"。随着理解活动的进展，理解活动进入中期，现实诠释主体的综合素养逐步提高，理解者自己已经具备了一定理解水平，形成了诠释学上所谓"先见"或前理解，中国古人称之为"心"。这时候，如果诠释主体的理解活动还停留在初期阶段，已经不可能了，诠释主体的"先见"，对于理解活动总有意无意起着作用。所以，事实上，这时候诠释主体通过理解活动所获得的意义之来源，是"心"与"道"或"理"的交融和统一。朱熹称之为"心与理一"（《朱子语类·卷五》）。程朱理学为这种诠释思想提供了相应的理论根据。随着理解活动的进一步发展，理解活动进入高级阶段，现实诠释主体的综合素养很高，理解者自己已经具备的意义容量（如理论思维水平等），甚至超过了本文意义所显示出来的意义容量。这时候，理解虽然仍是"心与理一"，但已经是以"心"为主了，本文意义只是"心"理解自身的材料和工具。所谓"六经注我"，是其典型方式。陆王心学则为这一阶段的理解活动提供了理论根据。

就孔子的理解观来看，"述而不作"乃是适宜于第一阶段的理解方法，而他事实上是既"述"又"作"，而"述"中有"作"则是他达到理解第二阶段的表现，至于他以"述"为"作"、"述"就是"作"，则是他的理解进展到最高阶段的表现。这时，孔子自己说："从心所欲，不逾矩。"（《论语·为政》）所以，我们说，孔子的理解观，不仅互相不矛盾，而且潜在地、浑融地包含了后来儒家经典诠释思想的思路在内。孔子在经典理解活动中创造性的

"作"，就是在他"述"历史文化中完成的，而不是完全脱离"述"，单独进行"作"。这就在儒家诠释思想史上，确立了"述"与"作"不可分割的内在联系。孔子不仅创建了儒家学派，而且也是中国古代儒家经典诠释学的开创者。

二、对理解何以可能问题的理论解决

诠释思想，也可以说就是理解观，指对于理解活动的总看法。这些看法中，包括了理解的根据、准则、宗旨，理解活动的发展阶段等内容。理解的根据，主要是解决理解何以可能的问题。理解何以可能，是现实理解活动能够进行的逻辑前提。意识到理解何以可能是一个问题，是理解活动自觉的表现。努力从理论上解决这个问题，是理解活动走向深入的表现。解决这个问题所获得的结论，则构成诠释思想的基础，或者说它们就是诠释思想中的本体论部分。而理解何以可能、何以能够进行，又涉及几个更小的问题。

理解何以可能、何以能够进行所涉及的第一个问题，是理解对象或诠释对象，何以可能又何以能够被理解的问题。诠释对象是本文或文本，本文中有符号，符号有其意义，而且符号意义之外，还有其意义。直接断定诠释对象有意义，而且直接断定其意义能够为人所理解，是朴素实在论的诠释观解决理解的根据问题的主要办法。

《周易·系辞》的两段文字，可作为朴素实在论诠释观进行如此断定的早期代表。它说：

> 是故天生神物，圣人则之。天地变化，圣人效之。天垂象，见吉凶，圣人象之。（《周易·系辞上》）
>
> 古者庖牺氏之王天下也，仰则观象于天，俯则观法于地，观鸟兽之文，与地之宜。近取诸身，远取诸物。于是始作八卦，以通神明之德，以类万物之情。作结绳而为网罟，以佃以鱼，盖取诸《离》。（《周易·系第二次世界大辞上》）

它的思路是，"天"如何，然后圣人效法"天"如何，这可以说是"述"；

圣人效法的结果，是"作八卦"，"作结绳而为网罟，以佃以鱼"，这是"作"。其中，"作"是在"述"之后出现的，是根据或遵循圣人"述"天而得的道理才获得的。这已经突显了理解活动中"述"与"作"的先后关系。但在《系辞》作者看来，不论是"述"还是"作"，还是两者的统一，主体都只是虚心客观地理解和效法"天"或天道的意义而已。

其实，在理解活动中，本文的符号意义和本文意义是有距离的，《系辞》所谓"言不尽意"（《周易·系辞上》）者以此。不过，《系辞》作者虽然提到这个问题，但在《易》经诠释思想上几乎不怎么考虑这个问题。或者说他们并不重视这两个意义的区别，而倾向于将两者等同起来。后来，以汉代经学（特别是古文经学）为代表的朴素实在论诠释观，也是如此。它断定本文有意义，断定本文的意义就存在于符号意义中。有些学者甚至走向极端，在理解中将本文意义直接等同于符号意义。由于《老子》早就说过"道可道，非常道"，所以，后一种情况，在中国诠释思想上比较少见，但在诠释实践中却大量存在着。比如，一些汉代经学家在解经时，只局限于符号意义的解释，而不求更深入、更全面的理解，就潜在地体现了这种意识。但不管怎么说，朴素实在论的诠释观，尝试着运用诠释主体的经验常识，对本文意义中的经验实在内容进行朴素实在论意义上的理性理解，为人们解决了诠释对象可以和能够被理解的理论问题。而且他们在这种理性的诠释观指导下，进行了大量卓有成效的解经活动，取得了可观成绩。这些历史性成绩，成为后来的诠释思想进一步发展的基础。

理解何以可能、何以能够进行所涉及的第二个问题，是读者与本文，诠释主体与诠释对象，必须统一起来，才可能有理解活动出现。那么，这两者在什么基础上，才可能和能够统一起来，从而在事实上能够发生理解关系呢？

在中国古代儒家经典诠释思想史上，以程朱理学为代表的规范论诠释观，断定宇宙的本质就是"理"，称为"天理"，它被认为是普遍、永恒、绝对的抽象形式，用朱熹的话说是"净洁空阔"。他们承认朴素实在论诠释观的成绩，肯定对于本文符号意义进行理解的必要性和基础地位；但他们又不满足于此，而力图有所超越。在他们看来，诠释对象主要的不是本文的符号，而是通过符号所体现出来的"天理"；诠释主体也不只是一种经验的心理活动，而且尤其是在理解之前理解者已经认识或理解到的"理"。这种"理"由于是在理解活动之前就内在于主体了，所以，伽达默尔称之为"前理解"。理解活动之所以可能和能够，就在于诠释对象中的"理"，与诠释主体前理解的"理"，在根本上只是一个"理"。我们理解时，就完全有可能也能够将这两个在历史上，在现实中，总之在事实上分开的"理"，在认识上统一起来，产生真正的"理"解活动。所以，"理解"①一词，可能在理学产生以后就出现了。它的意思，就是以"理"解之（金岳霖语）。以理解之者，以理解理也；也唯有理才能解理。这就是逻辑分析。根据这种看法，"理"（现在我们称之为真理）才是理解活动的终极根据、最高准则和最高理想。

在这种诠释观支持下，中国古人理解对象的范围，变得空前广泛，书本、世界、社会、人生等，无不是理解的对象②。在诠释实践中，理学家理解经典，力求超越前人，力图透过对经典符号意义的解释，进一步理解经典本文中的"理"。理学家们在注解经典时，如果发现经典本文的符号意义与"理"不协，就可能怀疑经文，或者重新编订经典本文，甚至为经文作《补传》。如果我们站在朴素实在论的诠释观的立场，来看理学家们对待本文的态度和行为，也许会像乾嘉学者以及一些现代学者如胡适、周予同等先生一样，批评他们"妄用己意"，进行"主观的猜测"，流于空疏、臆说③，没有什么价值。但是，如果站在规范论诠释观的立场，评价恐怕就大不相同了。事实上，理学家在规范论诠释观的指导下，对传统儒家经典进行理解，注解了几乎所有的儒家经典，发掘出十分丰富的义理内涵，推动孔孟儒学思想进入崭新的历史阶段。他们诠释思想的历史性成就，也是后来诠释思想进一步发展的基础，值得做进一步深入研究，而不应简单否定。

理解何以可能、何以能够进行所涉及的第三个问题，是理解者或读者或

---

① 如《宋史》卷四三三《林光朝传》有言："未尝著书，惟口授学者，使之心通理解。"

② 作者按：超越书本，将整个宇宙作为诠释的对象，在孔子那里，已经很清楚地显现出来了。《论语·阳货》记载："子曰：'予欲无言。'子贡曰：'子如不言，则小子何述焉？'子曰：'天何言哉？四时行焉，百物生焉，天何言哉？'"在这里，"言"是对于宇宙的理解，而"述"是对于"言"的诠释。孔子在理解问题上，是主张"述而不作"（《论语·述而》）的。但在孔子看来，"述"与"言"又不能截然分开。这种诠释观，成为后来儒家学者超越书本限制，将书本意义与宇宙、社会、人生意义统一起来，进行超越性理解的前奏。

③ 胡适. 中国哲学史大纲 [M]. 北京：东方出版社，1996：20，23.

诠释主体，之所以可能和能够理解本文意义的问题。

在中国古代儒家经典诠释思想史上，以陆王心学为代表的主体论诠释观，断定"本心"或"良知"是世界的本体主体。在他们看来，"本心"在根本上说是唯一的，它的实质内容就是"理"。所以，主体论的诠释观完全承认规范论诠释观所树立的"理"的本体地位。只不过，他们特别发掘和强调了"理"的主体性而已。"理"既然是绝对、普遍、永恒的，那么，"本心"也就是绝对、普遍、永恒的。但是，程朱理学等人认为"理"是静止不动的抽象形式，陆王心学等人就不赞成这一点。后者强调"心"是抽象和具体的统一，强调"心"的实践意义。对于理解活动的根据，陆王心学断定，根本上说，仅仅是静止抽象的、纯粹形式的"理"，便不能充当动态历程的理解活动的根据，只有"本心"这种精神实在，才能够充当理解活动的主体性根据。"本心"作为精神实在，它既是经典本文意义的宗旨、真精神，也是诠释主体的真精神。精神与精神的自我融合、融契，为理解的进行提供了根本保证。而理解的实质，也就是读者运用自己的真精神，去与本文意义中体现出来的、作者的真精神相结合。从理解的历程看，这意味着，要从了解本文的符号意义开始，进而理解本文意义中的"理"，最终达到对于作者本意、对于世界精神的体悟，以及借这种理解的"悟"，而完成理解者自我的觉悟、真精神的挺立。在诠释实践中，他们几乎不像程朱理学等学者那样，疲精劳神，去注解本文。他们只是读书，实践，体悟，"心解"，在心解中不断觉悟，提升人之为人的意义和价值。

上述中国古代儒家经典诠释思想的三派，分别解决了理解活动何以可能、何以能够的问题。而对于理解活动历程的具体描述，则可以说是由明末清初的伟大学者王夫之完成的。

三、古代儒家经典诠释学的三大理论派别

孔子关于"述"与"作"的思想，与《周易·系辞》有重大区别。后者的模式是，"天"如何，而后圣人"述"之，把天象、天道等描述出来，其"述"的主体是圣人，"述"的对象是自然界，"述"的方法是仰观俯察和效法，"述"

的结论成为后人效法的经典，即圣人在"述"的基础上，进一步"作"，而创作出来的是包括人类物质文明和精神文明在内的综合性文明成就。而孔子，"述"的对象虽然也有"天"，但同时又已经具体化为六经等历史文化，"述"的主体不再只是圣人，也包括了一般的凡人，"述"的方法是"学而时习"（《论语·学而》）等，"述"的结论只是个人的学习心得（当然，后来孔子的个人心得记录也成为儒家的经典了）；孔子也在"述"的基础上"作"，但他创"作"出来的，不是人类综合性的文明成果，而主要只是精神文明成果。如果说，《周易·系辞》的诠释思想，可以说是一种自然或宇宙诠释学的话，那么，孔子的诠释思想更倾向于一种历史文化诠释学，或者说是儒家的经典诠释学。

《周易·系辞》的诠释思想，和孔子的诠释思想已经有重大区别。这可以看成是中国古代早期儒家经典诠释思想出现派别分野的表现。此种分野，到后来发展得更加突出和鲜明。

尽管如此，孔子诠释思想对后来儒家经典诠释思想的影响，始终是重要的，甚至占有主导的地位。后来的儒家学者，他们运用的语言文字可能与孔子不同，但基本上也总是围绕着"述"与"作"这两种理解方式的关系，将"述"与"作"联系起来，进行了反复讨论。朱熹《论语集注》解释说：

> 述，传旧而已。作，则创始也。故作非圣人不能，而述则贤者可及……孔子删《诗》《书》，定《礼》《乐》，赞《周易》，修《春秋》，皆传先王之旧，而未尝有所作也。故其自言如此。盖不唯不敢当作者之圣，而亦不敢显然自附于古之贤人，盖其德愈盛而心愈下，不自知其辞之谦也。然当是时，作者略备，夫子盖集群圣之大成而折衷之。其事虽述，而功则倍于作矣，此又不可不知也。①

朱熹将"述"理解成一种中性描述。根据朱熹理解，我们从诠释学角度看，则"述而不作"是读者完全统一于本文，在诠释理论性质上属于有经验科学性质的诠释学派别。在西方诠释学历史上，有施奈尔马赫等作为代表，

---

① 朱熹.四书章句集注·论语集注·卷四 [M]// 新编诸子集成第一辑.北京：中华书局，1983：93.

在中国古代诠释思想史上，则有"汉学"作为代表。它要求读者虚心、客观理解本文意义，以求得对本文本来意义的把握。这一派，我称之为朴素实在论的诠释观。[①]

相较而言，作而不述或以述为作，则是本文意义完全统一于读者，在诠释学理论性质上属于中国古代理学中"心学"那样的派别。根据此派看法，在理解活动中，经典本文的意义统一于读者以良知为本所理解的意义；读者以良知为本所理解的意义，就是本文的意义。说读者以良知为本所理解的意义之外，还有其他什么本文的意义，那是一个逻辑矛盾。在中国古代儒家经典诠释思想史上，有孟子、庄子、禅宗、理学中的陆王心学学派作为其代表；在西方诠释思想史上，则有实用主义诠释学者罗蒂等作为其部分代表。这一派，因为强调理解中诠释主体的决定性地位和作用，所以笔者称之为主体论的诠释观。

此外，在诠释思想史上，还有一派，主张在"述"与"作"间、在经典本文意义和理解者间，寻求某种平衡和统一，这就是在西方以伽达默尔为代表，而在中国古代以二程（程颢、程颐）、朱熹等为代表的经典诠释学派别。这一派主张，理解者的"心"与经典本文的"理"统一起来，在所谓的"视域融合"中求得对于经典意义的理解，而且通过理解，理解者的意义和经典本文的意义都有了新的丰富。这一派在理论上处于朴素实在论诠释观与主体论诠释观之间。他们认为，在理解活动中，读者或诠释主体和本文或诠释对象，有同等重要的地位和作用，必须在某种规范或准则下，将双方统一到一起，理解才可能进行。所以，笔者将这一派称为规范论的诠释观。

在目前国内的西方诠释学介绍、研究中，比较多的学者似乎倾向于赞同规范论诠释观，对其余两派不大注意或引用。对于中国古代的诠释学派别，我们过去大多只站在经验科学角度，肯定朴素实在论诠释观的科学性和合理

---

① 作者按：意思指他们朴素地断定有一种实在性的意义存在于经典本文中，主体或读者虚心将这种意义发现出来，是理解的任务。但是，另外的诠释学派别所认定的意义，何以就不是实在的呢？其实，这些派别所认定的意义，在他们看来都是实在的。在这种情况下，只将这一派称为朴素实在论的诠释观，似乎是不大妥当的。不过，我们必须将这个"实在"的意义限制为文本意义上的、朴素的经验实在，才可行。换言之，因为这一派的学者认定经典本文中存在着不变的、实在的意义，我们理解的目的，就是最终发现其意义是什么。他们的主张，事实上是将本文意义当作一种朴素的经验实在，所以，作者称之为朴素实在论的诠释观。

性，而基本上完全否定其余两派的价值，如胡适、周予同等批评理学的理解是"妄用己意"，流于空疏、臆说那样。但现在，我们换一个角度看，即我们站在诠释学角度看，也许会有新的认识和评价。

其实，上述三派诠释观是各有其理论根据，也各有其诠释学价值的。

朴素实在论诠释观的理论根据，可以说就是中国古代的"气"论或"气学"思想。"气"作为一种经验实在，被认为是理解活动的最初根源，也是可能理解到的意义内核，如文本符号的经验意义（文字、文词、文句意义，版本意义等），以及相关经验现象的性质、功能，相关经验事实的因果联系等。在这种情况下，理解的实质，就是诠释主体通过诠释对象，对于"气"或气之道有一种感性的或经验的悟。"气"是理解活动的根源、决定者和归宿。比如，现在有人将"气"理解为一种能量，而能量中又包含了丰富的信息。这是这些人通过理解得出的结论。就对本文的理解来说，它要求读者抱虚心态度，追求对经典本文本身的意义有客观解释。经典本文本身的意义，被断定为诠释内容的唯一来源。读者的理解，只是帮助经典本文本身的意义呈现出来而已。这样，理解活动，就只是经典本文意义在诠释过程中呈现或表现出来的过程。

从理解的发展阶段来说，朴素实在论诠释观应该是最先产生出来的诠释观。在经验的理解活动中，诠释主体在最初几乎是完全抽象的，读者的知识水平还比较低，要求虚心、客观地了解对象和认识对象，是很自然的事情。荀子提出的"虚壹而静"（《荀子·解蔽》）方法，是体现这种诠释观的典型诠释方法。一个没有读过《老子》的人，初读《老子》，当然首先要选取一个比较好的版本，再从语言文字的符号意义入手，虚心客观了解《老子》一书的意思，力争不被自己以前的理解或对其他对象的理解，或自己的欲望和情感等所干扰。所以，朴素实在论的诠释观，比较适宜于理解活动的初级阶段。在中国古代儒家比较成型的诠释思想史上，汉学"疏不破注，注不破经"的原则，是体现这种诠释观的典型原则。

规范论诠释观的理论根据，以中国古代的程朱理学思想为代表。在程朱理学等人看来，"理"作为一种理性实在，被认为是理解的终极根据，也是理解活动所要把握的最高意义和最高理想，或者说这样的"理"才是真正的诠释对象和诠释主体。在规范论诠释观看来，理解的实质就是诠释主体（朱熹称之为"心"）和诠释对象（即经典本文意义，朱熹称之为"理"）的统一，朱熹称之为"心与理一"①。诠释主体理解活动的终极目的，就在于通过对经典本文符号意义的了解，进而对于经典本文整体的"理"有所把握，反过来，同时也就把握了读者心中的理，即"性"。在"性即理"命题的支持下，诠释主体的"性"和诠释对象的"理"在根本上是一个理。所以，在朱熹等人看来，只有"理"才是诠释主体和诠释对象能够统一起来的唯一基础，也是诠释主体所能够理解到的最根本的诠释内容。"理"是理解的唯一根据、最高准则和限度。理解活动，就成为"理"在现实诠释世界呈现自己或表现自己的过程，成为规范现实世界、规范诠释活动本身的过程。所以，在诠释实践中，这一派强调诠释主体和诠释对象的某种结合，才是理解得以进行、意义得以生长的逻辑起点。

规范论的诠释观，是紧接着朴素实在论诠释观而兴起的。因为，在一定程度上，它就是针对朴素实在论诠释观及其诠释实践中存在的问题而出现的。在诠释观上，朴素实在论的诠释观所谓"气"，有模糊混沌色彩，这就有可能限制理解的清晰性。在诠释实践中，虽然它认定经典本文有其本来意义，但事实上，不同的读者对于同一经典本文可以有不同的理解，得出不同的结论，甚至形成不同的派别和"家法"。这就使经典本文在本来意义的确认上，遭遇到困难。困难就是，经典本文意义的"一"，与事实上经典注疏者理解到的经典意义之"多"间，形成了尖锐对立，从而，影响到经典诠释内容的真实性、合理

---

① 朱熹在《四书章句集注》的《大学章句》"格物补传"中，对"心与理一"的过程，有具体描述。他说："盖人心之灵莫不有知，而天下之物莫不有理，惟于理有未穷，故其知有不尽也。是以大学始教，必使学者即凡天下之物，莫不因其已知之理而益穷之，以求致乎其极。至于用力之久，而一旦豁然贯通焉，则众物之表里精粗无不到，而吾心之全体大用无不明矣。"（朱熹《大学章句》，载《四书章句集注》，新编诸子集成第一辑，中华书局1983：六～七页）从诠释学角度看，其中，"人心之灵"是诠释主体，可以简称为"心"。"天下之物"以及其"理"，是诠释对象。理解之所以有必要，就在于诠释主体对于诠释对象还有不理解的东西存在。理解活动过程，就是读者用自己的"心"——其中包含了此前已经理解到的意义，即"已知之理"——去与诠释对象中的"理"相统一；如此不断理解，日积月累，主体所理解的意义越来越多，最后会出现"豁然贯通"的情况。到这时，主体对于对象的意义尽皆理解，即认识到了"天下之理"，而且同时，主体对于自己的本性也会完全觉悟。这个理解活动过程，就是主体的意义与经典本文的意义，同时增长、丰富的过程。上述朱熹"心与理一"的理解历程性说法，与"视域融合"的理解分析性说法似乎不完全相同。

性、有效性及权威性。同时，随着诠释活动的进行，主体对于意义的把握会越来越丰富，主体自身的理解水平也越来越高。在这种情况下，主体要在理解活动中完全做到虚心、客观，事实上也越来越不可能。恰恰相反，主体的地位在理解活动中越来越重要，其作用也越来越大。规范论的诠释观代替朴素实在论的诠释观，占据理解世界的主导地位，就具备了一定的必然性。可见，规范论的诠释观适宜于那些已经具有一定认识基础的理解者，适宜于与经典本文意义所体现的思想水平不相上下的理解者的诠释活动。也只有这样的理解者及其诠释活动，才可能在理解过程中，在事实上与本文意义互相启发，实现理解上的"双赢"。

而主体论的诠释观，其理论根据主要是中国古代的陆王心学思想。"心"这种精神实在，被认为是理解活动的真正主宰，它既是理解活动的最高诠释主体，也是理解所要真正体悟或领会的精神实质，即诠释对象，同时还是最高的诠释内容。"心"是理解活动的真正主体、最高主宰和终极目的。在一定程度上说，主体论的诠释观是针对规范论的诠释观而提出的诠释学理论。因为，规范论的诠释观有一个自身不能克服的困难，那就是诠释主体（"心"）不是性，即使"性即理"，仍然不能为"心与理一"提供有力的逻辑支持。换言之，在理解活动中，有限的读者凭什么能够和经典本文的意义（绝对的"理"）统一起来呢？诠释主体（"心"）和诠释对象（"理"）凭什么能够互相统一起来呢？主体论的诠释观断定"心即理"，同时断定"心即性"，正是在规范论诠释观的基础上，对这个问题的进一步解决和回答，从而推动儒家诠释思想在理论上进一步走向深入。

孟子可以说是主体论的诠释观的开创人。孟子在诠释思想历史上，提出了非常重要而且影响深远的新说，即"以意逆志"说。他主张，在经典理解活动中，理解者并非完全被经典本文的意义所占据，不是"尽信书"，而是理解者的"意"与经典本文意义即"志"的某种统一；而且，在理解者与经典本文的关系中，特别是在两者发生矛盾时，在理解活动中，理解者应当占据主导的地位，起决定性作用。比如，当读者的信念与本文的意义发生矛盾时，读者凭借其"良知"或"良心"而拥有诠释的主体性。孟子举例说：

尽信书，则不如无书。吾于《武成》，取二三策而已矣。仁人无敌于天下。以至仁伐至不仁，而何其血之流杵也？（《孟子·尽心下》）

在这里，孟子以自己解读《尚书·武成篇》^①为例，说明读者在读书时应该有一种选择或理解经典本文意义的主体性。孟子自己相信周文王、周武王等是"仁人"，他们讨伐殷纣王这个"至不仁"的暴君，应该是义旗一举，天下归心，怎么可能出现死伤人数很多，以致"血流漂杵"的情况呢！所以，孟子认定，很可能《尚书·武成》篇的记载有问题。在孟子看来，当我们在理解时，如果读者经过多次考验的信念，与经典本文的意义发生矛盾，而经典本文的意义并不是非常可靠的话，那么，读者以信念为准，坚持自己原有信念，也是可以的。在具体的理解过程中，可以只选"取"经典本文的一部分内容，作为理解对象，将不符合自己信念的部分，排除在理解对象之外。

但是，孟子这种以诠释主体为主的诠释思想，会不会导致解释者主观附会，胡乱解释呢？这就必须了解孟子这样主张的理论根据是什么。在孟子看来，以主体为主来理解对象，这个主体并不是现实中的每一个读者自身，而是这些读者所共同具有的"良知"或"良心"，即真正的诠释主体。"良知"或"良心"是主体论诠释观的核心范畴。他们认为，"良知"或"良心"只有一个，那就是孟子所谓的"理"或"义"，就是朱熹等人所谓的"天理"。用我们现在的范畴说，也就是真理。所以，不同读者之间的"良知"或"良心"，是一样的。读者的"良知"或"良心"，与经典本文对象的作者的"良知"或"良心"，也是完全相同的。所以，读者能够读懂本文，理解作者的本意。正像孟子所说：

口之于味也，有同嗜焉；耳之于声也，有同听焉；目之于色也，有同美焉。至于心，独无所同然乎？心之所同然者何也？谓理也，义也，圣人先得我心之同然耳。故理、义之悦我心，犹刍豢之悦我口。（《孟子·告子上》）

在孟子看来，诠释对象与诠释主体，在"良知""良心"以及"理""义"

---

① 《尚书·周书·武成》说："甲子昧爽，受率其旅若林，会于牧野，有敌于我师，前徒倒戈，攻于后以北，血流漂杵。"

的基础上，完全可以统一起来，保障理解活动的正常进行。诠释对象即经典本文的意义，就是作者"良知"或"良心"在经典文本中的呈现，也可以说就是读者"良知"或"良心"借助圣人而预先表现了出来。对于这一点，孟子认为是作者"先得我（可以指读者——引者）心之同然"。读者理解时，也只是运用读者的"良知"或"良心"，去与本文作者的"良知"或"良心"相交流、交融，直到读者自己完全按照"良知"或"良心"的要求，将意义表达出来。而表达出来的这个意义，既然是读者理解出来的意义，当然也就是本文作者的本意。孟子潜在的这个想法，非常准确而深刻地表达出了主体论诠释观的基本思想。

孟子"以意逆志"的诠释思想，开辟了中国古代儒家经典诠释思想中"心解"派的先河。汉朝今文经学解经时的主观附会，是"心解"诠释思想不正确的运用，是"心解"派的末流。玄学中的郭象、佛教中的禅宗，都有"心解"倾向。北宋张载的诠释思想，也是当时"心解"派的一个代表。理学中的陆王心学，当然是"心解"派的典型。这一派经典诠释思想的基本主张，概括说来，就是"六经注我"。在理解活动中，本文的意义，便是读者理解的意义；而读者理解的意义，就是读者先验的前理解的延伸，同时也是本文作者本意的延伸，是本文意义的发展。换言之，在这种理解活动中，本文只是呈现读者意义的材料，读者借本文而说自己的话，同时也可以理解为，本文作者的本意或者是本文的意义，在新的历史条件下，借读者的理解而表达或发展出了新的意义。两个说法完全一样，都是说，理解活动整个说来只是诠释主体呈现自己、实现自己的历程而已。理解活动，完全成为诠释精神运动的过程，成为人的精神主宰世界、主宰诠释活动、主宰人自身的过程。显然，这一派的诠释思想，最适合那种读者的素养已经高于经典本文意义所表现出来的思想水平时，发生的理解活动。

四、王夫之对理解活动历程的具体描述

王夫之在《老子衍·自序》中提出，研究或批评一种学术思想，特别是

对非经典的诠释，要"入其垒，袭其辎，暴其恃，而见其瑕矣"①。他借用军事术语，具体、形象而准确地描述了读者理解本文的理解活动过程。

"入其垒"是理解的第一阶段，指现实的诠释主体对本文符号意义的了解。"入其垒"，其字面意义指理解者要进入本文对象的堡垒中，借指理解者要理解一种学术思想，必须深入到研究对象的思想体系内部去。如何深入进去呢？我们现在已经比较清楚了。那就是我们在初读一本书时，首先要了解本文语言文字的意义。了解本文语言文字的意义，不能离开语言分析，如语义、语型、语用的分析等。在此基础上，对本文段落的意义、文章整体的意义，力争有所把握。以对本文符号意义的了解为基础，才可能深入本文的思想营垒内部。

"袭其辎"是理解的第二阶段，指现实的诠释主体对本文作者思路的了解。"袭其辎"，其字面意义指因袭、借用对方的辎重、资源为我所用等；其从理解的角度看，则指读者在了解了本文符号意义之后，还要借用本文作者的原有概念或范畴、命题、立场、思路、目的等，像作者一样发现问题，思考问题，看能否得出与作者一样的结论。用冯友兰论述"同情的了解"时所说的话，就是照着作者的思路，再想一遍。在此，包含了三种可能的理解方法。

第一，资料整理与思想归纳。在了解符号意义的基础上，进一步了解符号所表达出来的思想意义。比如，可以先归纳出部分本文（如章句、段落等）的意义，在此基础上，对于这部分的思想意义，再进行必要的整理和归纳，寻求它们之间的逻辑联系，进而寻求本文的整体意义。这里，当然涉及部分意义与整体意义的矛盾问题，即所谓"诠释学循环"问题。意思是说，要了解部分的意义，必先了解整体的意义。只有对整体意义有把握以后，才可能真正了解部分意义。而对于整体意义的了解，又离不开对部分意义的了解。于是，面临着像鸡生蛋，还是蛋生鸡的问题。笔者认为，这个问题的出现，是将理解活动当作静止的对象，进行单纯的分析而产生的。其实，理解活动是一个动态过程，人们的理解方法也不仅仅依赖于静止的分析，而且还有辩证的综合。在辩证法指导下，所谓的"诠释学循环"问题，是可以得到克服

---

① 王夫之. 老子衍·自序 [M]// 船山全书：第十三册·2版. 长沙：岳麓书社，2011：15.

的。通常说来，科学的理解历程是，诠释主体先有一定的"前理解"，在此基础上，虚心、客观地收集对象的相关材料，然后整理和归纳这些材料的意义，实现"前理解"与材料意义的统一，克服"诠释学循环"问题。

第二，逻辑分析。对于本文意义中涉及的重要概念或范畴、命题、命题关系以及思想体系进行逻辑分析，如本文概念或范畴意义的分析、命题意义的分析、命题关系的分析等，以弄清楚其思想体系结构，进而揭示其思维的逻辑性。在中国现代学术史上，金岳霖、冯友兰两位学者，可以说是逻辑分析的代表人物。金岳霖尤其是中国20世纪逻辑分析的典型代表，而冯友兰则对于哲学史研究中的逻辑分析方法进行了有益的探索。

第三，熟读玩味，设身处地，切己体会。北宋理学家二程（程颢、程颐）在谈到如何读《论语》《孟子》时就提到，读者对于本文要"熟读玩味"，久而久之，自然意味深长；而苏轼等学人在讲到读书时，也非常强调"熟读深思"的重要性。问题在于，要如何熟读玩味，以及如何熟读深思。笔者认为，在思想方法上，有两个方面不可缺少：一是设身处地，让读者投入对象之中，照作者的思路重新再想一遍（冯友兰语），或者带着温情与敬意（钱穆语），像艺术家欣赏艺术品，发现本文意义或作者思路中包含的苦心孤诣之处（陈寅恪语）；二是切己反思，结合自己修养的现实状况，体会本文意义和作者真意，进而可能会"见贤思齐焉，见不贤而内自省也"（孔子语）。而后一点，与下一阶段的理解活动已经密切相关了。

"暴其恃"是理解的第三阶段，指对本文作者思路的立场或出发点、方法、根据或标准、理想或宗旨的揭示。"暴其恃"从字面意义看，指暴露对象所借以成为思想营垒的深层依据；从诠释学角度看，则指读者在了解本文作者思路后，还要进一步理解他不得不如此思考的原因。这些原因，既有作者的立场、观点和方法，也有作者所认定的逻辑推论的前提、推论方式和如此推论的宗旨。本文作者的思路以及思想营垒，就建立在这些原因基础上。

同时，现在我们也更加清楚了，这些原因包括了多方面的内容。比如，本文作者生活时代的历史背景，他所面临和体会到的历史任务，他个人的生平和遭遇，他的阶级属性等，这些社会史因素，当然是原因之一。这个原因，是我们进行思想史研究时，将思想史与社会史相结合的基础。又比如，本文作者生活的时代，总是限定在一定的科学文化水平内。他思考问题时，所借用的知识材料、推论方式等，都要由当时一定的科学文化来提供，他的思维方式、眼界等，同时也受到当时一定科学文化水平的限制。这些学术史因素，是我们研究思想史时，将思想史与学术史结合的基础。再比如，本文作者在一定历史时代的生活中，如果他善于思考的话，他可能会对宇宙、社会、人生等最普遍、最根本的问题，有自己的见解或体悟，对于本体论，有自己的选择或断定。其可能是选择或断定"气"这样的经验实在，还可能选择或断定像"理"这样的理性实在，也可能选择或断定像"心"这样的精神实在。如果他做了其中任何一种本体论的断定或选择，那么，在他看来，这就是世界的根本所在。同时，他所选择或断定的世界的根本，也就是他思想营垒的"恃"，是他思想体系的终极根据。比如，"气"或"理"或"心"，这种实在本身，就可以是他逻辑思路的前提，或是他逻辑推论的标准，或是他逻辑进程的主体。

如果一个人以"气"这种经验实在作为他逻辑推论前提或根源，就有可能帮助作者的推论超越现实的阶级立场、知识眼界、个人或集团功利得失的限制，而追寻最开始的源头或者最后的归宿。这种实在的内在结构或性质，就可以是人自身逻辑推论的方式和最高标准。同时，如果一个人以"理"这种理性实在作为推论方式的根据和最高标准，就有可能帮助他超越一定历史阶段价值标准的局限，而指向终极的根据或绝对真理。这种实在的主体性，即自己保持自己、自己呈现和实现自己规定性的功能，就可以成为人自身进行逻辑推论的最高宗旨。当然，也有可能有人以"心"这种精神实在作为自己思想的宗旨，那么，这就有可能帮助他寻找到理解进程的逻辑主体。在这一主体的支持下，他的理解有可能超越一定历史阶段历史任务或个体目的，而上升成为一种接近普遍目的或最高理想或终极关怀等。这种实在的主体性，就是自觉、自主和自由。

从这个角度说，思想史的研究，不仅要和社会史研究、学术史研究结合起来，而且也要和本体论思想史或形而上学思想史的研究结合起来，和研究者自己对形而上本体的体悟结合起来。从而，不仅揭示出本文作者思想来自经验世界的材料、条件、局限等，而且揭示出其思想来自先验或超验世界的根源、根据和理想，真正做到像王夫之所说的那样"暴其恃"。

"见其瑕"，是王夫之所谓理解活动的最后阶段，指通过上述理解，揭示本文思想自身的长处或不足，从而进行客观的批评。"见其瑕"，从字面意义看，指发现对象营垒的弱点；而从诠释学角度看，则指读者认识到本文思想体系的不足。这些不足，从思想史上看，可能包括多个方面。

比如，可能是表达方面的问题，语言形式、语言意义，或所用的比喻，所举的实例，不能完全表达思想的意义，甚至可能造成误解。

另外，也有可能是作者思路方面的问题、逻辑问题。如概念与概念之间不相应，甚至互相矛盾，或者命题与命题之间不相应，甚至有些命题互相矛盾，或者是作者推论的前提不成立或前提不普遍，或者是其推论方式没有必然性，不能必然地推出作者的结论，等等。也有可能是作者思想根据方面的问题，如他所认定的根据或者不成立，或者虽然成立了，但没有普遍性，或者虽然成立而且又有普遍性了，但这些根据之间互相不能统一，不能形成一个整体，甚至各个根据之间互相矛盾，或者这些根据成立了、普遍了、不矛盾了，但与其思想推论没有什么关系，甚至截然对立，等等。

当然，还有可能是学术思想历史的问题。本文作者的思想体系（A）自身可能没有矛盾了，表达也很准确清楚了，[①]但在与他同时代的思想家中，或者在与他不同时代的思想家中，一定存在着一种与他的思想不同，甚至对立的思想系统（B）。当用上述办法去理解思想 A，只发现其优点，而不能发现其"瑕"处或弱点时，我们不能就由此断定思想 A 真就没有弱点了。有可能只是我们根据现在的眼光和水平，还不能发现其弱点而已。这时，有必要去看一看其他思想家对思想 A 的批评。我们特别要寻找到一个思想 B 来，再运用上述方法，"入其垒，袭其辎，暴其恃"，看能否发现思想 B 的"瑕"处或弱点；然后，回过头来，再将思想 B 和思想 A 进行比较，看看能否发现思想 A 的弱点；也有可能还不能发现出思想 A 的弱点，这时，我们还可以运用"入其垒，袭其辎，暴其恃"的方法，去理解思想 C、思想 D、思想 E 等，看看最终能否发现思想 A 的问题。一个人如果花过这样的工夫，那么这个人估计就不大容

---

① 作者按：一个思想体系要做到这一点，是极不容易的。在中外思想历史上，目前似乎还没有发现一个思想体系达到这一点。但在这里，我们权且假设它达到了这一点。

易局限在一两种思想系统中，也不大可能只运用这一两种思想体系做指导，研究中国哲学史或中国思想史，导致这种研究在诠释学上具有明显的"瑕"处或弱点。

王夫之提出的理解活动的各个阶段，是一个有机联系的整体。四个阶段结合起来，构成一个连续的理解运动过程。各个理解阶段的这种连续性，在王夫之那里，是有他"气"运动的哲学思想做根据的。他认为，运动是"气"固有的特性，不仅经验的事物现象在不停地运动着，而且我们经验不到的事物的"质"也在不断地变迁，在气那里，运动是绝对的。而这种运动的方向，就是日新又日新，在新旧之间，具有历史先后的连续性和超越性。这些看法，就为理解活动阶段论提供了牢固的理论基础。王夫之的理解活动阶段论，是他整个学术思想体系中的一个有机组成部分。

从中国儒家诠释思想史看，王夫之的理解活动阶段论，由于他自己具有十分丰厚的学术修养，所以，他能够将读者和本文很恰当地统一到现实经验的理解活动过程中，非常具体地解决了理解活动中存在的读者与本文意义之间的矛盾。他的理解活动阶段论，符合认识辩证法，具有很高的理论思维水平。所以，可以认为，王夫之的理解活动阶段论，乃是具有科学性的诠释思想，值得进一步充分研究。

但问题在于，王夫之在对他自己非常赞赏的儒家经典进行诠释时，是否也像他对待《老子》等非儒家经典本文那样，经过"入其垒，袭其辎，暴其恃，而见其瑕"这样一个诠释阶段，从而得出诠释结论呢？这也值得进一步研究。

"心解"：张载的儒家经典诠释方法 ①

我们应该如何阅读理解经典？张载的经典诠释方法或可作为古代的典型。学界多认为，张载是"气"学家，但他的经典诠释思想却是"心解"派。经验实证、历史思维等"气"学方法，并未充分体现在张载经典诠释方法中，显示出张载思想的复杂性。张载如何"心解"经典文本？和孟子等有没有不同？和陆九渊、王阳明等心学家有何不同？这些都值得关注。

中国诠释思想，伴随中国学术史进程，有自己的悠久传统和鲜明特色。在21世纪到来之际，西方诠释学越来越为国人所熟识，诠释活动作为传统文化现代化和中西文化融会贯通的必经环节，也越来越为人们所重视。这时，揭示中国诠释思想的特质，无疑有助于我们更深入地认识中国思想家在把握理解环节中所体现出来的中国气派、理性规范和基本精神，为建设科学的中国诠释学提供必要的传统文化基础。

大体说来，中国诠释思想，可以划分为三大派别，即汉学的实在论诠释观、理学的规范论诠释观和心学的主体论诠释观。三派紧密相联，在逻辑上、历史上，提供了中国诠释思想的整体框架。张载"心解"论，作为诠释思想，徘徊于规范论与主体论两大派之间，具有双重性，但又不自觉地偏向于主体

---

① 本文最初以《"心解"：张载的诠释学思想（摘要）》发表于《张载关学与实学》论文集，西安地图出版社2000年版；后又以《"心解"：张载的儒家经典诠释学思想》为名，全文发表于成中英主编的《本体与诠释》（三），上海社科院出版社2003年版。本书收入时有部分字句修改。

论一边。

张载说，"心解则求义自明，不必字字相较。譬之目明者，万物纷错于前，不足为害；若目昏者，虽枯木朽枝皆足为梗"①。其强调"心解"可以超越汉儒"字字相较"的训诂法，而明了经典中的义理本身，由此而达到"自明、自觉"。他又说："'诵《诗》三百，亦奚以为'，诵《诗》虽多，若不心解而行之，虽授之以政则不达，使于四方，言语亦不能。如此则虽诵之多，奚以为？"②明确提出"心解"问题，要求对经典中的义理能"心解而行之"。

根据《张载集》的思想材料，以下将着重讨论何谓"心解"、怎样"心解"以及"心解"的特点、地位几个问题。

一、"心解"的心

张载论"心"，一方面他接受了老子"天地不仁"（《老子》第五章）的说法，认为"天则无心无为，无所主宰，恒然如此"③，自然如此。"天本无心""天无意""天无心，心都在人之心"④。这时，他将"心"理解成只是现实人的心理活动。另一方面，他又提出"为天地立心"⑤"天心之妙，非有心所及也"⑥"十诗之作，只是欲验天心于语默间耳"⑦等说法，肯定"天心"存在。这里，他将"心"理解成本体的精神。张载"心"论，要在克服心理心的局限，上达本体心高度，从"天无心"发展到"天心"，求得二者的统一。

严格说来，"心解"的心和一般的"心"虽然有内在关系，但并不等同。张载注意到了这点。他说："由象识心，徇象丧心，知象者心，存象之心，亦

---

① 张载.经学理窟[M]// 张载集.章锡琛点校.北京：中华书局，1978：276.

② 张载.张子语录：上[M]// 张载集.章锡琛点校.北京：中华书局，1978：309.

③ 张载.横渠易说：上经[M]// 张载集.章锡琛点校.北京：中华书局，1978：113.

④ 张载.经学理窟[M]// 张载集.章锡琛点校.北京：中华书局，1978：266，256；张载.横渠易说·上经，[M]// 张载集.章锡琛点校.北京：中华书局，1978：189.

⑤ 张载.张子语录·拾遗[M]// 张载集.章锡琛点校.北京：中华书局，1978：376.

⑥ 张载.经学理窟[M]// 张载集.章锡琛点校.北京：中华书局，1978：256.

⑦ 张载.张子语录：后录上[M]// 张载集.章锡琛点校.北京：中华书局，1978：337.

象而已，谓之心可乎？”①　其中，“由象识心”的“心”，是诠释对象，包括本文（“象”）和作者本意（“心”）；“知象者心”的“心”，是诠释主体，或“心解”主体。它也就是心解的“心”，较一般的“心”具体一些。

在张载看来，要能合理而正确地理解经典，对于诠释者来说，是有条件、有要求的，不是随便什么人都能恰当理解经典的。换句话说，诠释主体需要一定的条件，才能在现实诠释活动中真正起作用。这些条件，从反面看，就是虚心、无心、克己等，即克制消除个人私意、主观私见；而从正面看，就是要大心，心弘，而其基础则是穷理明、守道定、理明义精，对真理有明确而坚定的把握。

（一）虚心

张载很重视世界本源“虚”的性质，并认为，虚也是“心”的本然面目。故在他那里，建立诠释主体的首要条件，就是虚心。他说，“太虚者，天之实也。万物取足于太虚，人亦出于太虚。太虚者，心之实也”。又说，“天地以虚为德”，“与天同源谓之虚”②。这就为“虚心”提供了本原根据。

在现实理解活动中，张载发现，许多人都因为自己的个人利益、主观意见和私人情感而影响到对真理的分辨与判断，以致“昏而不明”。但如果“不干碍”个人“私己”时，即使没有文化的人，也能对事情的是非曲直有“公明”③（公正明白）的分辨与判断。但这种“公明”之心在理解活动中却常常得不到彰显。为什么会这样呢？张载认为，其根本原因就是人在理解时不虚心。他由此批判说，“今人自强自是，乐己之同，恶己之异，便是有个固、必、意、我，无由得虚”④。也就是说，要“虚心”，就要消除意、必、固、我四种不虚心态度。他解释《论语》“子绝四”条，阐述了自己对“虚心”的看法，他说：“‘毋意’，无常心也。无常心，无所倚也。倚者，有所偏而系着处也。‘率

①　张载.正蒙·大心篇 [M]// 张载集.章锡琛点校.北京：中华书局，1978：24.

②　张载.张子语录：中 [M]// 张载集.章锡琛点校.北京：中华书局，1978：324，326.

③　张载.经学理窟 [M]// 张载集.章锡琛点校.北京：中华书局，1978：256—257.原文为“民虽至愚无知，惟于私己然后昏而不明；至于事不干碍处，则自是公明.”

④　张载.经学理窟 [M]// 张载集.章锡琛点校.北京：中华书局，1978：272.

性之谓道'则无意也。性何尝有意？无意乃天下之良心也。圣人则直是无意求斯良心也……学者须无心，故孔子之教人绝四，自始学至成圣，皆须无此，非是圣人独无此四者。故言'毋'，禁止之辞也。"[①]"'毋固'者，不变于后；'毋必'者，不变于前。毋四者则心虚。虚者，止善之本也，若实则无由纳善矣。"[②]人们不虚心，根本上还是因为有个小我之私在，遮蔽了本性对真理的追求。"人之有耻于就问，便谓我好胜于人。只是病在不知求是为心，故学者当无我。"[③]

可见，虚心便如孔子所谓克己复礼，首先要克制和消除自私自利的心思，抛弃主观成见、偏见，摆脱个人一时一地的特殊情感和欲望对认识的消极影响，一任本文对象以客观实在的硬性占据、充实自己的心灵。其中，张载尤其强调抛弃小我私欲，让"天下之良心"呈现出来，主要在修养方面用力，而不只是具备一种客观公正的认识态度而已。作为手段，虚心重在克制、消除小我之私，可谓"无心"；但正面还必须遵循自己的本性，求是纳善，"以理义战退私己"[④]，用普遍必然的真理克制个人一时一地的欲望情感和私见。

在读书时，虚心体现为静心。张载自述说："观书以静为心，但只是物不入心。然人岂能长静，须以制其乱。"[⑤]心理烦扰躁动，要用礼法来规范，用虚心、无心来抑制。又说："心既虚则公平，公平则是非较然易见，当为不当为之事自知。"[⑥]真能虚心，则已经掌握的知识、真理必然不受干扰阻碍，全部呈现出来，以此真理为准则，是非分辨，自然清楚了然。

（二）大心

张载认为，有限的心理活动，"焉能尽《易》之道"[⑦]。因为，"以有限之心，止可求有限之事；欲以致博大之事，则当以博大求之。知周乎万物而道

---

① 张载.张子语录：中[M]//张载集.章锡琛点校.北京：中华书局，1978：318.

② 张载.张子语录：中[M]//张载集.章锡琛点校.北京：中华书局，1978：307.

③ 张载.经学理窟[M]//张载集.章锡琛点校.北京：中华书局，1978：287.

④ 张载.横渠易说：上经[M]//张载集.章锡琛点校.北京：中华书局，1978：103.

⑤ 张载.经学理窟[M]//张载集.章锡琛点校.北京：中华书局，1978：277.

⑥ 张载.经学理窟[M]//张载集.章锡琛点校.北京：中华书局，1978：280.

⑦ 张载.横渠易说：上经[M]//张载集.章锡琛点校.北京：中华书局，1978：206.

济天下也"①。只有用"博大"之心，才能理解经典中的"博大"义理。将个人"有限之心"发展成为"博大"之心，就成为经典解释活动得以正常进行的条件之一。这就是张载所说的"大心"。他认为："大其心则能体天下之物。物有未体，则心为有外。世人之心止于见闻之狭。圣人尽性，不以见闻梏其心，其视天下无一物非我，孟子谓尽心则知性知天以此。天大无外，故有外之心不足以言天心。见闻之知，乃物交而知，非德性所知；德性所知，不萌于见闻。"②在张载看来，人如大其心，则上达"德性所知"，表现出来，必然是"视天下无一物非我"，自能认识、容纳天下万物，获得的知识，也不会是"物交而知"的对象性知识，也就没有这种知识所必有的经验性"闻见之狭"之类不足。

从理想人格说，大心的人是以圣人为目标的。张载说："人能以大为心，常以圣人之规模为己任，久于其道，则须化而至圣人，理之必然，如此其大即是天也。又要细密处行之，并暗隙不欺。若心化处，则诚未易至。"③"大心"，就是通过对真理的认识，使有限之心发展到孟子所谓"尽心知性知天"的境界。"大心"的境界又是"万物皆备于我"的境界，是"视天下无一物非我"之博大胸怀与精神状态，且其又是"无外"的天心，心物主客的对立，已经被克服、超越和包容到"大心"之中。天心"无外"，正是对《中庸》"不诚无物"说的发展，也可谓后来心学基本命题"心外无物"的滥觞。

怎样达到"大心"境界呢？在张载看来，从反面看，是"不以见闻梏其心"，有限的心理活动不能再局限于闻见之知的经验知识；而从正面看，则有如下几个步骤。

第一，树立远大志向。张载要求："以大为心，常以圣人之规模为己任"。从诠释角度看，要求诠释者志趣高远，以圣人规模为规模。"人若志趣不远，心不在焉，虽学无成。"④规模狭小，局于小我私利、粗浅现象或专业知识，终究不能理解普遍而宏阔的真理。

第二，存心与穷理，"久于其道"。张载说："万物皆有理。若不知穷理，

① 张载.经学理窟[M]//张载集.章锡琛点校.北京：中华书局，1978：272.
② 张载.正蒙·大心篇[M]//张载集.章锡琛点校.北京：中华书局，1978：24.
③ 张载.横渠易说：上经[M]//张载集.章锡琛点校.北京：中华书局，1978：77.
④ 张载.经学理窟[M]//张载集.章锡琛点校.北京：中华书局，1978：273.

如梦过一生。"① 诠释者要"常存心",不要将所立志向丢在一边。然后"立本以此心,多识前言往行以畜其德,是亦从此而辨,非亦从此而辨矣"②。存心与穷理相辅相成,不可偏废。存心就是常存穷理之心,而穷理归根结蒂,也只是穷心之理,去理解作者的本意,以此求得诠释者本性的自觉、主体性的建立。

第三,笃行实践,"细密处行之"。仅认识到一个空洞的道理,并不能将心"大"起来,而应该将认识的道理转化成为诠释者言行活动的起点、方法、准则,转化成为主体的血脉和精神。这种转化,就是张载所谓"心化"。穷理有得,化理为心,即是"心化"。这并不神秘,只是不容易实行。张载说,"心化处则诚未易至","当是畏圣人之言,考前言往行以畜其德,广义择善而行之……学博则转密察,钻之弥坚,于实处转笃实,转诚转信"③。将普遍而又细密的真理性认识,转化成为诠释者实践活动的指导思想和行为准则,转化成为"诚""信"这些诠释主体的精神素养,乃是诠释实践活动中十分重要的环节。通过"心化",真理就从抽象的变成具体的,从认识的变成实践的,从软弱无力的变成有现实力量的。"天人合一"的理想,借助心化而在诠释实践活动中现实化起来。从诠释学角度看,"心化"正是理解实现的标志,也是诠释主体真正建立起来的标志之一。

（三）明理

张载说:"以我视物则我大,以道体物我则道大。故君子之大也,大于道。大于我者容不免狂而已。"④ 大心不是自我膨胀,狂妄自大,而是"大于道",是真理"心化"以后的收获。所以,"大心"也是诠释者明理的表现。在"大心"中包含了明理也是诠释主体建立的条件的意思在内,但张载仍然从诠释角度明白揭示了明理是诠释主体建立的必要条件。他说:"博大之心未明,观书见一言大,一言小,不从博大中来,皆未识尽。既闻中道,不易处且休,会归诸经义。己未能尽天下之理,如何尽天下之言!闻一句语则起一重

---

① 张载. 经学理窟 [M]// 张载集. 章锡琛点校. 北京:中华书局,1978:321.
② 张载. 经学理窟 [M]// 张载集. 章锡琛点校. 北京:中华书局,1978:266.
③ 张载. 经学理窟 [M]// 张载集. 章锡琛点校. 北京:中华书局,1978:270.
④ 张载. 正蒙·大心篇 [M]// 张载集. 章锡琛点校. 北京:中华书局,1978:26.

心，所以处得心烦，此是心小则百物皆病也。"①

在经典解释中，诠释主体必须先掌握一定的义理，并以这种义理作为方法、准则，才能较好地把握本文的意义。像《春秋》这部经典著作，"惟孟子为能知之。非理明义精殆未可学。先儒未及此而治之，故其说多空凿"②。"理明义精"是正确理解经典意义的主体必要条件。在张载看来，汉儒注解《春秋》多穿凿附会理解不了经典本义，正是因为他们没有"明理"。

由此可见，"心解"观不同于汉学诠释思想的标志之一，就在于它强调诠释主体的建立，必须以"明理"为先决条件。

首先，在张载看来，明理从根本上就是"知德"，认识本文作者和诠释者所共有的德性，只有认识了人的内在的普遍的德性，才能真正理解关于德性的语言文字表述。张载说："知德斯知言，已尝自知其德，然后能识言也。人虽言之，己未尝知其德，岂知其言！须是已知是德，然后能识是言。犹曰知孝之德则知孝之言也。"③"德"就是人的德性，即义理。认识了人的基本德性，才能深刻理解人关于义理方面的言语。明理即知德，道不远人。这就排除了后世学界出现的一种可能性，即将"明理"理解为单纯爱知，而与实践出真知相对立，将真理理解为只是静态的形式系统，而和真理即实践活动历程相对立。

其次，明理还包括守理。张载说："人之迷经者，盖己所守未明，故常为语言可以移动。己守既定，虽孔孟之言有纷错，亦须不思而改之，复锄去其繁，使词简而意备。"④守理即坚持真理，知而不守，知行分开，而且真理不能"心化"，则所知也有限，非真知。"守理"也可以说就是"大心"说中的"存心"说。不过一从理说，一从心说而已。

那么应该如何才能"明理"呢？张载十分强调"读书明理"这一途径。他认为读书穷理。第一，要多读书，"读书少无由考校得义理"⑤。多读书，则

---

① 张载.经学理窟 [M]// 张载集.章锡琛点校.北京：中华书局，1978：277.
② 吕大临.横渠先生行状 [M]// 张载集.章锡琛点校.北京：中华书局，1978：384.
③ 张载.经学理窟 [M]// 张载集.章锡琛点校.北京：中华书局，1978：274.
④ 张载.经学理窟 [M]// 张载集.章锡琛点校.北京：中华书局，1978：277.
⑤ 张载.经学理窟 [M]// 张载集.章锡琛点校.北京：中华书局，1978：75.

要博学，不要局限于耳目感官认识，不局限于一经一书的阅读，"当是畏圣人之言，考前言往行以畜其德，广义择善而行之……惟博学然后有可得以参校琢磨……故只是要博学，学愈博，则义愈精微"。^①第二，要记诵，记诵本文，有助于思考，"不记则思不起"，但不"成诵精思"，"通贯得大原"，也不易记诵。其三，读书要不间断。每日"晓夕参详比较"，一时放下则一时德性有懈，终究看不见义理。其四，循环理解，对六经要循环阅读、理会，相互启发、通贯。其五，释疑。诠释经典的目的，就在于认识真理，解除自己的疑惑，以对真理的认识为基础，树立起诠释主体的牢固地位。上述这些"明理"法，都源于张载自己的治学实践经验，可说是"见闻之知"。张载虽然断言"德性所知，不萌于见闻"，德性之知产生，见闻之知排除在外，但在具体诠释活动中，张载却不自觉地都讲见闻之知，而是希望借见闻之知上达德性之知。虽不自觉，但却符合他所强调的辩证法。

根据张载对诠释主体建立的条件的讨论，我们要注意的是，虚心、大心和明理是相互紧密相联的整体，共同构成诠释主体建立的过程。虚心以明理为内容，以大心为目的；而大心又以虚心为前提、为辅助，又以明理为基础；而明理以诠释主体的建立为起点、为目的。另一方面，诠释主体的建立，既是诠释活动的起点，又是诠释活动的成绩。作为诠释活动的起点，必须先建立起一定的诠释主体，在诠释主体支持下，诠释活动才可能进行，因为诠释总是诠释主体与诠释主体所面对所选定的诠释对象之间的辩证活动过程。这一点或许正是张载"心解"论中十分强调虚心、大心、明理的原因所在。作为诠释活动的收获或成绩，诠释主体的建立不是凭空捏造或自天而降的，它本身就是诠释活动的结果。诠释活动，可以让诠释主体理解本文的意义，认识普遍的真理，在此基础上，来提高诠释主体的素质。尽管张载"心解"论中没有明白揭示这些道理，但这些道理似乎也是"心解"论中应有的逻辑意义。

二、"心解"的解

诠释主体建立的同时，诠释对象便建立起来。在张载那里，诠释对象，

---

① 张载.经学理窟[M]//张载集.章锡琛点校.北京：中华书局，1978：275.

不只是经典中用语言文字表述的符号系统，而特别在于这符号系统包含的义理，以及这符号系统所表述的作者的本意。他说："圣人语动皆示人以道，但人不求耳。"① 针对诠释对象复杂的层次性，张载提出了相互联系的诠释方法。

（一）"观文势上下之意"

汉儒解经，重文字训诂。张载则强调，音训义诂虽重要，但目的应在于理解文字符号中的"经义"。他说："音训虽真伪未可知，然从之不害为经义，理所主义而音使不动。"② 要求在诠释上超越汉儒，将字、词、句放在整个文章中来理解，这就是"观文势上下之意"。

张载说："凡观书不可以相类泯其义，不尔则字字相梗，当观其文势上下之意。"③ 看文章前后总体的意思，当然离不开对文章字、词、句意义的认识。但又不能从字典、辞典等处去抽象理解字、词、句的意义。"观书当不以文害辞"④，应结合文章的中心思想加以说明；而说明字、词、句意义的目的，也在于超越单个字、词、句理解的局限，在"观文势上下之意"基础上，进而"观其发本要归"⑤，达到对文章整体深层意义的把握。

（二）"以理计之"

张载说，"《易》虽以六爻为次序而言，如此则是以典要求也……大人与圣人以上自是一切妙处。'精义入神，以致用也；利用安身，以崇德也'（《系辞下》）。以理计之，如崇德之事，尚可勉勉修而至，若大人以上事则无修。故曰'过此以往，未之或知'，言不可得而知也，直待己实到'穷神知化'，是德之极盛处也"⑥。《易》中卦爻各有排列次序，但理解《易》的经义不能执着于这些次序，而应"以理计之"；用普遍的义理作标准，理解本文的内容。

---

① 张载. 张子语录：中 [M]// 张载集. 章锡琛点校. 北京：中华书局，1978：307.
② 张载. 张子语录：中 [M]// 张载集. 章锡琛点校. 北京：中华书局，1978：331.
③ 张载. 张子语录：中 [M]// 张载集. 章锡琛点校. 北京：中华书局，1978：322.
④ 张载. 黄渠易说：下经 [M]// 张载集. 章锡琛点校. 北京：中华书局，1978：127.
⑤ 张载. 黄渠易说：下经 [M]// 张载集. 章锡琛点校. 北京：中华书局，1978：183.
⑥ 张载. 横渠易说：上经 [M]// 张载集. 章锡琛点校. 北京：中华书局，1978：76—77.

作为诠释方法，"以理计之"内含以下几个方面。

首先，"理"是什么理，源于何处？结合诠释主体的建立来看，这里的"理"，似乎是主体在建立自己过程中所认识到的义理。"以理计之"，要求将以前认识的义理转化成为理解新的经典的根据、准则和方法。如此，"以理计之"的"理"，是以前主体已经掌握的义理，源于以前理解经典的收获。

其次，"以理计之"中"计之"是什么意思呢？根据原文看，"之"指经典本文的意义，这些意义正是对"理"进行新理解的可能来源；而"计之"就是用已经掌握的义理，去理解新本文的意义，从而丰富、充实已掌握义理的内容，达到对义理的新理解。如果这样理解符合张载本意，则对本文意义的理解，内容会从旧到新不断充实和丰富，这是一个经典本文意义理解的发展过程。不过，发展的意思，张载并未明白揭示出来。他只是从根本上辨别理解的是与非。他认为万事万物互不相同，"万物皆有理"①，但人们对"理"的认识、理解，根本上说只有一种是正确的。他说，"道一而已，此是则彼非，彼是则我非"②。又说，"有言经义须人人说得别，此不然。天下义理只容有一个是，无两个是"③。"道一而已""无两个是"等，都是对理解的本体论断定，也是对经典本文基本意义就是义理的信念肯认。这种断定和肯认，与诠释主体在理解方面从旧到新发展的意思并不矛盾。但张载毕竟对上述两种不同的意见还未来得及进行调解。事实上，直到朱熹讲"理一分殊"时，才比较自觉地来解决这个问题。

（三）"求作者之意"

"文势上下之意"，归根结蒂，只是表达出来的"作者之意"。所以，张载"观文势上下之意"，进一步深入下去，只在于"求作者之意"。他说，"观书必总其言而求作者之意"④。可见，理解本文的意义，不是诠释的最终目的，进一步的诠释，则要通过对本文意义的解释，体会作者的本意。作者的本意，

---

① 张载．张子语录：中 [M]// 张载集．章锡琛点校．北京：中华书局，1978：321.

② 张载．黄渠易说：下经 [M]// 张载集．章锡琛点校．北京：中华书局，1978：18

③ 张载．经学理窟 [M]// 张载集．章锡琛点校．北京：中华书局，1978：270.

④ 张载．经学理窟 [M]// 张载集．章锡琛点校．北京：中华书局，1978：275.

乃是语言文字意义所蕴含的最深层的意义，言下之意、言外之意，都是作者本意的代名词。

在儒家看来，经典的作者就是圣人。读其书，想见其为人，理解经典，也"当观圣人所以作经之意，与圣人所以用心，圣人之所以至于圣人，而吾之所以未至者，所以未得者"①。二程（程颢、程颐）这段话是对张载"求作者之意"的最好的注释。

需要注意，从"观文势上下之意"，进展到"求作者之意"一步，其间暗含着"言不尽意"的意义表达观。《老子》开篇就说，"道可道，非常道。名可名，非常名"。《周易·系辞传》说得更明白，"书不尽言，言不尽意"。这成为中国诠释学中意义表达观中的主流思想。根据这种看法，作者本意不能完全用语言来表达，而作者的语言又不能完全地记载于本文中。作者本意和本文意义之间存在距离，给诠释增加了难度。玄学家展开的"言意之辨"是对此的思想关注。张载说："由象识心，徇象表心；知象者心，存象之心，亦象而已，谓之心可乎？""徇象""存象"之心，局限于象，不能自拔，只是象，不是心。运用到经典解释方面，就是求不局限于一字一句的具体意义，不徇于文义，而要超越它们，观文势上下总的意思，进而体会作者本意。这些看法，可以看成是继承了"言不尽意"的意义表达观，而又进一步发挥了玄学家"得意而忘象""得象而忘言"②的看法。

既然"言不尽意"，便不能从语言文字中完全而准确地"求作者之意"，那么，诠释主体怎样去"求作者之意"呢？张载没有从诠释学角度直接回答这个问题，他只作出间接的回答。在先秦，孔子浑融地讲"述而不作"，推己及人，孟子讲"以意逆志"（《孟子·万章上》）、"尽心知性"二法，张载则有合二为一，归于尽心知性的倾向。他认为，"众人之心同一则是义理""大抵众所向者必是理义，理则天道存焉"③，诠释主体和作者作为"众人之心"，有共同的"所向"，那就是义理、天道，即一般的共同的人性，普遍的真理。诠释主体一旦尽自己的本心，知一般的人性，认识普遍的义理，就认识到"作

① 朱熹. 四书章句集注：卷首附 [M]// 新编诸子集成本 . 北京：中华书局，1983.

② 王弼. 周易略例·明象 [M]// 四部丛刊本 .

③ 张载. 经学理窟 [M]// 张载集 . 章锡琛点校 . 北京：中华书局，1978：256—257.

者之意"了。

显然，张载所指的"作者"之意，是一般的抽象的义理、人性，和更具体的"作者之意"大有区别。张载只是从根本上将"作者之意"和人性义理直接联系起来，有后来心学"心即理"的意思而未明白揭出，同时却忽视具体的"作者之意"的具体内容与了解这种"作者之意"的具体方法，而有以本体的方法代替具体的诠释方法的倾向，存在抽象性。在张载处理本心与诠释主体、义理与诠释规范关系时，也同样存在抽象性。张载对诠释活动尚未来得及进行专门细致的分析，所以他的诠释思想有朴素性，其朴素辩证法观念也未能具体落实到其诠释观中，形成科学性诠释方法，抽象便在所难免。

三、如何"心解"

根据自己的诠释观，张载进行了大量诠释实践活动；这些活动也充分地体现了张载诠释经典的特点。归纳起来，约有以下三个方面。

第一，站在儒家立场，发挥儒学义理，批评释、老没有得到"真解"。

张载批评道家："气之聚散于太虚，犹冰凝释于水。知太虚即气，则无有有无……诸子浅妄，有有无之分，非穷理之学也。"[①] 而批评佛家特别细致，说："释氏语实际，乃知道者所谓诚也，天德也。其语到实际，则以人生为幻妄，以有为为疣赘，以世界为阴浊，逐厌而不有，遗而弗存。就使得之，乃诚而恶明者也。儒者则因明致诚，因诚致明，故天人合一，致学而可以成圣，得天而未始遗人。《易》所谓'不遗''不流''不过'者也。故语虽似是，观其发本要归，与吾儒二本殊归。道一而已，此是则彼非，彼是则我非，是故不当同日而语。其言流遁失守，穷大则淫，推行则波，致曲则邪……大率知昼夜阴阳则能知性命；能知性命则能知鬼神，知圣人。彼欲直语太虚，不以昼夜阴阳累其心，则是未始见《易》；未始见《易》，则虽欲免昼夜阴阳之累，末由也已。《易》且不见，又乌能更语真际！舍真际而谈鬼神，妄也。所谓实

---

① 张载.黄渠易说:下经 [M]// 张载集.章锡琛点校.北京：中华书局，1978：200.

际，彼徒能语之而已，未始心解也。"①

"心解"在《横渠易说》下经中又作"真解"。张载认为佛家对《易》中形上形下合一的关系未有"真解"，以致和道家区分有无一样，都陷入否定现象世界以求本体世界的虚妄之中。佛道二家是否真如此，尚待商讨。然张载批评佛道二家的根据，显然在于他自觉的儒家立场——也是他已经发展了的儒家立场。在他看来，形上与形下、圣与凡、体与用在人的认识修养努力中，获得了辩证统一，表现为天人合一、学圣一致、诚明统一、有无不分等命题。对这种辩证关系，他用虚实关系做代表，遵循"有无虚实通为一物"的辩证法则，通过"尽性"的知行努力，追求达到"有无一，内外合，庸圣同"②的理想境界。将儒学中包含的朴素辩证法思想揭示明白，乃是张载对传统儒学义理最为精彩的发挥。

张载具有丰富深刻的儒学朴素辩证法思想。他说："体不偏滞，乃可谓无方无体。偏滞于昼夜阴阳者物也，若道，则兼体而无累也。以其兼体也。故曰'一阴一阳'，又曰'阴阳不测'，又曰'一阖一辟'，又曰'通乎昼夜'；语其推行，故曰道；语其不测，故曰神；语其生生，故曰易。其实一物，指事而异名耳。"又说："太虚者，气之体。气有阴阳屈伸相感之无穷。故神之应也无穷；其散无数，故神之应也无数。虽无穷，其实湛然；虽无数，其实一而已。阴阳之气，散则万殊，人莫知其一也；合则混然，人不见其殊也。"③本体不偏不滞，不偏则中庸中正，不滞则有机流动。现实中，却总见偏滞之物。体之偏滞于阴阳则为物，偏滞于不测则为神，偏滞于推行则为道，偏滞于生生则为易，偏滞于虚为性命，偏滞于实则为万物，究其实，一体而已。于万殊中见混然之一体，于混然中见万殊之现实，"有无、隐显、神化、性命通一无二"，聚散、出入、形不形，都从一体中推出；"两不立则一不可见，一不可见则两之用息。两体者，虚实也，动静也，清浊也，其究一而已"④。

用朴素辩证法这种"理"来"计之"，可以比较清楚地见到释、老的不足。

---

① 张载.正蒙·乾称篇 [M]// 张载集.章锡琛点校.北京：中华书局，1978：67.

② 张载.正蒙·乾称篇 [M]// 张载集.章锡琛点校.北京：中华书局，1978：63.

③ 张载.正蒙·乾称篇 [M]// 张载集.章锡琛点校.北京：中华书局，1978：66.

④ 张载.正蒙·太和篇 [M]// 张载集.章锡琛点校.北京：中华书局，1978：8.

张载说："若谓虚能生气，虚无穷，气有限，体用殊绝，入老氏'有生于无'自然之论，不识所谓有无混一之常；若谓万象为太虚中所见之物，则物与虚不相资，形自形，性自性，形性天人不相待而有，陷于浮屠以山河大地为见病之说。"①

诚然，将儒家立场归结为有无虚实辩证统一的朴素辩证法，当然是张载所讲的新儒学的追求。而这种朴素辩证法思想，大约也可以看成是张载新儒学义理的核心内容。用这个"理"批评释、老，很容易发现它们"体用殊绝"的毛病，回过头来，则可以更加坚定自己解经活动中的儒家立场。

坚持儒家立场，发展儒学朴素辩证法，用发展了的儒学辩证法来巩固自己诠释活动的儒家立场，正是张载在诠释实践中留下的遗迹。将这一过程浓缩起来，就转化成为他对儒家经典的确信、接受、尊崇、奉献的态度，转化成为他牢不可破的信念。不究其源，其信念似乎是先天的；细究其本，则其信念也只是他毕生"穷理"的收获。张载早年喜论兵，次读《中庸》，研读佛、道著作，最后"反而求之六经"②，才有收获。他自己的信念是依靠自己的理性能力，在将信将疑，反反复复中建立起来的。但他教育学生却并不要求他们去建立和依赖自己的理性能力以树立信念，而是直接将自己的信念传递给学生。学生若直接接受，据以为信念，或不免迷信。这样做，确实体现了张载作为"气"学家所应有的现实主义态度。不过，"气"学家也重视经验知识，重视历史追根溯源，张载却并非如此。这可能和张载喜好形而上学思考有关。在形而上学里，具体的历史情节，经验知识细节，和大本达道相比，就显得不那么重要了。

比如，张载教人说，读史书，"见得无可取则可放下"；医书"亦不须大段学，不会亦不会甚害事"；文集、文选之类，"看得数篇无所取，便可放下"；而道藏、释典，不看亦无害。结果，只有"六经则须着循环，能使昼夜不息，理会得六七年，则自无可得看。若义理则尽无穷，待自家长得一格则又见得别"。张载评点诸经典曰："学者信书，且须信《论语》《孟子》。《诗》《书》无舛杂，《礼》虽杂出诸儒，亦若无害义处。如《中庸》《大学》，出于

---

① 张载.正蒙·太和篇 [M]// 张载集.章锡琛点校.北京：中华书局，1978：9.

② 脱脱，等.宋史：卷四二七 道学传 [M].二十五史本.上海古籍出版社，1995.

圣门，无可疑者。《礼记》虽杂出诸儒，至如礼文不可不信，己之言礼，未必胜如诸儒。如有前后所至不同且阙之，《记》有疑议亦且阙之，就有道而正焉。"① 又言："《春秋》之为书，在古无有，乃圣人所自作，惟孟子为能知之，非理明义精殆未可学。"②

在诠释经典方面，学派创建人高昂的理性精神和学术追随者突出的信仰态度之间的区别，值得人们关注。看来，理性与信仰本就是孪生兄弟，难以分离。我们可以批判理学诠释观中盲目信仰的迷信倾向，但也不能忽略这种迷信中其实包含了对于前人理性成绩的相信和尊重这一积极因素在内。

儒家经学思维方式的内容之一，就是信念加理性。信念和理性有机统一，既互相制约，彼此监督，又互相支持，相辅相成。信念为先，而后理性证之；理性的内容正是信念的展开，信念的内容，则是理性内容的凝练；理性的发展，无非成就诚笃信念而已。理性的高度决定了信念的深度和广度，诚笃的信念又为理性提供动力、主宰和理想。若信念不足，理性昂扬，或导致经学学术化（史学化、文学化、哲学化等），核心价值多元，则经学难尊；而理性不足，信念独盛，或为教条、迷信，则经学发展难以为继。必使信念和理性两者平衡统一，方能成就经学繁荣发展。

第二，以符合义理的事实为依据，判定经典文献所记事实的可靠性。

张载说："己守既定，虽孔孟之言有纷错，亦须不思而改之。"③ "所守"的就是诠释主体所认识到的真理。如果自己所掌握的是真理，那么，事实总是符合真理的。历史上的事实，如符合真理，当然就可靠无疑，成为史实；否则，就值得怀疑了。

《周礼》一书中多处讲到"盟诅"一事，张载对此表示怀疑，认为是"末世添入"的材料，不是客观史实。他说："《周礼》是的当之书，然其间必有末世添入者，如盟诅之属，必非周公之意。盖盟诅起于王法不行，人无所取直，故要之于神……则盟诅决非周公之意，亦不可以此病周公之法，又不可

① 张载 . 经学理窟 [M]// 张载集 . 章锡琛点校 . 北京：中华书局，1978：277—278.

② 吕大临 . 横渠先生行状 [M]// 张载集 . 章锡琛点校 . 北京：中华书局，1978：384.

③ 张载 . 经学理窟 [M]// 张载集 . 章锡琛点校 . 北京：中华书局，1978：277.

以此病《周礼》。"^①以为《周礼》乃周公所作，而周公时，礼法灿然大备，人心也不像后世那样堕落，故周公不应有"盟诅"之意，现实中也不应有因相互间缺少信任而要进行"盟诅"的事情发生。结论只能是，"盟诅"的说法是"末世添入"的。现在我们已经知道，《周礼》恐非周公所作，那么，即使站在张载的角度，也大可不再害怕"盟诅之属"会损害或降低周公的威信了。不过，张载事实上认为《周礼》为周公所作，但又有"末世添入"的材料，而"盟诅"是最重要的依据。他这样推论，从"心解"论看，可以看出他断定事实存与否的依据，在于他自己所相信的"义理"及其道统。

按《周礼》中多处提到"盟诅"。邦国间订立盟约，誊录副本，由司盟保管；诅祝率盟约各方"北面诏神明"，"诅其不信者"，而盟约各方则"各以其地域之众庶，共其牲而致焉"，以作为违约的惩罚。在民间，"有狱讼者，则使之盟诅"^②。如果这些材料记载不误，周代有"盟诅之属"应无疑问。张载为什么怀疑呢？原来，盟诅之事，揭示了周朝有"不信者"存在这一事实，而这一事实与儒家推崇的文、武、周公之道不协。本着儒家信念或义理怀疑不符合此信念或义理的事实，前儒已有"盟诅不及三王"^③之说。张载只是进一步发挥这一经学传统，扩大而至于周公罢了。可见，张载判定事实存在与否，其标准不在经验实证，而在信念套用，确信符合信念的事实，怀疑不符合信念的事实。这种信念套用的情况，符合人的自然的认知心理，在诠释中，认识中都是普遍的现象，不足惊怪。

另外，关于《尚书·周书·武成篇》描述武王伐纣，"血流漂杵"到底是不是"血流漂杵"呢？孟子早已怀疑，认为"仁人无敌于天下，以至仁伐至不仁，而何其血之流杵也"（《孟子·尽心下》），因为怀疑本文所记事实的可靠性，故孟子诠释《武成》篇，"取二三策而已矣"。张载赞成孟子的怀疑与诠释法，并发挥说："'《武成》篇，取二三策'，言有取则是有不取也。孟子只谓是知武王，故不信漂杵之说。知德斯知言，故言使不动。"^④只有了解了作

---

① 张载.经学理窟 [M]// 张载集.章锡琛点校.北京：中华书局，1978：248.

② 周礼注疏：卷十七、二十六、三十六 [M].十三经注疏本.北京：中华书局，1991.

③ 春秋谷梁传：卷二 [M].十三经注疏本.北京：中华书局，1991.

④ 张载.张子语录：中 [M]// 张载集.章锡琛点校.北京：中华书局，1978:331—332.

者的内在德性，才能真正理解他所说的话的意义，即使人们对他的话有误传误解，自己也不会轻易误信。和孟子一样，张载坚信周武王是"至仁"的仁人，绝不会令人大肆杀戮，以致"血流漂杵"。突然见到不符合自己信念的文献记载，第一反应是怀疑该文献记载的准确性，而不会直接动摇自己安身立命的信念。这可以理解。

实证知识是人理性能力运用的收获，是理性的象征。一般来说，信念植根于人的精神家园中，远较实证知识为深沉。信念当然有赖实证知识这一理性基础的支持，但它并不等于实证知识，而是实证知识不断积累与转化的结果。人对宇宙人生的信念一旦产生，又会在新的实证知识支持下根深蒂固起来，成为人进一步认识和实践的出发点、准则和理想。一方面，信念接受实证知识的支持；另一方面，信念又会制约认识实践活动，限定认识范围和范畴，规定知行方法和目标。信念对知识有双重作用，由于知识是事实的反应，所以，信念对于事实也有承认或怀疑、排斥的双重作用。张载用自己多年确立起来的信念判定事实真伪，承认符合信念的事实，怀疑不符合信念的事实，以维护自己的信念，正是发挥了信念的双重作用。由于"血流漂杵""盟沮"之类实证知识，在当时缺乏足够的实证科学手段进行探讨，不符合信念的知识得不到更加有力的支持，以致信念与实证知识这一永恒的互动过程，在作为诠释者的张载那里，被突然中断了。实证知识被认为完全可以被信念所包含，儒家义理的信念不能获得更有力的冲击。这就让我们感觉到，张载和其他理学家、心学家一样，在诠释活动中，不是将事实放在第一位，而是将信念、义理放在第一位。本文中所描绘的事实本身被认为不是最重要的，该事实所包含的意义、价值，所体现的义理，所表达的作者的本意，才是最重要的。只有符合作者的本意，符合义理，具有意义和价值的事实，才被认为是史实。这就限制了张载信念的高度和知识的普遍必然性。

除此之外，张载对于符合自己信念的说法，则承认其为事实，坚定地予以维护。《尚书》记载商汤"初征自葛，东征西夷怨，南征北狄怨。曰：奚独后予？"(《尚书·汤书》)孟子复述说，葛伯无道，汤征之，"东面征而西夷怨，南面征而北狄怨，曰：奚为后我？民望之，若大旱之望雨也"(《孟子·滕文公下》)。张载认为，《尚书》所述是史实，非夸大。他说："汤征而未至，怨者，非史氏之溢辞，是实怨。今邨县素困弊政，亦望一良吏，莫非至诚。平居亦不至甚有事，当其时则倾望其上之来，是其心若解倒悬也。天下之望汤是实如父母，愿耕愿出莫非实如此。"① 用现实政治情况做比喻，地方昏官无道，百姓期盼良吏，如大旱之望云霓，至诚如此，以致"未至而怨"，证实《尚书》所载汤征未至而民怨的说法乃是实情。这个例子说明，在张载看来，古人今人，心同理同，符合义理的事实，不仅过去有，而且现在也有，将来也会有。从理学家性与天道历史课题看，认识和实践性与天道统一的普遍必然义理是最高宗旨，而关于具体事物的支离知识，以及由此引申出的枝叶技能，就显得不那么重要了。

第三，以义理为诠释的根本对象，以知义理为诠释的根本目的，而且诠释的方法也要以符合义理为准则。义理是诠释活动的核心。

在解经时，张载对此的运用自己认识和相信的义理作为诠释的对象准则和目标。他认为："圣人文章无定体，《诗》《书》《易》《礼》《春秋》，只随义理如此而言。"② 经典只是圣人用以表达"义理"的本文，那么，诠释经典，也就主要在于理解经典中的"义理"；而且是用诠释者已经理解到的义理作为诠释主体，也作为诠释主体所遵循的基本准则，去理解经典中的"义理"。所以，张载解经所持的立场，是义理的立场，所奉的信念，是义理的信念，所依据的事实，是符合义理的事实。义理，是张载诠释观的核心。

义理是什么？张载对此的专门讨论较少。但在诠释活动中，他却始终抓住这个核心。诠释主体的建立有赖于诠释者去"明理"；诠释活动的重要内容之一就是"以理计之"，用义理去理解诠释对象中的义理；在诠释实践活动中，张载仍然抓住"义理"这一核心，充分地体现了"心解"观的义理之学特色。

《诗经》"《灵台》诗序"言，"《灵台》，民始附也。文王受命，而民乐其有灵德，以及鸟兽昆虫焉"③。《史记》直言"诗人道西伯盖受命之年称王"，又说，文王自羑里返，"阴行善，诸侯皆来决平"④。张载对这种解释深为不满。他

①　张载.张子语录：中 [M]// 张载集.章锡琛点校.北京：中华书局，1978：331.

②　张载.经学理窟 [M]// 张载集.章锡琛点校.北京：中华书局，1978：255.

③　毛诗正义：卷十六 [M].十三经注疏本.北京：中华书局，1991.

④　司马迁.史记：卷四 周本纪 [M].二十五史本.上海：上海古籍出版社，1995.

写道："'《灵台》，民始附也'，先儒指以为文王受命之年，此极害义理。又如司马迁称文王自羑里归，与太公行阴德以倾纣天下，如此则文王是乱臣贼子也。惟董仲舒以为文王闵悼纣之不道，故至日昃不暇食；至于韩退之亦能识圣人，作《羑里操》有'臣罪当诛兮，天王圣明'之语。文王之于纣，事之极尽道矣。先儒解经如此，君臣之道且不明，何有义理哉？"解经者没有把握君臣之道这种义理，当然也不能理解文王事纣"极尽道"这一事实，以致错解成"行阴德以倾纣天下"这种乱臣贼子的行为了。义理是经典中的核心意义，也是诠释者正确理解经典所必须率先掌握的真理性内容。

又《诗经》"《考盘》诗序"说，《考盘》诗意在讥刺庄公"不能继先公之业，使贤者退而穷处"，其中有"永矢弗过""永矢弗告"之句。郑玄笺："矢，誓也；'过者，不复入君之朝也'；告，'不复告君以善道'。"[①]张载认为，这种解释，也不是懂君臣之道义理的"贤者"所应说的话，按君君臣臣的儒家义理，君不君，臣不可以不臣；臣不臣，君不可以不君。今庄公不君，而臣不应不臣，却"永不复告君过君"，事实上是不臣了。郑玄这种解释，或许符合原文语义，但却无助于"君臣之道"的建立和弘扬。故张载不取。但是，这一句原文应如何诠释呢？张载并未提供正面回答。或许，按照义理诠释观，有些经典本就不能诠释，应排除在诠释对象之外的。这从一个侧面说明，一旦"义理"不那么普遍必然，则运用于诠释活动中，便有其局限性。

值得注意的是，在张载看来，"君臣之道"这种义理，并不是和人民大众不相关的。相反，真正的真理，总是人民大众心同理同的共同追求。张载认为，君臣之道这种义理就是这样的真理之一。他说："大抵天道不可得而见，惟应之于民，人所悦则天必悦之，所恶则天必恶之。只为人心至公，至众也。民虽愚无知，惟于私己然后昏而不明，至于事不干碍处则自是公明。大抵众所向者必是理也。理则天道存焉。故欲知天者，占之于人可也。"[②]真的义理乃人心之所同向同求。故以义理作为诠释主体、诠释对象、诠释方法，就使三者在逻辑上具有一致性，在义理的基础上，三者可构成一个有机整体，共同组成诠释活动过程。义理，乃是张载"心解"的基础与核心。现在我们已

---

① 毛诗正义：卷三 [M]. 十三经注疏本. 北京：中华书局，1991.

② 张载. 经学理窟 [M]// 张载集. 章锡琛点校. 北京：中华书局，1978：256—257.

经清楚，如果义理指真正的真理，以义理作为诠释的基础与核心就是正确的。如果义理只是君臣之道，只是君主专制下的"君为臣纲"，则此义理作为诠释的基础和核心，就有历史局限性。

四、"心解"特征及地位

根据张载"心解"论，其诠释活动具有两大鲜明特征，即主体性、义理性。换句话，在"心解"诠释活动中，张载既重视诠释主体的基础作用，也十分强调义理的核心地位。

在"心解"观中，张载始终将诠释主体作为"心解"的基础。"心解"的心，乃是诠释主体的又一称谓。在"心解"时，首要条件是建立起诠释主体，虚心、大心，直接从主体着手建立诠释主体。明理，从主体认识入手建立诠释主体。"心解"的解，则展开为诠释主体的诠释活动过程。在此过程中，对"作者之意"的认识最为重要。经典作者虽是经典诠释对象，但也是以前的诠释主体；而诠释主体将自己的理解表述出来，又会成为新的作者。经典作者和诠释主体有内在的统一性。"求作者之意"，正是对诠释主体的进一步关注。在张载自己的解经实践中，坚定站在儒家立场，弘扬儒学精神，比较具体地体现了他"心解"的主体性特征。

另一方面，在"心解"观中，张载又强调儒学义理在诠释活动中的核心地位。诠释主体以义理为本质内容，诠释主体的建立离不开"明理"这一环节。在诠释活动中，"观文势上下之意"，乃是对本文中较具体的"理"的解释；"求作者之意"，在宋明理学的逻辑思路上，则包含了求作者心中之理、求作者本性之义在内；至于"以理计之"，本就是用已经认识到的义理，理解本文的义理。在张载的诠释实践中，义理可谓他解经的核心，是解经的主体内容、准则和目标。这些都比较具体地体现了张载诠释观的义理特征。

值得注意的是，张载"心解"的主体性、义理性之间，也相辅相成，有机统一。这种统一，在张载众人之心同一则是义理、众人之所向则是义理等说法中，已隐约地、浑朴地蕴含着。而在诠释观中，诠释的主体性特征，并不是诠释者守着一个空空的"本心"，对于本文意义一切不顾，而恰恰是在对本文意义的说明、解释的基础上，来理解本文中的义理的；并不是要诠释者对本文进行主观随意的解释，如胡适所批评的那样"妄用己意"，进行"主观的猜测"①，流于空疏、臆说，而是要遵循一定的义理规范和方法去理解本文；并不是要诠释者将自己的"义理"标准简单地强加给本文，用自己的"义理"来代替本文的"义理"，对本文意义进行任意的臧否、阉割或剪裁，而是在对本文意义进行如实、全面了解基础上，将本文中的义理和诠释主体原来认识到的义理有机统一起来，建立起新的价值标准或义理规范，再运用这些新的标准或规范进行客观评价和主体创造。可见，"心解"的主体，不是空洞无物的狂妄自大，而是以义理为来源为本质的，它就是义理的主体。

"心解"的主体性，总不离其义理性，总是以义理性为基础、为中介、为本质、为内容的。也可以说，"心解"的主体性，也就是义理的主体性。在张载"心解"观中，诠释主体的建立和发展过程，总要落实到诠释方法和诠释实践活动当中，总是遵循着诠释活动辩证法而运动发展的，总是在一定"义理"规范下运动发展的。而且，诠释主体的建立总要以"明理"为基本环节，诠释方法中"求作者之意"虽是求经典作者的本心，但此本心总是以本性为基本内容，诠释实践中所坚定维护的儒家立场，也是已经对儒家义理有新发挥的、充满了朴素辩证法的立场，是以义理为基础为核心的立场。

同时，反过来看，"心解"的义理性，也离不开主体性。甚至可以说，归根结蒂，在张载看来，"心解"的义理性只是诠释主体的义理性。"心解"中的义理，并不是无渊源、无主宰、无方向的死的架子，也不是无内容的抽象形式，它就是众人之心的"同一"，就是众心所向处。在诠释活动中，诠释实践只是诠释主体的运动过程，诠释方法只是诠释主体的运动形式，诠释活动本质上也只是诠释主体建立自身、发展自身的过程。在诠释主体建立过程中，明理既渊源于又服务于诠释主体的建立；在诠释方法中，观文势上下之意，"以理计之"，都服务于"求作者之意"，求诠释主体的自觉；在诠释实践中，义理的核心地位建立在儒家立场基础上，又以巩固儒家立场为宗旨。

但是，张载对"心解"的主体性、义理性特征及其辩证关系，并没有如

---

① 胡适. 中国哲学史大纲 [M]. 北京：东方出版社，1996：20，23.

上所述那样被明白揭示出来，在诠释学上有朴素性。所以，对于张载"心解"观，本文只称为诠释思想，而不直接叫作诠释学。之所以如此，和他对气、理、心及其关系的认识具有朴素性密切相关。在张载所处时代，还只是理学的萌芽、产生的时代，后来理学、心学的思想还只是浑融、简朴地蕴含在其思想中，还和自己气论的宇宙观矛盾地混处在一起。他忙于创建新儒学，而无暇顾及像气、理、心之间逻辑关系这样比较细密的问题。他本体论上的多元色彩也决定了他诠释观在理学和心学之间徘徊的性质。"心解"论的主体性特征，有陆王心学的主体论诠释观色彩，而义理性特征却又有程朱理学规范论诠释观色彩。"心解"诠释观实在是依违于两大派诠释观之间，和他本体论上摇摆于气、理、心之间，互相照应。

不过，从"心解"这一概念和具体内容看，张载自己对于主体论诠释观论述更多更丰富一些。"心解"论虽然依违于主体论、规范论之间，但更多地偏向于主体论。或者说，"心解"的主体性较之义理性地位更突出。

首先，诠释主体不只是经验中的主体，也是先验的、超验的主体，是本体的大心、天心。只不过，张载对经验与先验、超验的关系，对主体与本体关系未有直接、明白的讨论罢了。

其次，诠释对象不只是本文符号或本文意义，而且是作者的本意。本文意义只是作者用一定符号实际上表述出来的作者的本意而已。所以，作者的本意是本文意义的来源，也是理解本文意义的根据和最高层次。诠释就是要通过对本文意义的解释来理解作者的本意，或者通过对作者本意的理解来解释本文的意义。

在诠释学层面，作者的本意和诠释者通过本文意义这一中介而建立起统一的关系。要实现这种统一的关系，一要实现作者本意和本文意义的统一，二要实现诠释主体和本文意义的统一，即诠释主体总能够理解本文的意义。这两个统一的实现，及实现的根据，张载还来不及考虑。他能将作者本意、诠释主体、本文意义三者有所区别，已经是极为不易的了。

再者，诠释对象有作者本意这一更深层的根据，而且总是和诠释主体紧密相关，所以诠释实质上就是诠释主体在本文意义基础上追求和诠释对象相统一的过程。从诠释对象说，诠释给经典本文提供了扬弃自己，超越时空局限，获得永恒意义与价值的机会；从诠释主体说，诠释在根本上只是诠释主体的自证、自觉。对后一点，张载有明白的提示。他说："凡经义，不过取证明而已。"① 又说："十诗之作，止是欲验天心于语默间耳。"② 对经典本文中义理的理解，对作者本意的追求，都不是最终目的。对义理、对作者本意的理解，只是用来确立和证明自己的信念，矫正和坚定自己的立场，丰富和充实自己掌握的真理而已。用形上学的话说，只是要用认识理解到的知识来验证天理、天心确实存在于人的"语默间"罢了。

最后，对经典本文的诠释，不只是对于经典中的义理有深刻全面的认识，而且要和笃行实践相结合，让抽象的认识转变成为诠释主体实践活动具体的方法、准则和理想，具体化为在现实生产生活中有力量的具体真理。从这一点上说，"心解"也是知行合一的过程。

诠释主体，是主体在诠释活动中的具体化。主体是人的基本属性之一。人学是儒学核心的思想性能。从诠释学角度讲人的良心本性，正是张载"心解"观的宗旨。所以，"心解"论乃是儒家人学诠释学的组成部分。从人出发，关注人自身，为人生寻求意义和价值，不离开人抽象地、专门地、分析地讲诠释活动，是"心解"诠释观的特点。在这里"心解"观表现出和现代西方诠释学不同的路向，具有中国传统儒学重主体、重辩证法的一般特点。

在中国诠释思想史上，孟子"以意逆志"说开主体论诠释观的先河，而王弼"得意而忘象""得象而忘言"，则用玄学表述方式丰富了"以意逆志"的理解环节。张载"心解"论，可谓是中国儒学主体论诠释观较系统的揭示与表述。后来心学讲"六经注我"，则成为主体论诠释观最典型的表达方式。在现代学术史上，冯友兰的"接着讲"，以及张立文先生的"自己讲"③，都可以看成是和主体论诠释观很有关系的说法。张载"心解"观在中国学术史上前有渊源，而又后有来者。这一点值得诠释学界关注。

"心解"一词，源于郑玄注《学记》语。《学记》曰："今之教者，呻其占毕，多其讯，言及于数，进而不顾其安，使人不由其诚，教人不尽其材。其施之

---

① 张载.经学理窟 [M]// 张载集.章锡琛点校.北京：中华书局，1978：277.

② 张载.张子语录：后录上 [M]// 张载集.章锡琛点校.北京：中华书局，1978：37.

③ 张立文.心"结束语" [M].北京：中国人民大学出版社，1996：375.

也悖，其求之也佛。夫然故，隐其学而疾其师，苦其难而不知其益也。虽终其业，其去之必速。"据郑玄注，《学记》批评一些老师教经典课程，自己不晓经义，只知吟诵，使听者难有所得，教与学俱无心得，故虽有记诵，忘记也快，郑玄概括为"学不心解则亡之易"①。由此可见，似乎是郑玄首次提出"心解"一词。不过，在郑玄注文中，"心解"只是心中有真理解、真心得之义。"心"是心理"心"，"解"是抽象的体会。张载借用"心解"一词，作为自己诠释观的核心范畴，将心理"心"发挥成为本心、天心、众心之同一，将"解"发挥成为理解，"以理计之"，将"心解"发挥成为一种包含了规范论诠释观内容在内的主体论诠释观，这些都可以说是张载在汉代诠释思想基础上的独创性贡献，值得肯定。

由此可见，汉代经典诠释思想也是张载"心解"观渊源之一。但张载并不强调"心解"的汉学基础，相反，为了突出他"心解"观的主体性特征，他有时甚至说："虽有不识字者，何害为善。《易》曰'一致而百虑'，既得一致之理，虽不百虑亦何妨！"②这些话，虽有其道理，但毕竟说得高，似稍快，与朱熹"横渠工夫最亲切"的评语不相符，恐不能用以教人。

---

① 礼记正义：卷二十六 学记 [M]// 十三经注疏本 . 北京：中华书局，1991.
② 张载 . 经学理窟 [M]// 张载集 . 章锡琛点校 . 北京：中华书局，1978：277.

中国近现代同情的了解方法 [①]

科学研究思想史，从史料出发，实事求是是基本要求。我们学习者、研究者要虚心、冷静、客观，那么，我们作为人应有的价值观、情感、欲望等，难道对科学研究就毫无价值，只有反面干扰吗？我国近现代史上学界流行的同情了解方法告诉我们，并非如此。实事求是的科学研究，并不排斥正常的价值观、理性的感情、民心民意等内容；反而应将它们包容在内，这才是真正的人的理解方法。

"同情的了解"，是中国现代学术思想史上的理解方法之一，对于现代新儒家而言，尤其重要。在内容上，它是包含了主体性在内的态度和方法，可用于诠释文化、欣赏艺术、体验人生以至认识自然社会。经过现代学者的发挥，这一方法，又含蓄地、浑融地蕴涵了辩证逻辑、先验逻辑、形式逻辑的因素在内，在中国现代哲学、历史学、文化学等领域广泛应用，取得了显著学术成绩。可以预测，同情的了解，不论是作为态度还是作为方法，在21世纪的人文学科特别是其中的诠释性学科中，还具有一定生命力。

一、"同情的了解"

1995年，杨祖陶、邓晓芒二先生在合作撰述《康德纯粹理性批判指要》

---

① 本文原以《同情的了解：现代中国的诠释方法》为题，发表于《人文杂志》2000年第6期。收入本书时有修改。

完成后，特别指出，对康德思想的阐释，应"以一种'同情的理解'去寻找康德思想中隐藏很深的思想线索，去'帮助'康德把这些线索细致地、清晰地表达出来、清理出来，甚至在某些地方还要力图替他'把话说圆'，由此而展现出康德思想本身内在发展的可能性乃至必然性的倾向，揭示出这一思想的自我否定（而不是外在人为地去否定它）的本质。换言之，我们必须把康德的思想看作一个活生生的机体，而不是一个静止的构架；这个活的思想机体虽然由康德产生出来，却代表了人类思想发育的一个阶段。这样，我们就能入乎其中而出乎其外，在赞叹康德的伟大时不至于陷入无条件的膜拜"[①]。

杨、邓二先生研究和批评康德的基本态度和方法，是"同情的理解"。其基本内容可以概括为：以理解的对象为活生生的有机体，描述对象依赖于认识对象，而认识对象又有赖于对象的自我展示、自我发展以及"自我否定"、自我超越。所以，"同情的理解"，在这里既是描述和理解康德学术思想的态度、方法，也是康德思想自我展示的历程在杨、邓二先生头脑中的反映。

"同情的理解"，学人们有时又称为"同情的了解"。这一诠释方法在中国现代学术思想史上影响很大。据笔者所见，现代学人中，明确将"同情的了解"当作理解方法，最早的似乎是陈寅恪先生。陈先生在冯友兰著《中国哲学史》审查报告中，提出要"同情的了解"历史文化。他说："所谓真了解者，必神游冥想，与立说之古人处于同一之境界，而对其持论所以不得不如此之苦心，表一种之同情，始能批判其得失，而无隔阂肤廓之论。"[②] 在此，"同情的了解"既是对待历史文化的态度，更是研究历史文化的方法。作为方法，要求研究者"设身处地"，深入其中，像艺术家欣赏艺术品，体会古人真意，从而了解和揭示历史真相。

不过，在陈先生那里，"同情的了解"似乎还只是对待历史文化的态度，是研究历史文化的方法，没有明确成为诠释文化、体验人生、认识世界的普遍性方法，没有成为哲学诠释学意义上的理解方法。单从史学角度看，何兆武先生推测，陈氏留学德国多年，与德国从新康德派至迈纳克的历史主义当有关系。历史主义派认为，真正理解历史必超出单纯的科学因果律，而对前

---

① 杨祖陶，邓晓芒.康德纯粹理性批判指要"结束语"[M].北京：人民出版社，2001：433.

② 陈寅恪.金明馆丛稿二编[M].上海：上海古籍出版社，1982：247.

言往事达到一种"同情的了解","对于材料有一种活生生的乐趣"[①]。他们的治学旨趣与陈寅恪"同情的了解"历史文化的历史诠释思想，确有相似之处。对我国现代学术史上"同情的了解"说的西学渊源，值得进一步研究。这里要特别指出的是，在陈先生提出"同情的了解"历史文化后，熊十力、马一浮、冯友兰、钱穆、汤用彤、贺麟等学者，以及当代海外一些学者，均明确提出"同情的了解"主张，并将它作为理解中国传统文化，甚至是阐释西方文化的基本态度和主要方法。

二、历史渊源

"同情的了解"作为对待文化的态度和诠释文化的方法，在中国学术史上有久远的渊源。自从孔子整理上古文献，总结出"述而不作"命题后，"同情的了解"便以"述而不作"的诠释形式，在经学、史学等领域获得广泛应用。从主要的诠释思想史看，在"述而不作"的应用过程中，学者们针对理解对象，即文本的思想意义和符号意义，发展出义理和考据两种互相结合的经典诠释方法；在理解主体方面则发展出本于良知或人的本性的"心解"方法，其末流则是主观随意比附；在理解的内涵方面发展出一般的"见闻之知"和形而上的"德性之知"两个方面的思想内容。这些诠释思想史理论内涵，极大丰富了"述而不作"命题的诠释学意义；使"述"与"作"之间不仅仅是表面的矛盾对立关系，而是内在的对立统一，即不仅是"述而不作"，而是述而又作，既述又作，甚至是述即是作、作即是述。

从经典诠释方法角度看，义理方法又是中国诠释学历史上的规范论诠释观的具体化，它追求对普遍必然的义理进行深入而系统的理解。在最高层面上，这种义理被认为具有普遍必然的性质。换言之，这种普遍必然的义理本身，被理解为本文的意义；对这种义理的认识，也是诠释者的真理解；所理解到的思想内容，也被诠释者认定为世界的真理。义理方法要求在各种义理"一以贯之"、融贯统一的观念指导下追求对各种义理的圆融理解。考据方法

---

① 何兆武. 历史理性批判散论 [M]. 长沙：湖南教育出版社，1994：28.

则踏踏实实分析本文的符号意义，它可以为规范论诠释观服务，为理解普遍必然的义理提供诠释的阶梯；也可以为实在论诠释观服务，只求理解本文的意义；还可以为主体论诠释观服务，追求理解诠释主体和本文作者的本意。所以，在考据方法可以为规范论诠释观服务意义上，我们可以说，义理与考据，表面上似曾对峙，但作为经典诠释的孪生方法，分离不得。考据方法所得到的收获是进行义理分析的认识基础，考据的结果必然上升到义理高度，为认识普遍必然的义理服务；同时，在考据之前，义理已经对诠释者隐晦地起着指导作用。根本上说，考据只是根据某些义理、遵循某些义理、追求更如实合理而有效的义理的考据。反过来，人们对义理的认识，也只有建立在坚实的考据成绩基础之上，才不会谈空说妙，无根无实；而且义理也必须以某种与考据相近的方式——如进展上没有矛盾的融贯形式、表达上可以感觉的物质形式等，表现出来，才具有严密的规范、实在的风格，才比较可靠。故从方法论的上下层面看，义理为主，考据为从，不可截然分割。二者共同构成经典诠释以及历史文化理解的方法。现在我们不再因为汉宋门户之争，而只强调义理与考据的对立，这是近代以来学术思想发展的表现之一。可见，"同情的了解"方法登上学坛，并非空穴来风，骤然而至。

譬如，善于考据经典，发挥义理的朱熹注解孔子"述而不作"说："述，传旧而已。作，则创始也。……孔子删《诗》《书》，定《礼》《乐》，赞《周易》，修《春秋》，皆传先王之旧，而未尝有所作也，故其自言如此。……然当是时，作者略备，夫子盖集群圣之大成而折衷之。其事虽述，而功则倍于作矣。此又不可不知也。"[①] 朱熹所谓"述"，只是"传旧"，一无作者自己的意见在内，近于考据法。他所谓"作"，乃是创造、创作，近于创造性分析和发现义理的义理法。朱熹诠释儒家经典的基本倾向之一，就是将考据方法纳入其义理方法内，作为其基础或准备，成为朱熹整个经典诠释方法的一部分、一层面、一环节；这是他的规范论诠释观在现实世界发挥作用的内在基本要求。他虽未说"述而不作"，述而且作，述即是作，但在这里，他已经将"述而不作"诠释为"集群圣之大成而折衷之"，"其事虽述，而功则倍于作"，将"述"与

---

① 朱熹. 四书章句集注 [M]. 北京：中华书局，1983：93.

"作"文字意义上的对立诠释成为思想内容上不可分割的联系，已经含蓄、隐晦地触及了"述"与"作"两种不同诠释方式的统一问题。朱熹的注解虽然在思想上有理学特征，但也足以揭示"述而不作"方法向前进展的新动向。

迄于近现代，学者们在吸收西方哲学成果的基础上，有理论条件将"述而不作"命题蕴涵的意义尽量发掘，发挥成为现代中国人对待古今中外文化的健全态度，成为诠释历史文化的典型方法，这就是"同情的了解"方法。这些学者都强调在体用合一、内外合一、主客合一、知行合一、真善美用信合一中看世界，评文化，论人生，展现出中国现代"述而不作"方法的共同旨趣。

作为诠释方法，"同情的了解"被中国现代许多学者提出、运用过，取得了像《中国哲学史》（冯友兰）、《国史大纲》（钱穆）、《汉魏两晋南北朝佛教史》（汤用彤）等很有学术价值的成绩，奠定了一大批学者不可逾越的学术史地位。但从理论上对"同情的了解"做深刻把握，扬弃历史上长期起作用的规范论诠释观，在治学、讲学中"一以贯之"地运用"同情的了解"方法的学者，笔者以为当首推贺麟。贺麟在《当代中国哲学》原序中说，要有理性，有证据，公正客观地批评一个人的思想、一个时代或一个民族的文化，必须先有"同情的了解、客观地欣赏、善意的批评等"[1]。又说，"只要本于客观的研究、同情的了解"，对于思想、文化等，"自能作公正的批评"[2]。"同情的了解"是贺麟研究、评价中西思想文化很重要的一种方法。也可以说，明确提出以"同情的了解"方法诠释文化、评价思想，正是像贺麟这样的中国现代学者取得可观成绩、超越传统中国学者的原因和表现。

"同情的了解"方法，又被贺麟解释为"述而不作，译而不作"。他自述说："我素抱'述而不作，译而不作'的态度，我只是译述中外大哲的唯心思想，我自己的思想是否符合唯心论的准绳，我自己也不知道。"[3]他坚信辩证法。根据辩证法，所谓"述而不作"，实际上要发展到述而又作，述中有作，作在述中，以至于述就是作，作就是述。如述黑格尔哲学，只是黑格尔哲学

---

① 贺麟.五十年来的中国哲学 [M].沈阳：辽宁教育出版社，1989：74.

② 贺麟.五十年来的中国哲学 [M].沈阳：辽宁教育出版社，1989：62.

③ 贺麟.哲学与哲学史论文集 [M].北京：商务印书馆，1990：417.

自述，述出其精神，其过程，其理想，则作在其中。另一方面，从认识角度看，述者欲作，必先使述者所述与述的对象相符合，以这符合为前提，才可能有真正的作。成为"作"者之先，即已成为述者，作者只是述者的成果。所以，述者自能作，而作者必先述。总而言之，在诠释活动过程中，就"述"与"作"的关系而言，"述而不作"是较低级的诠释阶段；述而又作，述中有作，作在述中，是"述而不作"的进一步发展；而述即是作，作即是述，乃是"述而不作"所能达到的最高诠释境界。"述"与"作"辩证统一，不能分割。至于"译而不作"，在这里和"述而不作"具有相近的意义。具体到贺麟那里，他的思想，往往通过他译述中外大哲的学术思想表现出来；而且更进一步，他所述译的中外大哲的思想，在诠释学意义上也可以说是他赞同的、信服的思想，可以看成是和他自己思想相近甚至相通、相同的思想。述译者和被述译者在精神上达到了融契，则诠释者述译的内容和述译的对象也必然已经实现了合一，如此才可能达到述即是作、作即是述的"述而不作"至高境界。

三、逻辑性质

正如冯友兰所言，运用"同情的了解"方法理解哲学史，就是要"站在这一家的立场，把他的思想用同情的态度重想一遍"，把握其真实意义，然后"不增不减地"[①]如实描述出来。为何我们能够对历史上的哲学思想进行同情的重想？在冯先生看来，实在是因为认识对象和认识主体具有内在统一性。冯先生的新理学断定逻辑的"理"的本体地位，也正断定了这种认识统一的核心内容。

若以哲学史发展进程为视角，我们必须承认，哲学史作为认识对象，它之所以能自我扬弃、自我进展，实现自我超越，也离不开研究哲学史的学者们——认识主体运用"同情的了解"方法全面把握哲学及哲学史的本质。而认识主体之所以能同情了解对象，在贺麟看来，实因为认识主体并不仅仅是心理的经验主体，更是先验的逻辑主体。认识对象之能进展，有活力，有理

---

① 冯友兰.四十年的回顾[M].北京：科学出版社，1959：27.

想，乃是认识主体发挥了自己建立对象和认识对象两大功能的结果。所以，在贺麟那里，同情的了解，从根本上说，只是逻辑主体凭借自己建立的对象而进行的自我同情，自我了解。

逻辑主体，贺麟表述为"逻辑心"。他界定说："逻辑心即理。"它是世界的本质和最高主体，当然也是经验心理的内在本质和主体。在"逻辑心即理"命题统帅下，"同情的了解"方法不再是死的格式，而成为先验逻辑主体运动法则的一部分。这时，"同情的了解"方法就不只是经验方法，更成为先验认识方法，是先天统一后天、主体统一客体的方法之一。从这个角度看，"同情的了解"方法在贺麟那里具有鲜明的先验逻辑性质。同时，它又不只关注主体的纯粹形式，而且包含了主体运动法则等内容在内，成为一种"有内容的"形式逻辑。

因此，"同情的了解"当然也包容了形式逻辑的精神在内。比如，它以客观认识作为必经环节，从抽象方面和具体方面强调对认识对象的"真了解"，坚持"固有的规定性和各规定性之间彼此的差别，以与对方相对立"，坚持对具体的当然也包括对"抽象的普遍性"的追求。所以，"同情的了解"方法也具有形式逻辑的特征。譬如在史学界，部分学者强调"述而不作"，将"述"与"作"抽象地对立起来。这正是"同情的了解"方法在知性层次的运用，是"同情的了解"方法的形式逻辑性质的集中表现。不过，"同情的了解"方法特别要求"如实反映"具体的真理，不容许认识主体当下的私虑营为、主观意见掺杂其间；要求让对象自我展示、自我发展，同时又自我否定、自我扬弃超越；要求认识主体的认识活动逻辑与认识对象的历史发展逻辑通过主体的实践活动，在主体的逻辑思维里保持一致，从而使人类的认识活动以至实践活动完全成为真理自身的展示。所有这些都充分表明，"同情的了解"方法，更具有辩证逻辑的性质。

经过这样诠释，"同情的了解"方法，就成为中国现代学人诠释西方文化、中国文化的方法，也和西方学人诠释思想文化的理解方法有近似处，而且更有文化哲学以至逻辑学的支持。仅从逻辑支持看，这种方法无疑是一种逻辑思维的运用。这种逻辑思维，包含了先验逻辑、辩证逻辑以至形式逻辑的精神在内，但又不是其中的任何一种逻辑。从形式和内容的关系看，这种逻辑可以称为"有内容的"形式逻辑，似乎也可以称之为有一定形式的内容的逻辑。笔者暂且称之为体用逻辑。

根据上述分析，我们可以在逻辑上说，"同情的了解"方法和客观的经验科学方法有所不同，但也不根本对立。实际上它包含了科学方法所蕴涵的实事求是精神在内，但并不等同于狭义的科学方法。或许可以认为，它是科学方法加上主体的理想追求和价值选择，是主体性和科学性的辩证统一。从内容看，"同情的了解"方法，有价值选择，这是出发点；其次，有客观的科学认识，这是必经环节；最后还有价值评价，这是主体需要的满足。所以，表现于外，"同情的了解"方法，是在科学研究基础上，还要求认识主体对对象带有"温情"与"敬意"①。要在"同情的了解"态度基础上运用科学方法以研究对象。

方法，作为知识的结晶，一旦为主体所掌握，必将转化成为主体与世界相处的一种态度。"同情的了解"，也是人们在具备一定内在素质后对待历史文化、体验人生社会以至欣赏自然宇宙的一种态度。

作为一种态度，"述而不作"，要求对待历史文化，应该以"述"为先，以考据为基础，为的是不致误解，不误解古人苦心孤诣之所在、真正意义之所指，以"作"为后，以义理发展为理想追求，为的是尤其不敢把今人的误解，从作者那里强加给前人，当作他们的内心真实想法，然后论断之、批评之，使误解更深更固。对古圣先贤、欧西哲人的著述，不敢粗心大意地阅读，不应断章取义地理解，更不能先入为主，浅尝辄止，对其学术精蕴简单加以鄙弃，因为这无益于对历史文化进行科学的认识、健全的发挥，从而也不可能推动历史文化的进步。对待历史文化的这种错误态度，并不是自己内在心灵的自然流露，自己也不可能从中获得真正的认识，享受不到真正的快乐。所谓自由，也无从谈起。

作为一种态度，同情的了解，则要求我们认识事物，特别是理解文化，要全面深刻，丰富具体，实事求是；批评文化，则善意嘉许，重其长处，发展地看，重其未来，"乐道人之善"，在真善美用信、主体与客体的有机统一

---

① 钱穆.国史大纲·上册[M].北京：商务印书馆，1994.

中看问题。"谅解"其不足,"嘉许"其长处,着重发掘其积极的健康部分,让对象自己发言,自己展示风采,自己暴露不足,从而扬弃自己,向理想迈进。

这样,同情的了解方法,渊源于古代儒家的经典诠释方法,但又吸收了近现代从西学中吸收的逻辑成分,成为一种融会中西理解方法,既有一定逻辑性,又有亲切体验的深刻性、灵动性,即具有本体意义的诠释方法。

冯友兰的逻辑分析方法[①]

在思想史的学习和研究中，我们总要时时面对文本中的思想内容。这些思想内容在形式上由概念、命题、命题系统构成，对这些思想内容进行认识、理解，离不开逻辑分析。冯友兰是中国现代学术史上提倡运用逻辑分析方法研究中国哲学史和中国哲学的代表性学者，他建构了"新理学"思想体系，还取得了《中国哲学史》上下、《中国哲学史新编》等学术成果。他是如何运用逻辑分析方法研究中国哲学和中国哲学史的？有何经验教训？这些都值得我们认真研究和总结。

逻辑学对人类思维的影响有多方面，逻辑分析方法是其中之一。在西方学术思想史上，对逻辑学有两种不同的看法，即一派认为逻辑学是理论的、独立于心理学或形而上学的、形式的和先验的学科；另一派则认为逻辑学不仅如此，而且是实践的方法，注意到了"质料"，有经验归纳的特征。[②]这种近乎对立的认识，可能恰恰反映了西方逻辑学具有两个不同的传统。而如果逻辑学传统不同，逻辑分析内涵也就有异。仅就形式推论的传统看，传统形式逻辑的概念分析那种逻辑分析与现代逻辑的命题分析、语言分析等逻辑分析就大为不同。冯友兰所谓的逻辑分析，是什么性质的逻辑？他在哲学和哲学史研究中，又是如何进行他的逻辑分析的呢？在冯友兰的"接着讲"方法

[①] 本文原以同名发表于《西北大学学报》2003年2期。本书收入时有字句修改。

[②] （德）埃德蒙德·胡塞尔. 逻辑研究：第一卷 [M]. 倪梁康，译. 上海：上海译文出版社，1994：4–5.

中，逻辑分析方法，是其中主要的方法。反思他的逻辑分析方法，对于了解他的"接着讲"方法，无疑是一个必要的环节。同时，这个问题，对于21世纪强调学术思想的分析性的学人来说，也是饶有兴味的。

一、冯友兰与逻辑分析方法

冯友兰非常重视逻辑分析方法。他认为"西方哲学对中国哲学的永久性贡献，是逻辑分析方法"。在他看来，逻辑分析方法进入中国以后，"给予中国人一个新的思想方法，使其整个思想为之一变"。冯友兰还将逻辑分析方法形象地比喻为近现代中国人向西方求得的思维"点金术"。似乎一旦掌握了逻辑分析方法，中国人就寻找到了追求真理、帮助国家独立富强的捷径。所以，近现代中国学人，"用逻辑分析方法解释和分析古代的观念，形成了时代精神的特征"[①]。将逻辑分析方法看作西方哲学对中国学术的"永久性贡献"，并明确将它提高到时代精神层面来认识，在近现代中国学人中，冯友兰最为突出。他运用逻辑分析方法研究中国哲学史，建构他的"新理学"哲学体系，就集中体现了这一时代精神。

从冯友兰的学术生涯看，他的逻辑分析方法，事实上是他学习西方哲学的收获。1914年，他在上海上学，开始接触逻辑学，并产生了兴趣。后来，他到美国留学，受到法国哲学家柏格森生命哲学的影响，认为概念只是"活东西"的影子，不可执着。这一认识，成为他后来用直觉的负的方法以求超越逻辑分析的正的方法的思想渊源。1926年，他开始运用逻辑分析方法分析"名教"，认为"普遍名词所指是一类，此一类之个体虽少数有变，其结果不过是此少数不得属于此类，而此普遍名词之内涵，则并不变"[②]。名词内涵不变的看法，已经具有新实在论的思维色彩了。

1927年，冯友兰翻译《孟特叩论共相》一文。他所谓孟特叩，即威廉·培柏雷尔·蒙塔古（Willam Pepperell Montague，1873—1953），是美国柏拉图

---

① 冯友兰.中国哲学简史，涂又光译 [M].北京：北京大学出版社，198：378—380.

② 冯友兰.哲学与逻辑 [M]// 三松堂学术文集.北京：北京大学出版社，1984：61.

式新实在论的代表人物，著有《认识方法或哲学方法》(1925) 等书。蒙塔古主张，抽象的本质或共相，不以人的意志为转移，超时空地潜存着。他断定在时空之外潜存着一个共相世界，与柏拉图的"理念"论相近，故称为"柏拉图式的实在论"。在蒙塔古看来，共相和殊相的关系是，共相逻辑上先于殊相而潜存。一事物的存在，必先有其本性或本质，或者说对象的真实性必先有其可能性。至于人的认识经验，则是认识对象的"直接呈现"，其中既有共相，又有殊相。① 冯友兰解释这种共相论说："所谓共相，即是一种思想之对象，为类名（普遍名词）之所指者，如'仁'、'人'、'三角'等，或为抽象名词之所指者，如'仁'、'方'、'圆'等。"② 人们可见的只是特殊的具体事物，而共相则不可见，只可思。蒙塔古的这些思想，给冯友兰的"新理学"思想提供了总框架，也从总体上决定了冯友兰的逻辑分析方法，主要的就是柏拉图式的新实在论的逻辑分析。

具体而言，在逻辑思想上，冯友兰用柏拉图的"理念"理解概念，这种"理念"式的概念，是一种抽象的实在，而且在现实世界中，即使没有表现它的实物存在，也不影响"理念"自身的实在性。所以，冯友兰不同意逻辑学所说的概念有内涵和外延之说法，他认为只能说名词有内涵和外延，因为只有逻辑概念，即名词的内涵才有"理念"式的实在性，而名词的外延却没有。所以他用蒙塔古的共相观念理解逻辑学概念的内涵，认为概念或者名词的内涵是不变的，而具体的事物或名词的外延可以变。冯友兰晚年批评当时的逻辑学著作说：

现在写逻辑的人讲概念有内涵和外延，这是错误的。概念是指一类事物的规定性说法。照我看，只能说一个名词有内涵，有外延。名词的内涵即是概念，所以不能说概念还有什么内涵，也不能说概念有外延。名词的内涵是不变的。可变的是名词的外延，是这个名词所指的那一类的东西。这一点在我们的日常的言语中往往没有分别清楚。比如说，困难可以转化为容易，

---

① 全增嘏. 西方哲学史·下册 [M]. 上海：上海人民出版社，1986：603—604；夏基松. 现代西方哲学教程 [M]. 上海：上海人民出版社，1996：244—246.

② 冯友兰. 哲学与逻辑 [M]// 三松堂学术文集. 北京：北京大学出版社，1984：109.

容易可以转化为困难。……这都是就容易、困难这两个名词的外延说的。如果就这两个名词的内涵说，容易就容易，困难就是困难，永远不能互相转化。①

冯友兰不是从形式逻辑角度批评"概念"说，也不是从辩证法方面进行批评，而是从柏拉图式的新实在论不变的共相或理念说去批评形式逻辑，表现出他要用"新理学"哲学去指导逻辑学的倾向。冯友兰主张用"名词"代替概念，并不意味着也主张要用语句代替判断或命题，用语言分析代替逻辑分析。他的逻辑思想并没有将实在、事物、经验，以及语句、判断、命题等区分得那么开，他反而试图以他所谓不变的"理"（或"理念"或概念）为基础，把它们混融地统一起来。比如他说：

一类事物的规定性，对于那一类事物的"名"说，它是那个名的内涵；对于人的认识说，它是一个概念；对于客观事件说，它是一个理。把一个理用言语说出来，这就是一个"义"。……这些名词所说的，都是一回事，不过是在不同的场合下有不同的称呼。②

这样，柏拉图式新实在论的逻辑分析，就成为"新理学"的"理"的逻辑分析。"理"的逻辑分析，与辩证法的具体问题具体分析比，与形式逻辑的逻辑分析比，有形而上学性。

二、逻辑分析的对象

冯友兰逻辑分析的对象究竟是什么？他的讲法，彼此并不一致。他有时认为逻辑分析就是对"实在"的分析。比如他说："思之活动，为对于实在，作理智的分析、总括及解释。"③ 有时，他又认为逻辑分析是对"实际的东西"

---

① 冯友兰.中国哲学史新编·第四册[M].北京：人民出版社，1986：34.
② 冯友兰.中国哲学史新编·第四册[M].北京：人民出版社，1986：36-37.
③ 冯友兰.哲学与逻辑[M]//三松堂学术文集.北京：北京大学出版社，1984：412.

的分析。比如他说哲学由"实际的东西"开始，"由知实际的东西而知真际"①。有时他又认为逻辑分析是对"个体类型"的分析。在讲文化观时，冯友兰就认为学习西方，只能学习西方文化的类型，不能学习其个体，其中运用的就是对"个体类型"的分析。他说："一个个体，可代表许多类型，例如孔子可代表许多类型，如春秋时人，山东人，活过七十岁的人，圣人，等等。这个个体学那个个体，实在所学者，是他所代表的某一类型，或某几类型。……个体是不能学的。"②

在冯友兰看来，逻辑分析是对实际的东西的性质，或实在的形式，或个体的类型的分析。这3个方面并不相同，但又有联系。对于这3个方面之间的联系，冯友兰没有进行专门讨论。我们或者可以同情理解他的意思。因为个体不可学，只能学其类型，可推知个体不可分析，只能分析个体的类型；同理，实际的东西或实在，作为分析对象，只能理解为是把它们的性质或其形式作为分析的对象，而它们本身则是不可分析的。如果这样看，则冯友兰上述关于3种分析对象的说法，只是表象的说法，他的真正的意思，可能只是想说，逻辑分析就是对对象的"理"（或"理念"或概念）的分析。

所以，冯友兰还将日常"经验"看成是逻辑分析的对象。比如他说："此哲学之出发点，乃我们日常之经验，并非科学之理论。"③有时他又说逻辑分析的对象是"知识"，是"判断"，是"命题"。如他说，"新理学从命题出发"，或说"新理学是从判断和命题开始的"④。将经验、知识、判断、命题等，不做进一步的区别，而是混合在一起，作为逻辑分析的对象，正是冯友兰的本意。他说：

　　每一平常人，每日皆有许多经验，详言之，即每日皆有许多知识，作许多判断，说许多命题。……如我今日上午见此桌子，即是一知识，……我今日上午说：这是桌子，即是作一判断，说一命题。……此诸知识，判断，命题，

①　冯友兰.哲学与逻辑 [M]// 三松堂学术文集.北京：北京大学出版社，1984：416—417.

②　冯友兰.南渡集·下编 [M].北京：商务印书馆，1959：74.

③　冯友兰.哲学与逻辑 [M]// 三松堂学术文集.北京：北京大学出版社，1984：428.

④　冯友兰.四十年的回顾 [M].北京：科学出版社，1959：41.

乃平常人每日所常有，……追问此诸义蕴，即是哲学之开始。①

　　这段话，在不改变意思的情况下，稍作字词修改，就成为《新理学》第一章的第一段。② 这表明，即使从整个"新理学"看，上述逻辑分析对象论，也是冯友兰整个新理学思想体系的基础部分。如果我们用金岳霖《知识论》对实在、实际的东西、经验、知识、判断、命题等的分析为参照，冯友兰以上所说涉及的逻辑分析对象之间并不相同。"实在"有形而上性，"实际的东西"为经验、知识的对象，"经验""知识"是认识者认识"实际的东西"的内容，"判断"是认识者对"实际的东西"作的断定，"命题"则是概念与概念之间的本然关系。这些相互不同的对象，冯友兰却把它们混淆起来，作为逻辑分析的对象。这表明，冯友兰的逻辑分析，至少在概念分析上，不如金岳霖细密。

　　冯友兰之所以不进行更加细密地分析，要如此浑融地讲逻辑分析的对象，与他受到新实在论的影响而坚信"理"的实在性密切相关。在他看来，无论是实在、实际的东西、类型、性质或关系，还是经验、知识、判断、命题等，都只是"理"的另外一些说法。逻辑分析的对象，不论是什么，都总是对"理"的分析或认识。在这种情况下，逻辑分析方法，事实上就成为冯友兰"新理学"的方法。

三、与逻辑学的关系

　　冯友兰也注意到了现代逻辑学。他曾经说："亚里士多德的逻辑学所讲的，有些固然是逻辑的规律，但有些只是随着希腊言语而有的命题形式。所以他们讲的，有些不是真正的逻辑底规律。新逻辑学则超出各种言语的范畴而讲纯逻辑的规律。"③ 但他对现代逻辑学的了解并没有落实为其逻辑分析方法。换言之，冯友兰的逻辑分析，不能说就是现代逻辑学的逻辑分析。

　　现代逻辑学所进行的逻辑分析，从分析对象看，很清楚地有两种，一是

---

① 冯友兰. 哲学与逻辑 [M]// 三松堂学术文集. 北京：北京大学出版社，1984：415.

② 冯友兰. 贞元六书：上册 新理学 [M]. 上海：华东师范大学出版社，1996：21.

③ 冯友兰. 贞元六书：上册 新世训·绪论 [M]. 上海：华东师范大学出版社，1996：378.

命题形式分析，一是语言分析，其共同点在于都是纯粹形式的或符号的分析，不涉及内容或经验事实。冯友兰虽然自称其逻辑分析，也是命题分析，但他分析的命题非命题形式，而是有经验知识内容的判断；他的命题分析不是要追寻命题之间的逻辑必然性，而是在探寻命题或经验、知识、判断结构中的概念之间或实际事物与真际的"理"之间的关系。

例如，冯友兰举例说，我们见一张桌子，说"这是方底"这句话，它是一判断或命题，"'这'就是'这'，就对于人之知识说，'这'是一个未经分析的浑纯，是一个'漆黑一团'。能思之心，将其加以分析，于是发现其有许多性。依其每一性，皆可以'这'为主辞而作一命题，例如这是方底……等"①。"这是方底"一句话或一判断或一命题，"是及于实际底事物者，即系对于实际底事物有所肯定"。这是日常生活中所作命题。冯友兰说，我们还可以进一步，"因'这是方底'，我们可思及凡有方性底物，即凡属于方底物之类底物。我们亦可对于凡属于方底事物之类底物，作许多肯定，例如说：'凡方底的物皆有四隅'。……这个判断、这个命题，即是及于实际者，即对于实际有所肯定。科学中之命题，大都此类"。再进一步，离开方类中实际的物，"只思及方的物之所以为方者，我们亦可作许多肯定。例如我们可说'方有四隅'或'方是四隅底'。……如此，则这个判断、这个命题，即不是及于实际而是及于真际者，即不是对于实际特别有所肯定，而是对于真际有所肯定。哲学中之命题，大都此类"②。

在"新理学"系统中，冯友兰从断定实际事物的存在，推出"理""气""大全""道体"4个观念，所运用的，正是上述逻辑分析方法。如第一组命题是："凡事物必都是什么事物，是什么事物，必都是某种事物。有某种事物，必有某种事物之所以为某种事物者，借用旧日中国哲学家底话说：'有物必有则。'"③后来，冯友兰对这些命题的具体说法，有些改进。目的在于使它们看起来更像是"分析命题"。因为，他是把这些命题当作"分析命题"的。它们虽然没有逻辑分析命题那样有必然性，但冯友兰认为，只要有

---

① 冯友兰. 贞元六书：上册 新理学 [M]. 上海：华东师范大学出版社，1996：23-24.

② 冯友兰. 贞元六书：上册 新理学 [M]. 上海：华东师范大学出版社，1996：22.

③ 冯友兰. 贞元六书：下册 新原道 [M]. 上海：华东师范大学出版社，1996：844.

一实际事物存在，则这些形而上学的"分析"命题必然不假。不过，他进行的逻辑分析，不是现代逻辑学的逻辑命题分析，这一点，前后一直未变。因为，从现代逻辑学家所进行逻辑分析来看，逻辑分析严格依据现代逻辑的表述，而不依据自然语言的意义；而且逻辑分析紧紧围绕真假，或者说现代逻辑学家只考虑真假。[①]

那么，冯友兰所进行的逻辑分析方法是不是语言分析呢？恐怕不能是。因为冯友兰公开批评语言分析。他说："人类的言语，只能一个字、一个字地说出来，一个字所代表的，只是一个死的概念，所以如果仅从言语中去了解他所说的对象，就很可能把对象也定义为静止不变的东西，仅只是许多性质堆积起来的东西。这就和客观世界的实际情况大不相同。……所以，从言语这个框子里去了解客观世界，那就像戴一副有色的眼镜去观察事物，一定不能得到事物的真象。"[②]从语言分析方面看，"客观世界"，"事物的真象"等语词的意义，本身就要先经过分析，才可能清楚、明晰起来。朴素的实在论的认识，是被超越了的。冯友兰所批评的，乃是用语言代替世界的语言主义倾向。

语言分析的主流，并不是语言主义，而只是语言哲学和逻辑分析方法。仅仅从语言分析看，西方自古就有语言分析，如亚里士多德那里就已经有了比较细致和系统的语言分析，这种语言分析不属于语言学，而属于哲学，是为了解决哲学问题，为哲学服务的；同时，语言分析的方法可以有多种，逻辑分析方法只是其中的一种方法，如亚里士多德区分多义词的方法，就运用了他的逻辑学说来进行语言分析。[③]

由上可见，冯友兰的逻辑分析不是现代逻辑的逻辑分析，那么，它是不是传统逻辑学的逻辑分析呢？他晚年自述其"接着讲"中的逻辑分析方法说：

照逻辑学讲，一个普通名词，都是一个类名，都有两个方面：内涵和外延。内涵是这一类东西的决定性的性质，外延是这一类东西所有的分子。内涵是这类东西的共相或一般，外延是这一类东西的殊相或特殊。共相和殊相

① 王路. 走进分析哲学 [M]. 北京：生活·读书·新知三联书店，1999：185–186.

② 冯友兰. 四十年的回顾 [M]. 北京：科学出版社，1959：41.

③ 王路. 走进分析哲学 [M]. 北京：生活·读书·新知三联书店，1999：267，248–249.

的关系，是希腊哲学所说的"一"与"多"的关系，也是宋明道学所说的"理一分殊"的关系。这些道理明白了以后，就看出孟子所说的"人之所以异于禽兽者几希"那句话的逻辑意义。"人之所以异于禽兽者"，就是这个普通名词的外延。这个道理认识清楚以后，理学的主要概念就都有了。有了这些概念以后，再用宋明理学的有些话相印证，那就是"接着讲"而不是"照着讲"了。[①]

　　冯友兰分析改造宋明理学所用的逻辑分析方法，大体便如上述。所谓"逻辑"，主要指的是普通形式逻辑的概念论，它讲内涵和外延，并以此为基础讲判断或命题，讲推论。普通形式逻辑的概念，牵扯到概念指称对象的存在等问题，在现代逻辑学看来，这是它不够纯粹，不够形式化的表现；逻辑学与存在论、认识论、心理学也没有完全分开，没有完全独立出来，现代逻辑学为了使它进一步形式化并完善起来，将探讨重心转向命题关系，概念论则分化为符号学、语言哲学中的语词论、内涵逻辑、外延逻辑等多个方面，进行分别探讨。关于内涵、外延与本体的关系，与认识的关系，以及内涵和外延之间的关系，逻辑学没有进行讨论。像蒙塔古之类的柏拉图式的新实在论者，利用逻辑学这一特点，试图建立其本体论，才热衷于探讨它们。冯友兰的逻辑分析方法，既不是传统形式逻辑的，也不是现代逻辑的逻辑分析方法，而是像蒙塔古之类的柏拉图式的新实在论者的逻辑分析方法。

四、新实在论的逻辑分析方法

　　比如，蒙塔古分析"马"说："在对于一特殊的马之经验中，我们实得些什么？我们所经验的是许多性质之复合；这些性质之中，有些是这一类动物所共同有的，有些是这个马所特有的。此外，此马在时空中也占一特殊位置的。"[②]其中，"对于一特殊的马之经验"，是一种知识，可以表现为判断或命题的形式，又涉及实际存在的一匹马，以及关于马的实在。作为分析对象，它

---

① 冯友兰. 中国现代哲学史 [M]. 广州：广东人民出版社，1999：200–201.
② 冯友兰. 孟特叩论共相 [M]// 三松堂学术文集. 北京：北京大学出版社，1984：109.

本身就是各个成分的"复合"体。冯友兰逻辑分析对象不清晰，根源还在于蒙塔古。也由此，分析得到的认识，也是"许多性质之复合"。那么，其中有哪些"性质"，并如何"复合"呢？

蒙塔古分析认为，设 H 以表示这匹马及别的马所共有的性质，h 表示这匹马的特性，S 表示空间性，s 表示特殊空间，T 表示时间性，t 表示特殊时间，则关于"马"，有以下4种表示：（1）某匹实际的马，不再现，无概念，有名字，含 HhSsTt，表示特定时空里共相和殊相结合的实际的马；（2）一个体的马，可得固有名词，有概念，含 HhST，表示是在时空存在的共相和殊相结合的个体马；（3）马，得普通名词，为马类，含 HST，表示时空中存在的马的共相；（4）"马"，得抽象名词，为"马"共相，只有 H，表示不在时空存在，而潜存的马之所以为马的理。

其中，（1）之马可见，也可思，故为分析之对象；（2）（3）（4）之马不可见，只可思，为分析所认识。但（2）（3）（4）之马是存在的，且存在于（1）之马之先。蒙塔古说："我们须知，在知识上最后者，在性质上最先。若非本来即暗有一个'二'，使一切存在的成双成对者可以成为二，他们即不能是二。"①

冯友兰吸收了蒙塔古式的逻辑分析和哲学看法，并加入了中国文化的发挥。如关于共相与殊相的先后关系，他提出了"未有飞机之先，已有飞机之理存在"的著名说法。关于共相和殊相的存在问题，则讲成真际的存在和实际的存在的不同。关于共相和殊相之间的逻辑关系，则理解为普通形式逻辑的概念论中外延的类与其分子之间的关系。如此，冯友兰所谓的逻辑分析，从认识历程上看，就是从殊相中分析出共相；用逻辑学概念论的话说，就是从外延中分析出内涵；用"新理学"的话说，就是从"有事物存在"的经验断定中分析出形而上的"理"。这种发挥，在逻辑性质上，虽然没有突破蒙塔古"柏拉图式新实在论"的方法论的性质，但在分析途径上有简化。蒙塔古的4层面比较，被冯友兰简化为共相与殊相2个层面。此外，蒙塔古没有讨论4层面在认识上的关系，冯友兰则从认识上研究从殊相认识共相的历程。蒙塔古分析对于马的经验，只指出它是许多性质的复合；经验的来源，对马的

---

① 冯友兰.孟特叩论共相 [M]// 三松堂学术文集.北京：北京大学出版社，1984：112.

共相的认识，是实际的马"直接呈现"的结果。冯友兰也分析对于马的经验，但更突出、直接地强调逻辑分析的目的，就在于从实际的马，以知马的共相；关于共相的认识，不是什么"直接呈现"，而是逻辑分析的产物。

"直接呈现"说，在冯友兰那里，或许只适用于对实际的马的感性认识这一阶段。金岳霖在《知识论》中揭示知识的起源时，提出了"所与是客观的呈现"①一命题，作为知识产生的最初环节。此呈现是直接的，为直接呈现，与蒙塔古说相近。但后来从"呈现"中进一步形成意念、概念、判断、命题，以致形成命题结构等，则包含了逻辑分析成分在内，这是一个非常复杂的过程。金岳霖的这些说法，实在是对新实在论知识论的发展。与金岳霖关系密切的冯友兰，对金岳霖的知识论成就，如"所与是客观的呈现"说，应该有了解和同情。但他从实际事物经过逻辑分析和总括，而得形上学观念的说法，较之金岳霖，就简单多了。

用从蒙塔古那里继承过来的柏拉图式新实在论的逻辑分析，稍加概括、发挥，并用来分析改造宋明理学及中国哲学，这就是冯友兰"接着讲"方法中逻辑分析方法的基本内容。可见，冯友兰所谓"逻辑"，并不是传统逻辑学或现代逻辑学，而是柏拉图式新实在论哲学派别的特殊思维方式。

五、逻辑分析的限制

用柏拉图式新实在论的思维方式看世界，它断定世界分为共相和殊相两个部分；断定殊相依赖共相而存在，共相规定殊相，并在逻辑上先于殊相而潜存；断定共相和殊相之间存在着类似于形式逻辑中类与分子间的那种关系，本身并不能在发展中互相过渡。而认识的任务，就在于从对殊相的经验中分析出共相的不变因素。哲学史的任务，也在于总结历史上的哲学家，围绕共相和殊相的关系，是如何认识并变化，向着新实在论的思路发展成熟的。在冯友兰看来，中国哲学史上，程朱理学讨论的"理一分殊"、理气关系、性理关系、心理关系等，均是共相和殊相关系的变型。

---

① 金岳霖.金岳霖文集：第三卷 [M].兰州：甘肃人民出版社，1995：109–111.

他提倡并运用这样的逻辑分析方法，去分析改造中国传统哲学，包括宋明理学，也不是去分析其范畴、命题及命题系统的意义融贯性，揭示其思想的逻辑矛盾，以便在"接着讲"中克服消解它们，而是运用柏拉图式的新实在论去理解并改造它们。换言之，冯友兰分析改造宋明理学，运用的逻辑分析方法，不是使宋明理学思想逻辑化，而是使它们向着柏拉图式新实在论转化。这样进行理解，在诠释学上看，只有特定意义，而缺乏普遍必然性。

这种思维方式，在哲学上看，是一种形而上学，许多断定并没有什么根据，有独断处。从史学上看，根本违犯历史学的科学性。冯友兰中晚年的哲学史著作，较之早期的《中国哲学史》两卷本，在哲学史理论上更成熟了，但在史学的科学性上，却蜕化了。表面看，这是"新理学"干扰哲学史的结果。归根结底，从他的思维方式看，从他所谓逻辑分析方法看，他把柏拉图式新实在论的特定思维方式，误当作有普遍必然意义的逻辑分析，无条件地运用于中国哲学史和宋明理学史研究中，才是病根。而之所以在对逻辑分析的认识上有这些错误，可能和冯友兰终其一生没有专门学习逻辑学、没有受过严格的逻辑学训练有关。晚年，他自我总结说：

无论如何，我对于哲学的兴趣是逻辑学引起的。以后我没有专门学逻辑学，但是我对于逻辑学的一知半解，帮助了我学哲学。以逻辑学为入门的哲学，当然是西方哲学……1929年到哥伦比亚大学当研究生，才比较有系统地读西学大哲原著……对于西方哲学家的著作，我开始是看不懂的。这个不懂，主要的不是文字上的问题，而是道理上的问题。主要的是不懂一般和特殊的区别，理论思维没有过关……后来（我）逐渐认识到，概念和具体的东西并不是一类的，而是属于两个世界的，所以并不是并排放着的。这里所说的两个世界是就逻辑上说的，不是就空间上说的。比如说，人们看见过一千棵树，由此得到树的概念……由感性认识到理性认识是一个飞跃。真正认识到共相和殊相的区别以后，就可以体会到这种飞跃的真实意义。①

由此可知几点：一是冯友兰"没有专门学逻辑学"，结合上述内容看，他

① 冯友兰.三松堂学术文集 [M].北京：北京大学出版社，1984：274–275.

这句话并不是谦虚，而是实事求是的回忆；二是他对逻辑分析方法的认识，不是得于学习逻辑学，而是得于学习西方哲学；三是他所谓逻辑分析能力，就是一种"理论思维"水平，一种对"一般和特殊的分别"的"懂"；由此可以推知，第四点是他所谓逻辑分析方法，乃是一种区别一般与特殊的方法，一种从特殊认识一般的方法，实质上属于认识论中的认识方法，而不是逻辑学中的逻辑分析方法。冯友兰将这种"由感性认识到理性认识"的飞跃方法，称之为逻辑分析方法，是有些含混，不够清楚精确的。

冯友兰高倡逻辑分析，希望用这个方法"接着"中国传统哲学讲，使其思想清晰而精确，这确实指明了中国学术史发展的大方向，即认识准确，表达清晰，逻辑性强；但由于他所谓逻辑分析，没有获得作为科学的逻辑学之坚强支持，而只是附属于柏拉图式新实在论哲学的思维方式，这就增添了非逻辑学因素，如"理念"的断定、共殊关系的断定等，使自己的逻辑学成分，始终受着柏拉图式新实在论形而上学思维的束缚，最终于没能成长为具有普遍有效性的逻辑分析方法。在冯友兰那里，逻辑学附属于形而上学的思维事实，反映的是中国逻辑学不发达，既没有从传统哲学中完全开掘出来，也没有从西方学术中完全引进来，成为一门独立的学科的现状。

今天，我们继续着传统学术现代化的伟业，逻辑分析方法的掌握和运用依然不可或缺。探讨冯友兰在逻辑分析方法问题上的经验和教训，反思并改进、优化中国整个学术思想繁荣发展的条件，克服并不断消除其中的制约、阻碍因素，无疑十分重要。尽管冯友兰的逻辑分析方法惜有不足，但在中国现代众多学术著作中，能够达到冯友兰著作那样清晰、准确的却并不多见，这也是显然的事实。如此看来，我们今天反而应该大力肯定冯友兰等学人对中国学术现代化在逻辑分析方法的引进和试用上的历史功勋，而不应执着于其不足，加以简单否定了事。同时，我们还应秉承冯友兰等学人振兴中华学术的历史使命感，传承前贤未竟事业，继续促进逻辑分析方法在中国学术思想中的推广、应用。考虑到现在高校开设逻辑学课程并不普遍，我们要对大学生、研究生进行逻辑分析方法的科学训练和学术研究的实践应用，以培养越来越多的合格的逻辑分析人才，显然还有大量工作要做。

金岳霖的逻辑分析方法 ①

如果说冯友兰是运用逻辑分析方法研究中国哲学史的最大代表，那么，金岳霖则是运用逻辑分析方法建构哲学体系的最大代表。比起冯友兰，金岳霖可谓更擅长分析。人称"金逻辑"的金岳霖，似乎天生是为逻辑分析而生的学者，其《论道》《知识论》是中国现代哲学史上进行逻辑分析的代表作，金岳霖也由此被称为中国现代学术史上分析哲学的代表。金岳霖是如何进行逻辑分析的？有何经验甚至教训？这些都值得我们关注。

逻辑分析是金岳霖理解世界的基本方法，也是他创建新哲学的方法。他引进并运用西方哲学中的逻辑分析方法，分析逻辑、知识、"道"等问题，建立了分析性很强、思路非常清晰的哲学思想体系，可以说他是中国现代学人进行逻辑分析的典范。他在中国传统哲学的旧范畴、旧命题中，装进了西方哲学的部分内容。而他从西方哲学中吸收的东西，主要是新实在论的实在观念和罗素的逻辑分析方法。在融会创建新哲学时，他运用逻辑分析方法，对中国传统哲学中的一些范畴、命题进行逻辑分析和意义发掘，极大地推动了中国传统哲学的现代化。这种现代化的标志之一，就是学术思想分析性的增强。学术思想的分析性，主要指学术思想的结构谨严，表述清晰，意义明确，有科学基础等。

---

① 本文原发表于《哲学研究》2005年增刊。收入本书时有字句修改。

那么，他的逻辑分析方法，所依据的是什么样的逻辑？渊源何在？他是如何对待逻辑分析的？他又是如何进行逻辑分析的？他的逻辑分析，逻辑性或学术意义如何？搞清楚这些问题，对于我们反思和学习、应用逻辑分析方法，无疑有重要意义。

一、两个渊源和后期的发展

金岳霖的逻辑分析方法，接上了西方逻辑分析的两大传统：一是以康德、格林等为代表的先验的或形而上学的逻辑分析传统，二是以休谟、罗素等为代表的经验的逻辑分析传统。

1914年，金岳霖留学美国，著博士论文《T.H. 格林的政治学说》。格林是英国新黑格尔主义的真正奠基人。在思想方法上，他偏重康德的先验分析，比较注重分析人们形成认识的逻辑条件。从格林那里，金岳霖学习到先验逻辑分析方法，承受并树立了自己终生不变的形而上学追求和理想主义信念。他深切体验到，形而上学是"任何一种哲学的出发点"[①]，当然也是逻辑分析方法的出发点。这就使金岳霖的逻辑分析方法，依附于他的形而上学，具有先验性和理想主义色彩。后来，先验逻辑分析事实上就成为金岳霖逻辑分析方法的一部分。

金岳霖先验逻辑分析方法的特点是，以形而上的"道"这种理性实在作为分析对象，以先验论、理想主义等先验或超验知识作为分析的知识基础，以形而上学思想作为分析内容，可谓形而上学的逻辑分析方法。1940年出版的《论道》一书，是金岳霖形而上学体系形成的标志。在该书中，他用逻辑分析方法，分析形而上的概念，如"道""式""能"等的意义和结构，保持了本体先天、先验而又不可知、不可说的性质，建立起现实世界之所以能存在、有秩序的最基本的逻辑根据，即"道"本体世界。相对于传统中国哲学的"道"本体论而言，金岳霖的"道"论，逻辑性更强，思想更清晰。在表达方式上，《论道》仿照西方一些学者的著述方式，由一个个命题或陈述组成，

① 金岳霖. 岳霖学术论文选 [M]. 北京：中国社会科学出版社，1990：466.

而这些命题或陈述之间，具有一定的逻辑联系。《论道》一书充分展示了金岳霖的形而上学逻辑分析方法。

但是，学人们通常注意的是金岳霖经验的逻辑分析方法。1921年，金岳霖转往英国伦敦大学学习，读到大卫·休谟的《人性论》、罗素的《数学原理》，深受其影响，自觉地开始"注重分析"[①]。1931年年底，他赴美国哈佛大学向谢非学习逻辑学，从此坚定地"走上了比较着重在分析的哲学"[②]的道路。1935年，金岳霖撰写《逻辑》一书，运用逻辑分析方法，对传统形式逻辑以主宾词句式为主要命题形式的看法提出疑问。他举例分析说，如"所有的人是有死的"一命题中，"是"有9种可能的意义，即：两类的包含关系、个体与类的种属关系、具体事物与其属性的关系、无条件的两个概念之间的当然关系、主词在相当条件下的一种一定的情形、主词在存在的条件下的一种实然的情形、有时间限制所以有"是"与"仍是"二意义、无时间限制主词作为"集团"解释则"是"又有各种不同的意义等。[③]

经验的逻辑分析，在金岳霖那里，以经验实在为分析对象，以经验知识为分析基础，科学性是思想内容的主要特征。这种逻辑分析方法在他的《知识论》一书中有非常充分的运用。通过对真命题的条件、产生发展过程、标准和理想的探讨，他详尽缜密地分析了逻辑与知识的关系。比如，他具体地分析讨论了命题和事实、命题和语言、命题和判断、命题和概念、命题和思想等关系，讨论了命题的定义、分类、结构、对象、内容、性质等，也探讨了命题成真的意义和标准等。这些分析，充分体现出他掌握西方现代逻辑分析技术的熟练程度。

1949年以后，金岳霖的逻辑分析方法有变化。1965年，他著成《罗素哲学批判》一书。该书站在和日常生活接近，广大人民群众较易理解和掌握的普通形式逻辑的立场，分别分析和批判了罗素逻辑哲学中的存在论、逻辑分析主义、逻辑构造论、定义论、主词论、摹状词论等。这时，他的逻辑分析方法主要倾向于一种"普通形式逻辑"的逻辑分析。这种普通形式逻辑，据

① 刘培育.金岳霖年表 [M]// 金岳霖的回忆与回忆金岳霖.成都：四川教育出版社，1995：383.

② 刘培育.金岳霖年表 [M]// 金岳霖的回忆与回忆金岳霖.成都：四川教育出版社，1995：384.

③ 金岳霖.金岳霖文集：第一卷 [M].兰州：甘肃人民出版社，1995：636-639.

金岳霖当时的想法，包括了形式逻辑、数理逻辑、辩证法、逻辑史等内容在内，而又与广大人民群众的生活密切相关，与日常语言密切相关。比如，他重视普通形式逻辑学，在讲授逻辑学时，他少用甚至不用符号，语言尽量贴近群众生活；他甚至用日常语言为标准批评罗素的摹状词论，说罗素所分析出来的命题不像语言，他还用普通形式逻辑为标准，批判罗素夸大数理逻辑学的作用，贬低传统形式逻辑地位的形而上学倾向，等等。这些思想变化，在一定程度上可以说弥补了他前期逻辑分析方法中先验逻辑分析与经验逻辑分析之间存在的裂痕。从这个角度说，金岳霖后期的逻辑分析方法有了进一步丰富与发展。

二、从形而上学角度反思和限制逻辑分析方法

金岳霖在早年就意识到了"逻辑技术"[①]对哲学的积极作用，但同时，他对逻辑主义也表示怀疑。将符号逻辑运用于哲学研究中，追求哲学的清晰、准确和科学性，是一些早期分析哲学家的追求。在金岳霖看来，由于哲学的研究对象是"具有（比逻辑学对象）更为复杂多元性质的论题"，所以，对这些问题只进行逻辑分析，"一直并且也不可能"构建成为一个严密的逻辑系统。这种情况，事实上限制了逻辑分析方法在哲学中的运用范围和程度。[②]

冯友兰曾经认为，"西方哲学对中国哲学的永久性贡献，是逻辑分析方法"，他将逻辑分析方法形象地比喻为近现代中国人向西方求得的思维"点金术"[③]。金岳霖则进一步从形而上学角度反思逻辑分析方法，建立起形而上学的逻辑哲学体系[④]，希望为逻辑分析方法在中国学术思想中的有效性提供理论根据。

就中国学术思想史看，形式逻辑学的地位一直不高，逻辑分析没有系统发展起来。一些学人甚至认为，形式逻辑学不是中国学术思想所必需的营养，一些高校不开设形式逻辑学必修课程，运用逻辑分析方法研究中国学术思想，

---

① 刘培育.金岳霖学术论文选 [M].北京：中国社会科学出版社，1990：468.

② 刘培育.金岳霖学术论文选 [M].北京：中国社会科学出版社，1990：440.

③ 冯友兰.中国哲学简史，涂又光译 [M].北京：北京大学出版社，1985：378—380.

④ 张茂泽.金岳霖逻辑哲学述评 [M].西安：陕西人民出版社，2003.

也受到怀疑，等等。这些怪象表明，逻辑学似乎被认为是西方学术思想的东西，和中国学术思想没有什么关系。

问题是，逻辑学是不是中西学术思想所共有的核心要素呢？如果它不是，那么，中国学术思想就可以没有西方那样的逻辑学，但也不能因为这一点，而将其看成是中国学术思想的不足；当然，中国学术思想，也就不必刻意去学习西方逻辑学，以弥补自己的不足。逻辑分析方法也是如此。在20世纪，恰恰就有一些中国学者有意或无意提倡直觉方法，反对用逻辑分析方法研究中国传统学术思想。在这种情况下，金岳霖将他的"道"高高地树立为逻辑本体，强调逻辑自身的普遍必然性，当然也就断定了逻辑是中西学术思想所共同具有的要素。

金岳霖认为，"道"包括"式"和"能"，而"式"是逻辑自身。他努力赋予"道"以逻辑本体的性质。他通过建立逻辑哲学体系，来消除和解决上述疑问。而且，他的形而上学思想体系，一方面为逻辑分析方法进入中国学术思想提供理论根据，另一方面又在事实上限制了逻辑分析方法在他形而上学思想体系中的地位和作用。在他的思想体系中，"道"是最高范畴，"可能底现实"和"无极而太极"，从两个方向展开"道"的运动历程，逻辑也随着这个历程而同时展开。这意味着，朴素辩证法是金岳霖思想系统的骨架，逻辑分析只是次要的思想方法。

比如，金岳霖在前期谈到所谓"同一的逻辑"，到后期又提出"统一的逻辑学体系"问题。这种同一的或统一的逻辑，与其说是他从一个个具体的逻辑系统中分析概括出来的东西，不如说是他本着对"逻辑"的信念，从可见的几种逻辑系统中抽象出来的东西。它不是逻辑系统，不是逻辑学，而是各逻辑系统的共相，是各种逻辑学的实质。而得到这种同一的或统一的逻辑的方法，是以"同"超"异""去异存同"[①]的方法，是让辩证法与形式逻辑"挨边、碰头、打交道"[②]的方法。这种方法，类似于"感觉"[③]，其实就是直觉，也就是朴素辩证法。他发现逻辑共相的方法，发现"能"所依靠的"宽义的

---

① 金岳霖.金岳霖文集：第二卷[M].兰州：甘肃人民出版社，1995：402.

② 金岳霖.金岳霖文集：第四卷[M].兰州：甘肃人民出版社，1995：430.

③ 金岳霖.金岳霖文集：第一卷[M].兰州：甘肃人民出版社，1995：402.

经验"，"无极而太极"的逻辑形式，从可能到现实的方法，以及他所谓"本然元理"等，都是他思想中朴素辩证法的表现。

逻辑分析方法，在金岳霖哲学中究竟占什么样的地位、起什么样的作用呢？这是一个问题。表面看，逻辑分析方法是他思想体系的基本方法，不少学者就是这样看的。笔者认为，这种看法可能并不符合事实。金岳霖在《知识论》中明确说："本书所表示的知识论，不是一个演绎系统。"[①] 他没有将他的"知识论"安排成为一个演绎系统，当然更不能将它看作一个逻辑系统。更不用说，金岳霖的《逻辑》一书算不得一个逻辑系统。他的《论道》一书是不是一个逻辑系统呢？有学者认为它是，因为金岳霖运用一个个命题，从"道"中推演（作者按：表面上看，似乎就是逻辑分析的有必然性的推演，其实不是）出现实世界来。[②] 这似乎是将《论道》理解为一种宇宙生成论。用宇宙生成论的思路去理解金岳霖，可能是一种误解。

金岳霖是不是在《论道》中从可能世界逻辑中推演出现实世界呢？表面上看，《论道》一书，从对"道"进行分析开始，一步一步走向现实、个体、共相、时空、特殊等，实际上，这些都只是在讲"无极而太极"的历程。在"而"的过程中，虽然有现实、个体、共相、时空、特殊等出现，但它们并不是现实世界的东西，而只是现实世界的东西的形而上根据。通过《论道》，金岳霖给我们提供了一个解释，告诉我们一个现实世界何以成为现实世界的"理"，而且"理有固然"。意思是说，不论我们认识到这个"理"没有，不论金岳霖讲了这个"理"没有，也不论金岳霖讲这个"理"讲得如何，这个"理"本来就是如此的。那么，究竟如何就会有了现实世界呢？在金岳霖看来，这个问题无法解答，因为虽然"理有固然"，但是"势无必至"。意思是说，从"可能"到"现实"，是"无极而太极"历程的一个环节，但究竟在何时、何地、与如何现实，人类仍然是不可能认识和预测的。在这种理论背景下，金岳霖怎么会去讨论从"可能"到"现实"的"生成"问题呢？

金岳霖在后期曾经明确说，《论道》的"主要任务是捏造出一个永恒的宇

---

① 金岳霖 . 金岳霖文集：第三卷 [M]. 兰州：甘肃人民出版社，1995：110.

② 杨国荣 . 从严复到金岳霖：实证论与中国哲学 [M]. 北京：高等教育出版社，1996：126；陈晓龙 . 知识与智慧——金岳霖哲学研究 [M]. 北京：高等教育出版社，1997：30-33.

宙，对于现实世界，它没有说多少话"①。从这一句话，也可以清楚地看出，金岳霖的《论道》是在讲本体论，而不是讲宇宙生成论。

三、逻辑分析的一个实例

金岳霖对逻辑命题必然性的分析，也许可以作为他逻辑分析实践的一个实例。逻辑命题为什么能"闭门造车而出门合辙"呢？在他看来，逻辑命题之所以这样，是因为就命题对象和内容来讲，逻辑命题是必然命题；就知识经验说来说，逻辑命题是先天命题。

金岳霖认为，逻辑命题是必然的，因为它是"穷尽可能的命题"，所以不能假而必然真。金岳霖在这里引用了维特根斯坦重言式的说法。著名逻辑学家王宪钧先生回忆说，金岳霖讲逻辑学课程的时候谈到，通过维特根斯坦等人的解释，他认识到"逻辑的或数学的必然……是穷尽了一切可能的必然。这问题用真值表看容易看出……"②。金岳霖理解并引用了维特根斯坦的说法，但同时，又对维特根斯坦的重言式进行了改造。他的改造可能有这样两个方面：

一是从罗素《数学原理》第一章中"$\vdash: p \vee p. \supset .p = \sim (p \vee p) \vee p = \sim p \sim p \vee p = \sim p \vee p$"的具体推论过程中，特别将"$\sim p \vee p$"单独提出来，充当有本体论意义的逻辑命题的对象，抽象成为形而上的"式"。

二是对维特根斯坦的"重言式"进行了改造。维特根斯坦的"重言式"，用符号表示是"$(p \supset p) \cdot (q \supset q)$"，讲的是两个命题的合取命题形式。能否将重言式约化为"$p \supset p$"呢？恐怕不能无条件地直接这样约化。从重言式可以推论出"$p \supset p$"和"$q \supset q$"来。如单看"$p \supset p$"，利用"$p \supset q = \sim p \vee q$ Df"的定义，则"$p \supset p = \sim p \vee p$"。在这里，"$\sim p \vee p$"可以视为是在二分法基础上穷尽 p 的一切真假可能的必然命题，但"$\sim p \vee p$"是在增加了二分法，引用了一个定义等这些系统以外因素之后，才从重言式中推论出来的。由此可见，"$\sim p \vee p$"的必然性是有条件的，并不是绝对的无条件的必然。

① 金岳霖.金岳霖文集：第四卷[M].兰州：甘肃人民出版社，1995：186.
② 王宪钧.忆金师[M]//金岳霖的回忆与回忆金岳霖.成都：四川教育出版社，1995：115.

况且，从推论前提看，"q⊃q"以及"·"这一合取符号也不应丢掉。即使用二分法，又引用定义，重言式推出的结论也应为"(～p∨p)·(～q∨q)"或与此类似的命题，绝不会是单独的、光秃秃的"～p∨p"。金岳霖常常举例子"这是桌子或不是桌子"，就应变成"'这是桌子或不是桌子'而且'那是椅子或不是椅子'"之类的命题了。在这种情况下，"这""那"很突兀地存在着，不能忽略；"而且"也显然摆着，不能丢失；仅仅利用析取词"∨（或）"和否定词"～（不是、非）"，就难以将"～p∨p"抽象拔高成为绝对的、普遍的、永恒的"穷尽可能"的必然，"式"的孕育、诞生就更加困难了。

在维特根斯坦那里，重言式确实穷尽可能，但它只穷尽基本命题如p、q的真值的一切可能性，而不是宇宙间一切可能；而且重言式只针对逻辑系统中基本命题与复合命题之间关系而言，不是针对宇宙一切。金岳霖将重言式理解成为无条件地穷尽宇宙间一切可能，如"式"那样的形而上的逻辑本体，并不符合维特根斯坦重言式的原意。金岳霖的必然就是"穷尽可能"的说法，似乎潜藏着金岳霖自己的形而上学创作。

金岳霖上述改造的逻辑学基础，是比较薄弱的。之所以如此，可能和他对逻辑自身的形而上学信念有重要关系。他讨论逻辑必然的第二个方面，就在于对"式"自身必然的根据进行断定。在金岳霖看来，"式"的必然性并非仅仅由"式"的析取式这一单纯命题形式作支持，更进一步的根据在于"式、能不离"这一形而上学命题提供的实在论根据。

金岳霖所谓先天，是指"所与之所以为可能的必然条件"，因此，先天形式是"所与"不能不遵守的。先天形式表现在知识中，就"是知识经验中的分析成分"，[①]而不是单独在时间上活动的实体。金岳霖认为逻辑命题的先天性，不是认识的问题，更不是认识主体的问题，而是宇宙形式（"式"）本来如此，逻辑命题的对象本来如此。他在《知识论》中分析知识，分析到最后，提炼出知识的凝固的形式结构，并且认为那就是理，就是"式"，而逻辑则是理或"式"中的核心内容。他提出，"道"是"式"与"能"的统一，"式"总有"能"，

---

① 金岳霖. 金岳霖文集：第三卷[M]. 兰州：甘肃人民出版社，1995：351.

"式"外无"能"等。"式、能不离",无疑是金岳霖证明逻辑必然的形而上学命题。

由上可见,金岳霖分析逻辑必然时,他最看重的是形而上学的信念断定和描述,而逻辑分析方法事实上只起次要的工具性作用。

四、逻辑分析方法的特点

金岳霖的逻辑分析方法中,包含了先验逻辑分析和经验逻辑分析两种方法,他还试图将这两种分析方法统一起来。他反对排斥经验的纯粹形而上学逻辑分析,如他在后期批判形而上学思维方式,也反对纯粹经验主义的逻辑分析,如他批判逻辑分析主义。这一思想倾向,使他一方面超越了中国传统形而上学的思维方法,增加了思维的逻辑性(指清晰、准确,符合逻辑规范等),另一方面又抑制了西方理智主义者以经验逻辑分析为唯一方法的逻辑分析主义倾向。

和此前的中国学术思想相比,运用形式逻辑的逻辑分析方法,分析"道"本体,是金岳霖逻辑分析方法的重要特点。对此,熊十力先生曾经予以严厉批评。熊十力说:"本体不可作共相观。作共相观,便是心上所现似的一种相。此相便已物化,而不是本体显露。所以说,本体是无可措思的。"①在熊十力看来,本体乃是即存在即活动,即"心"(或许可以理解为"主体")即"理"(或许可以理解为"根据"或"规范")的,并非只是静态的空套子,对本体,我们不能只进行理智的分析,还必须通过实践进行体悟、求证与呈现。熊十力是现代新儒学的大家,他的批评,显示出运用形式逻辑的逻辑分析方法,分析"道"本体的有限性,值得我们充分重视。

另一方面,和罗素相比,金岳霖的逻辑分析方法也有他的特点。

首先,金岳霖进行逻辑分析中的逻辑,主要指普通形式逻辑,而不是数理逻辑;他的逻辑分析方法,在符号化、形式化和演绎性方面都不如罗素。对此,金岳霖是自觉的。他认为,罗素哲学归根结底是追求建立起一种知识

---

① 居浩然. 熊十力先生剪影 [J]. 传记文学:第三卷,1937(1). 转引自郭齐勇. 形式抽象的哲学与人生意境的哲学 [J]. 中州学刊,1998(3):69.

论的演绎系统，但罗素并不成功。金岳霖不再走罗素的老路，也很自然。

其次，金岳霖限制了逻辑分析方法运用的范围。金岳霖对于"能"所说的话，即形而上的本然陈述，他的非"能"而近于"能"的无极、非"式"而近于"式"的太极两个范畴，以及"无极而太极"的历程等，这些都不能依靠逻辑分析，而必须运用"穷通"的综合方法、直觉方法来解决它们。罗素则要将分析进行到底，他的共相世界，以及他后来提出的"事素"等范畴，都是他进行逻辑分析的产物。

最后，关于逻辑分析方法的作用，金岳霖用逻辑分析方法作超薄手术刀，去解剖传统哲学范畴和命题，发掘它们所具有的意义以及它们可能具有的意义，推动我国传统哲学现代化。逻辑分析主要起着建设性作用。同时，他又提出了"穷通"的综合方法、直觉方法，作为他思想方法的一个部分。与此不同，罗素运用逻辑分析方法，固然要追求哲学的清晰、科学性，但他特别把逻辑分析方法作为"奥卡姆剃刀"，剃掉那些他认为没有意义的玄学命题，清除以黑格尔为代表的传统思辨哲学的影响。在罗素那里，逻辑分析方法具有很强的革命性。

金岳霖尤其批评了罗素的逻辑分析主义。他认为，罗素不仅重视分析，而且"他主张分析到这个程度，使得这个主张成为分析主义"①。比如，罗素的逻辑原子主义，就是一种逻辑分析主义。金岳霖断定说，罗素的数理逻辑分析方法，并不是对任何哲学问题都有用处的，对别的问题的分析和解决，也不像对无穷、连续两个问题的分析和解决那么有用。在后期的金岳霖看来，辩证的具体的分析，较逻辑的抽象概念、命题的分析更具有科学性。因为辩证的具体分析，总是在具体条件下对具体问题的具体分析。这种方法，分析的对象是客观事物，即使是对思想、概念、命题的分析，也是以对客观事物的分析为转移的。在这里，金岳霖力图运用辩证唯物主义的辩证法来批判罗素的逻辑分析主义。

金岳霖特地对罗素的逻辑分析方法进行了分析，并且发现了罗素在进行逻辑分析时的漏洞。比如，罗素将"所有的人是有死的"（A）一命题分析成

---

① 金岳霖.金岳霖文集：第四卷[M].兰州：甘肃人民出版社，1995：502.

"对于任何 x 说，如果 x 是人，那么 x 是有死的"（B）一命题，而且概括出"对于任何 x 说，如果 x 是 S，那么 x 是 p"（C）这样一个公式。这种分析的逻辑性怎么样呢？

金岳霖指出，罗素的分析，不是形式逻辑的分析，而是形而上学的分析。他分析说，罗素分析这个命题，包括 3 个方面。

一是说这一命题不能证实，因为在我们经验的有效范围内，我们不能担保没有忽略任何一个人。对此，金岳霖批评说，"所有的人是有死的"这一命题，在历史上早就已经证实过了，现在还在不断地被证实，因为这个命题所谈的人之有死，缘于人的生物本质，和我们在证实时是否忽略了某些人根本不相干。金岳霖在这里是运用知识论或认识论来批评罗素的逻辑学思想，对于坚决主张将逻辑学与知识论或认识论、心理学等分家的罗素而言，他未必会赞成。

二是说"所有的人是有死的"一命题不是相对于人的命题，而是涉及宇宙间一切的命题。罗素解释说，这一命题说的是"对于任何 x 说，如果 x 是人，那么 x 是有死的。"所谓任何 x，说的似乎就是宇宙间的一切。金岳霖不同意这种说法。他说：

> 这个问题（指"所有的人是有死的"一命题——引者）只对人有所肯定。当我们断定这个命题的时候，我们并不会考虑到宇宙间的一切东西。这个命题是否可以上升为一个假言命题呢？可以。但是，上升之后，就有了质变，原命题并不等于一个假言命题。这个上升了的假言命题，代表进一步抽象的成果，它肯定了人与有死之间的客观的必然联系或客观规律性。这个假言命题也不会考虑到宇宙间的一切。至于"对于任何 x 说，如果 x 是 s，那么 x 是 p"这样一个公式，是否涉及宇宙间的一切，那是可以研究的问题。它在数理逻辑里应如何理解，是另一问题。普通形式逻辑里是否需要介绍这样一个公式，也可以研究。无论如何，这个公式不是普通形式逻辑里的全称肯定命题。①

他发现，罗素的分析，实际上将全称肯定命题 A "质变"成了假言命题 B，进而将此假言命题又还原为 C 这样一个公式。经过这样的"质变"和还原，

---

① 金岳霖. 金岳霖文集：第四卷 [M]. 兰州：甘肃人民出版社，1995：504–505.

全称肯定命题 A 已经不再是全称肯定命题 A 了，而变成为命题 C，"所有的人都是有死的"这一命题的意义也发生了较大的变化。从普通形式逻辑看，在全称命题 A 中，该命题"只对于人有所肯定"。而从数理逻辑看，在 C 公式中，却对于宇宙间的一切有假言断定。问题在于，罗素从普通形式逻辑的全称肯定命题 A，分析出数理逻辑的普通公式 C，在这样分析之前，他并没有就为什么要这样分析提供明确可靠的根据；这样分析之后，他也没有明确注意到 A 命题的性质、意义和经过分析而得到的公式 C 的性质意义之间有巨大的差异，反而在事实上，他用 C，完全地、无条件地代替了命题 A。显然，罗素所进行的这种分析是存在着问题的。

三是说，相对于 B 命题而言，假如所谓人根本不存在，这个命题就是真的。按照罗素的看法，如果人根本不存在，则 B 命题就完全成为 C 命题那样的公式，对于无限的可能世界进行了断定，它当然是真的。不过，对可能世界进行逻辑断定的真，是逻辑的真。这种真，和 A 命题那种经验实证的、事实的真有不同处。不注意这两种真的区别，也容易使人产生误解。金岳霖批评罗素说：

把普通形式逻辑里的全称肯定命题解释成只要主词所表达的事物不存在，这一命题就是真的，这也是错误的。的确，鬼不存在，没有红头发的鬼也不存在。但是，难道这就使得下面这个 A 命题"所有的鬼都是有红头发的"成为真的了吗？显然这是荒谬的。①

在这里，金岳霖驳难罗素的逻辑推论，只运用了普通形式逻辑的换质换位法。金岳霖只运用普通形式逻辑的分析方法，来批评罗素的数理逻辑分析方法，并且据此根本不承认罗素将普通形式逻辑的全称肯定命题"质变"成为假言命题 B，甚至还原成为 C 公式的做法。在罗素对普通形式逻辑与数理逻辑的关系，对 A 命题与 C 命题的关系没有做出明确说明时，或者罗素的说明对金岳霖来说不能成立时，金岳霖对罗素的批评总有金岳霖自己的道理。

同时要指出，金岳霖所谓"鬼不存在"中的存在，指的是经验实证的对

---

① 金岳霖.金岳霖文集：第四卷 [M].兰州：甘肃人民出版社，1995：505.

象，或者说是经验实证的存在。那么，不存在就可以是虚无的不存在，也可以是非经验实证的可能存在。对于不存在的东西有所说，如果是相对于虚无，则这种说也许有形而上学的意义，但没有经验的意义，也没有逻辑的意义；如果是相对于非经验实证的存在，则这种说没有经验的意义，但有哲学或形而上学的意义。否认后一种说法的形而上学的、哲学的、逻辑的意义，只承认其经验意义，容易陷入经验主义泥淖。而用这种带有经验主义色彩的逻辑观去批评罗素的逻辑分析，罗素也未必会首肯赞成。但反过来，如果像罗素那样，用逻辑的意义代替经验的意义，这也是金岳霖所不能赞成的。

我认为，在上述三点批评中，金岳霖对于罗素的第二方面的批评，即罗素在逻辑分析中没有注意区别开 A、B、C 3 个命题的意义，即使站在纯粹逻辑的立场上看，甚至站在罗素逻辑哲学的立场上看，也是站得住脚的。头脑非常清楚的罗素，为什么会犯这类错误呢？

金岳霖揭示说："明显的理由是，罗素要把一般生活中的命题形式硬塞到数理逻辑里面去。"他要建立数理逻辑在普通形式逻辑中的普遍必然性，他要让人相信，普通形式逻辑的一般命题形式，可以还原成为数理逻辑的形式，他努力夸大数理逻辑的作用范围。罗素的愿望是伟大而美好的，只是有硬塞的痕迹。这就使得他的逻辑分析不再是纯粹形式逻辑的。金岳霖指出，罗素在逻辑分析中，从具体的事实，"一跳就跳到宇宙间的一切"，而这"是形而上学的"[1]。罗素的逻辑分析中包含了形而上学的因素，这是善于分析的金岳霖的发现。

五、几点评价

我们提倡逻辑与历史相结合的辩证思维方法。在这个方法中，逻辑分析方法是一个重要环节。从学术思想史看，反思中国现代学者的逻辑分析方法，对于我们准确理解和把握逻辑分析方法，正确理解和运用逻辑与历史相统一的方法，是不可缺少的一个方面。金岳霖的逻辑分析方法，有几点值得注意。

金岳霖的逻辑分析方法，渊源于西方的古典形而上学的先验逻辑分析，

---

[1] 金岳霖. 金岳霖文集：第四卷 [M]. 兰州：甘肃人民出版社，1995：505.

又接受了经验论的逻辑分析的影响。但他力图将这两种逻辑分析方法融会统一起来，形成自己独特的形而上学的或后期普通形式逻辑的逻辑分析方法。在这里，他的创造性努力，是应该予以肯定的。同时，金岳霖的逻辑分析方法，强调普通形式逻辑学基础，强调逻辑分析不与日常语言相脱离，不与广大人民群众的生活实践相脱离，让逻辑分析方法为人民群众的生产生活实践服务，为现代化建设中的思维活动服务。这一点也是应该给予肯定的。

金岳霖的逻辑分析方法，包含了先验逻辑分析和经验逻辑分析在内，即使在后期，虽然归于普通形式逻辑的逻辑分析方法，其中的先验成分和经验成分也仍然存在。这就使他的逻辑分析方法，超越了形而上学或逻辑分析主义的局限，而成为一种与理想主义相联系的经验逻辑分析方法。这一点是值得我们后人深思的。

金岳霖将形而上的"道"作为分析对象，极大地促进了中国传统形而上学思想的清晰化，也为传统哲学接受逻辑学的检验、审查打开了方便之门。同时，他进行逻辑分析的对象，语言、话语的意义，以及过去思想家的思想方法等。比如，他分析罗素的逻辑分析方法时，将罗素所分析的对象的意义和他得到的分析结论的意义进行比较，发现了罗素在进行逻辑分析时存在着非逻辑的因素。金岳霖的这种逻辑分析方法，是贯彻了具体问题具体分析的原则的，具有科学性，我们今天也可以借鉴。

在中国现代学术思想史上，强调逻辑分析方法，而又运用逻辑分析方法在哲学创造上取得成功的，冯友兰、金岳霖可以作为代表。冯友兰的逻辑分析方法实质上是新实在论哲学特有的思维方式，是从形而下之物分析、认识形而上之理的方法，它主要是一种认识方法，逻辑学基础并不牢固。而金岳霖的逻辑分析方法，有坚实的逻辑学基础，如先验逻辑分析有康德先验逻辑学基础，经验逻辑分析有普通形式逻辑学基础等。在具体的逻辑分析中，将分析对象的意义和分析结论的意义进行比较，寻找两者之间的异同，其他的语言分析、概念分析、命题分析等都围绕这种比较来进行。这样，抓住思想家的思维方式进行逻辑分析，能够比较准确和深入地发现思想家思维活动的逻辑基础和性质如何。金岳霖的逻辑分析，为我们进行逻辑分析提供了一种有科学性的、典型的分析模式，值得我们充分重视。

贺麟的文化哲学方法 ①

大家都知道，贺麟是中国现代学术史上研究黑格尔哲学的最大代表。其实，从思想方法看，贺麟也是中国现代学术史上辩证思维的最大代表。他运用辩证思维，汲取我国历史上的孔孟老庄、程朱陆王，以及西学中的苏格拉底、柏拉图、亚里士多德、斯宾诺莎、康德、黑格尔等"正宗"哲学精华，而成就其融会中西、贯通古今的"新心学"思想体系。他理解和运用的辩证法，是康德先验逻辑向黑格尔辩证逻辑进展而成的、"有内容"的形式逻辑，也是中国传统哲学"心即理"思想结合德国古典哲学后形成的，主客合一、体用合一的思想方法，是一种将逻辑思维和直觉洞观统一的逻辑的直觉方法。用这种思想方法思考外来文化的中国化，认识中国传统文化的现代转型，提出应对解决之道，普遍必然而又匹夫匹妇日用常行，高屋建瓴而又亲切有味，这就是他的文化哲学方法。

内在比较、本质批评、精神发现、理想解释诸方法，是贺麟创造性提出的中国近现代文化哲学的基本方法，在中国现代学界科学方法的历史潮流中，可谓别开生面，而又合情合理。这些方法，和近现代中国同情的了解方法联系紧密。而历史纵向看，这些方法皆可谓宋明理学格物穷理、致良知、变化气质等修养方法在近现代的新发展。从人性修养角度看，这些方法也是人性

① 本文原以《文化哲学思想》为题，刊于《贺麟学术思想述论》（陕西人民出版社，2001年版），后经过整理，作为《贺麟的文化哲学思想》的一部分，收入《中国现代学术思想史论集》中，于2003年由陕西人民出版社出版。收入本书时有修改、补充。

修养的新表现。它们加上冯友兰、金岳霖的逻辑分析方法，皆称"学养"，即学术修养，如科学、哲学修养，皆属理性认识方面的修养。"学养"论无疑是对古代儒家道德修养思想的历史发展。

内在比较中西文化，离不开对中西文化的认识和评价。甚至可以说，只有先对文化有一定的认识和评价，才可能对文化进行内在的比较。认识文化和评价文化，简言之，就是批评文化。在贺麟那里，从内在比较中西文化方法开始，进而提出他关于批评文化的方法，这是他文化哲学理论深刻的表现。

文化批评，在近现代中国特别重要而且紧迫。传统文化能否现代化以及它怎样现代化，中国文化和西方文化之间能否交流融合以及怎样交流融合，是关系到中国文化能否在近现代转化中实现再生的大问题。伴随着中国现代化进程的开展，近现代中国人民为了争取中华民族独立自主而进行着前仆后继的斗争。在文化领域，无论是文化革命还是文化建设，都离不开文化批评。所以，文化批评越来越为近现代中国有识之士所特别关注。正如贺麟所言："自从西洋文化与中国文化接触以来，差不多每一个能用思想的中国人，都曾有意无意间在那里多少作一些批评文化的工作。"[①]

在贺麟那里，文化批评不仅是历史发展的趋势，也是他自身哲学思想的现实应用。从后者看，贺麟"新心学"思想本就是他适应中国文化现代化的需要，也是融会中西、贯通古今文化的收获；创建"新心学"的现实目的，主要也在于试图为中国文化现代化建设提供理论指导。用"新心学"进行文化批评，既是哲学理论实践应用的逻辑必然，又是社会人生现实的需要。所谓现实的需要，既有指导中华文化现代化发展的理论需要，也有社会转型时期构建中华民族精神家园，以帮助华夏儿女端正人生态度、建设新人生的需要。贺麟说："批评文化，可以说是思想界最亲切，最有兴趣，对于个人和社会，对于物质生活和精神生活最有实际影响和效果的工作……所以文化批评乃是使哲学与人生接近的一道桥梁。"[②]

由此足见，文化批评思想是贺麟"新心学"思想的有机组成部分，是他"新心学"哲学的现实应用，而且是"新心学"理论联系现实人生的桥梁。在

---

① 贺麟. 哲学与哲学史论文集 [M]. 北京：商务印书馆，1990：343.

② 贺麟. 哲学与哲学史论文集 [M]. 北京：商务印书馆，1990：343.

逻辑上，文化哲学思想，正是"新心学"本体论、方法论和人学思想相互统一的中介环节。

一、内在比较方法

在中国近现代文化史上，特别是五四新文化运动以来，学人们喜欢进行中西文化比较，判定各自优劣。如胡适认为中国文化"百事不如"[①]西方文化，主张全盘西化、充分世界化。梁漱溟则认为文化"是一民族生活的样法"，西洋文化"以意欲向前要求为其根本精神"，思维方式以理智为特征；中国文化则是"意欲调和持中"型的，以直觉为特征；印度文化却是"意欲反身向后"型的，以"现量"为特征。[②]贺麟认为这一类比较工作，"基于经验的观察"，在当时"颇合潮流需要"[③]，自有其必要性。但单纯外表比较中西文化的异同优劣，容易流于"傅会比拟之谈"，"缺乏学术价值"。到三四十年代，历史已发生变化，社会有了新发展，国人对西方文化了解更多更深，以经验观察为基础的外表比较"已成为过去了"。

贺麟指出，这是"因为文化乃道、精神之显现。可以说是形而上的价值物。形下事物间的关系，可以说是毕同毕异，而无有绝对的异同。若执着文化间的异同，认为绝对，则陷于武断"[④]。作为形下价值物的文化，文化之间的"异"有其"同"作背景；文化之间的"同"，有其"异"作参照。只看见表面的、现实的异和同，看不见异背后的同，看不见与同共在的异，则不能认识到文化的本质。这样的比较势必"陷于武断"。因此，从方法上看，外表的比较要进展为"内在比较"。所谓"内在比较"，指以文化的精神、文化中体现的"道"为基准进行比较。这一看法，有浓重的黑格尔辩证法色彩，即既是辩证的，超越了形而上学静止、片面、孤立的比较方法，又是理想主义的，

① 胡适．介绍我自己的思想 [M]// 高军等．中国现代政治思想史资料选辑：上册．成都：四川人民出版社，1984：214.

② 宋志明梁漱溟 [M]// 李振霞，傅立龙．中国现代哲学人物评传：下卷 [M].北京：中共中央党校出版社，1991：96–97.

③ 贺麟．哲学与哲学史论文集 [M].北京：商务印书馆，1990：419.

④ 贺麟．哲学与哲学史论文集 [M].北京：商务印书馆，1990：353.

保留了形而上学思维方法的残余。所以，贺麟的"内在比较"方法，有形而上学的深刻性。

比较方法的基础是事物之间的差异。黑格尔认为，差异的第一个阶段是"直接的异"，即殊异、差异、杂多，这些都是偶然的异。这时，许多不同的事物各自独立，互不发生影响，彼此的关系是外在的。外在关系要进展到内在关系。内在的差异，就是自己和自己相异，即自我矛盾。贺麟说："我们从相异出发，提出了比较方法，即是把杂多的东西，通过比较研究其相似点与相异点，就提出比较方法来了。"相应于外在关系的是知性的外表比较或外在比较，相应于内在关系的是内在比较或辩证比较。黑格尔站在辩证法角度批评外表比较方法，认为它在解剖学、语言学等具体学科方面有效，而且也取得了相当大的成就。因为，我们要认识事物，必需的一步，是用理智去分析，归纳出它的特征，别殊异，划界限，寻找其互不相同的内在规定性。但由于理智思维的孤立、片面、静止、抽象的特点，理智的外表比较还不能具体地、发展地看事物，有较大局限性，"不能满足于概念式的辩证思维的需要，仅是辩证法的预备工作"①，"不能予吾人以根本满足"②。因此，外表的比较，上升到内在的比较，这是辩证发展的必然。

内在的比较，是全面、发展、具体的也是本质的比较。就异同说，内在比较要求在同中求异，异中求同。如果要认识事物之间的共同点，乃是在不同的事物中求之；如在求事物间的不同点，则必在事物之间共同背景、联系、理想、标准中求之。"只有在相异的前提下比较相同才有意义"，也只有相同背景下比较相异才有价值。真正的比较，就是寻求同中之异，异中之同。同中求异，是在相同背景下寻找"本质的异"；异中求同，则是在不同之中求其"内在的本质的统一"③。通过内在比较所认识到的异，根本上说只是自己和自己不同；所认识到的同，根本上说也只是自己和自己不异。

不用说，内在比较和外表比较有机统一，共同构成比较方法的不同环节。外表的比较，是内在比较的必要前提和准备；内在比较一方面是外表比较的

①　贺麟. 黑格尔哲学讲演集 [M]. 上海：上海人民出版社，1986：313.
②　贺麟. 黑格尔哲学讲演集 [M]. 上海：上海人民出版社，1986：171.
③　贺麟. 黑格尔哲学讲演集 [M]. 上海：上海人民出版社，1986：313.

本质、根源、出发点，另一方面也是外表比较自我扬弃的升发、发展、归宿。外表比较，还只是比较方法的一个部分或阶段，只有上升到内在比较，或者说只有将外表比较包含在内，又克服了外表比较的不足，才是真正的比较。

由此，贺麟反对只是单纯外表比较中西文化或古今文化，主张在外表比较基础上，进一步进行内在比较，以认识文化的本质，得其"体用之全"。在他看来，新时代愈益强烈地要求由外表比较进展到内在比较，"由文化迹象异同的观察辨别，进而要求一深彻系统的文化哲学。无文化哲学作指针，而漫作无穷的异同之辨，殊属劳而无功"[①]。这里文化哲学就是用内在方法（当然包含了外表方法在内）比较文化而建立起来的文化观念系统；反之，在文化哲学指导下的比较，也就是内在比较。内在比较方法，是贺麟文化哲学的基本方法。

内在地比较中西文化，要求"深入其中，直探本真"，"直接探求有普遍性永恒性的理则，勿庸斤斤计较于文化事物的异同"[②]。所谓"本真"，所谓"有普遍性永恒性的理则"，贺麟也称为"道"或"精神"。用中国宋明理学的范畴说，就是"理"或"心"。贺麟将陆王心学命题"心即理"，改造发挥成为"逻辑心即理"[③]命题，突出了心学"本心"的逻辑性、辩证性、先天性，并由此建立起他的"新心学"本体论。根据这一命题，文化精神，实际上即是文化的道。总之，内在比较方法，就在于认识中西古今文化中共有的文化精神或道。

内在比较方法，作为辩证法，可以成为实践的、历史的认识方法。但贺麟对文化的界定却有理想主义的、形而上学的因素，由此决定了他文化哲学中的内在比较方法也具有抽象的、深微的性质。

他说，"文化乃道、精神之显现。可以说是形而下的价值物。形而下事物之间的关系，可以说是毕同毕异，而无有绝对的异同。若执着文化间异同，认为绝对，则陷于武断"[④]。这段话中，包含了内在比较中的辩证法因素，以这种辩证法因素批判"执着文化间的异同"这种形而上学思路，是合理的；但

---

① 贺麟.哲学与哲学史论文集 [M]. 北京：商务印书馆，1990：419.

② 贺麟.哲学与哲学史论文集 [M]. 北京：商务印书馆，1990：419，353.

③ 贺麟.哲学与哲学史论文集 [M]. 北京：商务印书馆，1990：131.

④ 贺麟.哲学与哲学史论文集 [M]. 北京：商务印书馆，1990：353.

同时，将文化视为道或精神这种绝对物显现出来的形下价值物，本身又有形而上学性。形而上学既然是信念，是人们安身立命的精神家园，那么，它当然也呼唤人的社会实践活动支持。要在相对的形下世界，用这种内在比较方法认识绝对的道或精神，离开人们具体的文化实践活动，离开文化历史发展过程，是很困难的。因为没有实践活动支持，辩证法就只是抽象概念的思辨进展，而不能彻底贯彻到现实生产生活中，成为具体的社会历史规律和社会实践方法，也落实不到文化哲学中，成为文化历史发展的规律和文化哲学方法。在这种情况下，文化的界定，文化比较的方法必将是抽象无力的。可见，贺麟要求从外表比较进展到内在比较，应该将他所谓内在比较方法，理解为是在社会实践基础上的历史比较，则他的看法就十分合理了。

二、本质批评法

在贺麟的文化批评观中，本质批评方法是中心。所谓本质批评，也可以说就是"逻辑批评"。它不是历史的科学批评，但又超越了和外表比较相应的实用性批评，可谓一种深刻的哲学批评。它达到了一定的理论高度，但保留了形而上学的抽象性。

近现代中国文化批评史上，围绕中西文化关系，先后出现过中体西用、全盘西化、中国本位文化等观点。贺麟批评这些观点，"似乎多基于以实用为目的的武断，而缺乏逻辑批评的功夫"[①]，致使当时的文化批评，"似乎大都陷于无指针、无准则，乏亲切兴味，既少实际效果，亦难于引导到深彻的哲学领域"[②]。面对这种状况，贺麟希望用"据界说以思想"、"依原则而认知"的逻辑方法——其中既有形式逻辑的成分，又有先验逻辑的成分，贺麟还加进去了黑格尔辩证法的成分——以弥补不足，改进文化批评现状。

大致说来，贺的本质批评法，要求在批评文化现象如观念、制度、器物时，"寻出其本身具有的意义，而指出其本质上的优点与缺点"[③]，探索认识文

---

① 贺麟.哲学与哲学史论文集[M].北京：商务印书馆，1990：343.

② 贺麟.五十年来的中国哲学[M].沈阳：辽宁教育出版社，1989：74.

③ 贺麟.哲学与哲学史论文集[M].北京：商务印书馆，1990：343.

化对象的内在规定性，并以此内在规定性为基础，对文化进行如实评价。由此，我们或许可以这样理解，本质批评法，是科学认识和价值评价之和，是对事实真理和价值真理之和、所以然和所当然之和的总认识和运用。就批评言，必抓住本质，才是真正的批评。表面现象的、粗浅外在的认识，和暂时的功利的评价，不是本质批评；即使排开价值评价的科学认识或排开科学认识的价值评价，也不能称为本质批评。另一方面，从本质说，一旦抓住了本质，则批评自在其中。离开批评，所谓本质只是死的形式，没有现实力量；离开本质，更无所谓批评。因为贺麟认为，本质即理，既有实在性，又有生机活力，包含最高价值准则在内，是价值本体或主体。用命题表示就是"心即理"。所以，从"新心学"整个思想体系看，本质批评，正是"心即理"本体论命题在文化主客关系中的具体表现，是由体到用的本体论方法的运用。

具体地看，本质批评法要求我们批评文化，"不从表面或枝节处立论"；"不从实用的观点去批评"。不能说我们对历史文化的理解运用不好，就认为它本身不好；也不能说我们对历史文化的理解和运用随历史条件改变而改变，便说历史文化本身的基本精神也在改变。贺麟所批评的这种常见说法，其理论依据是朴素实在论；这种观念有其日常经验上的合理性。贺麟"新心学"瞧不起这种缺乏理性批评、逻辑审查的实在论，是自然的。他又说，本质批评法，还要求我们不能局限于以经济状况生产方式的变迁，作为批评历史文化的根据或标准，因为在他看来，这只是一种外表的、重视外在环境的批评[①]；应该抓住历史文化的内在本质，进行触及血脉基因、发自精神深处的批评。这就是贺麟本质批评法的关键所在。

所谓文化本质，即文化之"体"。贺麟认为，批评文化，最重要在于"对于文化的体和用加以批评和研讨"[②]。关于文化的体和用，根据他理想主义的界定，"体"指文化精神，"用"指文化精神的显现。在贺麟看来，文化是宇宙世界的一部分，是人和自然关系的产物，是"经过人类精神陶铸过的自然"[③]。在文化、自然和宇宙本体"道"的关系中，"自然为文化之用，文化为

---

① 贺麟. 哲学与哲学史论文集 [M]. 北京：商务印书馆，1990：361-362.

② 贺麟. 哲学与哲学史论文集 [M]. 北京：商务印书馆，1990：344.

③ 贺麟. 哲学与哲学史论文集 [M]. 北京：商务印书馆，1990：348.

自然之体。文化为精神之用，精神为文化之体。精神为道之用，道为精神之体。"①"自然→文化→精神→道"，是由用到体的逻辑形式。其中，单独的"自然"，"只是纯用或纯材料而非体"，不能进展为文化；"道"若离开精神，也"只是纯体或纯范型而无用"，只是潜伏的可能、抽象的概念、先验的形式，不能实现为文化。只有精神，才是有体有用，"体用合一"的真实。

贺麟说，自然只是材料，"道只是本体，而精神乃是主体。文化乃是精神的产物，精神乃是文化真正的体。精神才是真正的神明之舍，精神才是具众理而应万事的主体"②。由此看来，精神是文化的本质，文化则是精神的表现。文化活动的核心是精神生活，精神生活表现于外，就是文化生活。每一个人的文化活动、文化创造，是个人精神的显现，每一时代每一民族的文化，则是其时代精神、民族精神的显现，整个世界的文化，则是世界精神的显现。

在此，贺麟将精神提到至关重要的地位。按他的意思，所谓精神生活，就是将蕴藏在人内心深处的法则，即理或道，发扬实现，提到意识的前面，成为人自觉的、具体的、活生生的真理。他写道："精神，就是心灵与真理的契合。换言之，精神就是指道或理之活动于内心而言。也可以说，精神就是为真理所鼓舞着的心。在这个意义上，精神也就是提高了、升华了洋溢着意义与价值的生命。"③用贺麟自己的哲学命题说，精神就是"心与理一"中的"心"，是现实的人心理活动所能达到的理想境界。他又说："精神亦即指真理之诚于中形于外，著于生活文教，蔚为潮流风气而言。简言之，精神就是具体化、实力化、社会化的真理。……根据这个说法，则精神在文化哲学中，便取得主要、主动、主宰的地位。"④精神不是和真理无关的，它就是具体的、现实的真理。"道"就是"宇宙人生的真理，万事万物的准则，亦即指真美善永恒价值而言"⑤。这里强调的不仅是精神和真理的统一，还可以看成是贺麟对陆王心学"心即理"命题进行的近现代改造性理解。由此可以说，贺麟极其

---

① 贺麟.哲学与哲学史论文集 [M].北京：商务印书馆，1990：347.

② 贺麟.哲学与哲学史论文集 [M].北京：商务印书馆，1990：349.

③ 贺麟.哲学与哲学史论文集 [M].北京：商务印书馆，1990：347.

④ 贺麟.哲学与哲学史论文集 [M].北京：商务印书馆，1990：349.

⑤ 贺麟.哲学与哲学史论文集 [M].北京：商务印书馆，1990：345.

重视文化精神，恰恰是"新心学"哲学的必然要求；因为"心即理""心与理一"正是"新心学"的核心命题。同时，他将精神理解为有"永恒"性的东西，将文化本质或文化的"体"理解成为绝对之物，正是其文化精神哲学的本体论断定。关于后一点，在贺麟讨论文化的体和用关系时，也表现了出来。

如前已述，贺麟认为，"自然→文化→精神→道"是由用到体的逻辑历程。据此，现实文化表现"道"或精神或多或少，也有不同。如"哲学追求价值的真理，科学追求自然的真理"，"哲学阐发关于宇宙人生之全体的真理，科学研究部分的真理。哲学寻求形而上的理则方面的真理，科学寻求形而下的事物方面的真理"①。这样，精神为哲学、科学之体，而哲学、科学为精神之用；哲学又为科学之体，科学又为哲学之用。同理，宗教、道德都是善的价值理念的表现，只是宗教重在调整天人关系，追求神圣至善，道德则调整人人关系，追求人本之善。因此道德为宗教之用，宗教为道德之体。艺术、技术又都是美的价值理念的表现，但技术实用，艺术超实用。艺术是美的精神生活的直接产物，而技术只是实用智慧的产物，是美的精神生活的间接产物。因此艺术是技术之体，技术为艺术之用。"至于政治、法律、实业、经济、军事等，距真美善之纯精神价值更远，乃科学道德技术之用，以科学道德技术为体，而直接以自然物质为用"②。这样，在精神和物质之间，文化作为中介，精神作为中心（体），形成不同等级层次的"相对性文化的体用观"。但在"相对性文化的体用观"之中，又蕴含了以精神为体，以物质为用的"绝对性体用观"。这些说法，都是抽象的，但又包含了要重视文化精神的地位和作用这一合理内核在内。

以文化的体用观为依据，贺麟提出了本质批评方法三原则：

其一，体用不可分离。如宋明理学，以理学为体，但也有其"科学之用"，有它对自然、人生、社会、历史种种事业的观察研究的基础。而西方文化，有其科学之用，也有其理想主义哲学之体，有其近代道德之用，也有其宗教精神之体。

其二，体用不可颠倒。体是本质、规范，用是表现、材料，不能相互颠

① 贺麟.哲学与哲学史论文集 [M].北京：商务印书馆，1990：349.
② 贺麟.哲学与哲学史论文集 [M].北京：商务印书馆，1990：349.

倒，而以体为用，以用为体。如哲学、艺术、宗教在西方文化中是科学技术道德之体，介绍到中国来，不会变成为中国文化之用，科学技术在西方居于用的地位，到中国也不会变成体。过去的中体西用、全盘西化诸说，错误根源就在于分离或颠倒了体用关系。体用颠倒，以形而下之用为体，则形而上之体隐而不显，容易陷入狭隘的理智主义、现实主义、科学主义、泛道德主义，从而缺乏有深刻理论基础的原则、规范、理性和理想；体用分离，认为用可离体而独存，体可离用而幽居，便陷于知性割裂，执着一偏，抽象独断。

其三，各部门文化有机统一于道或精神，所以相互间有"共通性"。进而可以说，一种部门文化，每每可以反映其他部门文化于自身内，以至反映整个民族精神、人类精神；一种民族文化、一个时代的文化也可以反映全人类文化精神。

根据以上原则，则所谓本质批评法，宗旨在于由文化现象揭示文化本质（体），或以本质统率文化现象（用），批评文化。贺麟所谓文化本质，指的是文化中隐藏着的抽象的精神或道，文化现象，指的是物质文化、制度文化和观念文化。在这样的体和用的界定下，强调体用不可颠倒，显然是形而上学主张；而体用不离以及各部门文化有机统一于道或精神二原则，则使这种形而上学可以在文化哲学中贯彻到底。而贺麟的这一认识，和他将文化之体看成永恒、绝对、必然、实在、范型等的形而上学思路有紧密联系。

不过，排除掉其中的形而上学因素，贺麟的"本质批评法"作为观察和评价文化的方法，仍有其合理内核。

同情地理解贺麟的文化本质批评方法，可以发现，本质批评，则现象、事实的分析研究评价也在其中，不是脱离客观事实的主观独断，也不是脱离丰富表现的内在直观，更不是排开科学研究的纯粹价值体验。它可以是对客观文化事实研究结果的进一步升华，是在科学研究成果基础上的内在价值体验。本质批评，包含了科学方法，但远不止于科学方法，科学方法只是"发现"文化本质历程中的一个环节、阶段。它要求我们认识文化，同时也认识自我，是"合内外"的；要求我们认识某种文化现象，要由表及里，抓住本质，统率现象，而且不局限于该文化现象，还要在各种文化现象的相互联系中，在文化和自然、文化和人的联系中，在宇宙全体中，认识该文化的本质，理解该文化在道或精神框架中的地位、价值和意义。不执着于现象，不拘禁于现象范围，眼界开阔，心胸宽广，"不为物役"。如果补之以实践的基础环节和检验标准，则本质批评法，便大有其合理内核。

其一，它启示我们，不能离开哲学谈文化，进行文化批评，必须在一定的世界观、方法论指导下进行；另一方面，不能离开人生谈文化，文化批评，必须以主体人的生存、发展、自由为中心，使文化成为有体有用的活的有机体，而不是死的材料或形式。

其二，批评文化必须抓住文化本质，而这个本质绝不能离开人，离开人的理想追求、努力奋斗的纯粹外在于主体的东西。文化就是人的产物，是人的本质的对象化。没有人的需要、实践、自由等内蕴其中的所谓研究，是不可能的，也抓不住文化的本质、历史的未来。至于贺麟强调从文化自身的本质谈文化，而不是从"实用"、枝节或表面处立论，要求有逻辑水平，无疑是正确的，也有科学性，理论很深刻。

其三，贺麟本质批评法三原则，要求抓本质而不离现象，要求在本质和现象的有机统一中认识世界，不能分割，不能颠倒，共同组成"逻辑心即理"所统率的世界。三原则，是"新心学"逻辑体系的文化哲学基础或应用，其中包含了丰富的辩证思维。

三、文化精神"发现"法

在贺麟看来，文化的本质，也就是文化精神，认识或理解文化精神，就是对文化精神的"发现"。贺麟说："五伦观念，是几千年来支配了我们中国人的道德生活的最有力量的传统观念之一……我们要从检讨这旧的传统观念，去发现最新的近代精神。"[①] 这里虽然只说到"传统观念"，但在贺麟那里，也可以代表传统文化甚至西方文化。贺的说法，似也可以理解为，我们要从古代文化中"发现"近代的文化精神，从西方文化中"发现"中华民族的文化精神。如果我们站在实证科学的角度看，就会产生这样一些疑问：古代文化

---

① 贺麟. 哲学与哲学史论文集 [M]. 北京：商务印书馆，1990：361.

有其自身的发展规律和时代精神，和近代文化的发展规律、时代精神并不等同，我们怎么能够从古代文化中"发现"近代精神呢？同理，西方文化也有其自身的历史发展规律和民族精神，和中国文化的历史发展规律、民族精神也并不等同，我们又如何能够从西方文化中发现中华民族的文化精神呢？

对这两个问题，贺麟的解答可以从两个方面看。一从"发现"的根据看，二从"发现"的办法看。从"发现"的根据说，贺麟认为，文化精神，"万古如斯"，永恒不易，而且不论中西古今，"心同理同"。文化精神，具有永恒性、普遍性、必然性和内在性。文化精神，也可以称为文化的本体或主体。在贺看来，认识或理解一种文化，关键就在于从内在比较中，认识文化的本质，体会到不同文化所共有的文化精神，抓住文化的体，才能开出文化的用，从而建设新文化。这就是他的内在比较方法和本质批评法所表达的中心思想。不容否认，贺麟的这一看法，比起那些只从枝节、表面现象、实用效果等方面来看文化，无疑是深刻的。但同样不容否认，试图用本体的文化精神来一劳永逸地解释、解决现象文化问题，还有许多话要说，但贺麟对此说得却很不够。这就使他的文化哲学在深刻的同时又不免抽象。

比如，文化精神的一和文化现象的多，如（中西古今文化不同）之间的矛盾，如何解释呢？对这一问题不能作圆满回答，则从古代文化"发现"近代精神的"发现"，将如风中芦苇，水上浮萍，显然不可靠。而要解答一多关系问题，仅仅依靠哲学上"绝对精神"辩证运动的抽象说法，固然可以思辨地解决问题，但如果不用经验科学的方法，在实事求是精神指导下，具体问题具体分析，通过具体分析、归纳古代和近代、中国和西方文化间的规律、特征，则文化的一多关系的说法仍是抽象无力的。

事实上，贺本人当时也没有用力对中西古今文化进行科学的研究，而是专力于哲学的批评。加之科学从西方传入中国时间不长，即使从"五四"算起，到贺麟时也不到半个世纪，国人对科学不熟悉，提倡用科学方法研究文化的学者也有，如在20世纪30年代黄凌霜就倡导建立文化学体系，用科学方法研究文化，为建立三民主义新科学文化服务。[1]但取得的成就，还不足以解

---

① 阮青撰.黄凌霜[M]//李振霞，傅云龙.中国现代哲学人物评传：下卷.北京：中共中央党校出版社，1991：264-265.

决中西古今这样宏大的问题。由此，我们似乎可以说，贺麟文化精神"发现"法的根据，只是逻辑思辨的说法，缺乏经验科学的足够支持，还具有一定形而上学色彩。

现在，我们从"发现"的方法看，贺麟如何从古代文化中发现近代精神，又从西方文化中发现中华精神。他说：

从旧的里面去发现新的，这就叫做推陈出新。必定要有旧中之新，有历史渊源的新，才是真正的新。①

我们只能用反省的方法去回思那已所固有的。我们只能用体验的方法去察那物我同然的。我们只能用新的理论去说明它，新的经验去证实它，新的系统去贯彻它，新的问题去盘诘它，新的观点去发挥它。②

可见，"发现"包括反思、体验的认识方法，也包括说明、证实的理解方法，还包括贯彻、盘诘、发挥的实践方法；是知行合一、知识与价值合一的方法，同时又是主体对待文化的一种态度。这种方法和态度，贺麟又称之为"同情的了解"。另一方面也要注意，就认识、理解方法看，反思与体验偏向于直觉方法，说明与证实偏向于逻辑方法；合而言之，"发现"方法正是贺麟"新心学"逻辑的直觉方法的应用。

同情的了解，又称为同情的理解。贺麟在《当代中国哲学》"原序"中说，要有理性，有证据，公正客观地批评一个人的思想、一个时代或一个民族的文化，必须先有"同情的了解、客观的欣赏、善意的批评等"。在该书中，贺麟还说："只要本于客观的研究、同情的了解，对于思想文化等自能作公正的批评。"③贺麟用同情的了解批评西方近代功利主义，认为它在理论上确不免有许多困难，"但若加以正当的同情的了解，从社会和时代的需要来看，它也确有不少的优点"④。他又评杨朱、墨翟说，若用同情的了解方法看，"对于为我

① 贺麟.哲学与哲学史论文集[M].北京：商务印书馆，1990：361.
② 贺麟.哲学与哲学史论文集[M].北京：商务印书馆，1990：125.
③ 贺麟.五十年来的中国哲学·原序[M].沈阳：辽宁教育出版社1989：62.
④ 贺麟.文化与人生[M].北京：商务印书馆，1988：210–211.

的杨朱和兼爱的墨翟，我们似乎都应予以相当的谅解和嘉许"，而不应只见其不足，而全盘否定，失于"太苛太狭"①。

由此，或可以说，贺"同情的了解"法，作为认识方法，也就是全面地、联系地、发展地看问题，是实事求是的科学认识，同时又包含了认识者的价值选择、价值评价、价值理想追求在内，对认识对象、评价对象、实践对象带有"温情"与"敬意"②。文化和自然不同，它是人的活动和产物，是人的本质的对象化；而人与人有共性，古人今人，国人洋人都有其共性。人之对待文化，应如母亲之待儿子。在认识上要全面深刻，实事求是，批评时则要善意嘉许，重其长处，发展地看，重其未来，"乐道人之善"，在真与善、主体与客体的有机统一中看问题。"谅解"其不足，"嘉许"其长处，着重发掘其优点、积极部分，让对象自己发言，自己展示风采，自己暴露不足，从而扬弃自我，向理想迈去。

不过，在贺麟那里，人们之所以能同情了解文化，实在是因为同情了解的主体，不只是心理的经验的主体，而且是逻辑主体。文化之所以有生命活力，能发展，实因为逻辑主体有保持和扩散自己的功能，尤其表现为认识、建立世界的功能。从这点上说，贺麟同情的了解，只不过是逻辑主体自我同情、自我了解的表现。这说明，同情的了解方法，在贺麟那里，只是他先验主体论在方法上的具体表现。

归纳起来，贺麟同情的了解方法的具体内容，或可这样描述：

其一，虚心：抛弃主观成见，忘怀自我。切忌心浮气躁，欲速助长。故虚心非消除"先见"，使人心成为"白板"，相反，正要先立大本、树大志，去除小我之私，冲破私虑营为的缠缚，摆脱主观意见的干扰，使吾心即是宇宙，宇宙便是吾心，卓然自立，自做主宰，尔后虚心，才有可能。肚腹空空，只剩本能冲动，不是虚心。

其二，投入：设身处地，投入认识对象之中，深入文化的内在本质或命脉，沉潜浸润其中。不是从外表去做粗疏描写与概观，也非"三过其门而不入"，站在外面旁观，冷冰冰说些闲言碎语。

① 贺麟.文化与人生[M].北京：商务印书馆，1988：202.
② 钱穆.国史大纲：上册[M].北京：商务印书馆，1994.

其三，共变：投入认识对象之中，与物共变。用一番心情，费一番神思，以审美、艺术的态度，切己体察，优游玩索，神游冥想，虚心涵泳，领会欣赏其意义与价值。结果，同情了解的主体将感受到认识对象之可乐、可好、可爱。

其四，超出：理会反省结果，取精用宏，含英咀华，得其真意，同时也得以发挥自己的心得。如是循序渐进，一旦豁然贯通，终于觉悟：理不在心外，实本心自足，"不假外求"，从而实现主体的自觉、自主、自由。①

可见，同情的了解方法，既是认识方法，又是"涵养工夫"，是知行合一②、主客合一之法。从主客合一说，在"虚心""投入"阶段，逻辑主体把认识对象"接受在自身之内"，从而扬弃了自己"片面的主观性"，"把那真实有效的客观性，用来充实自身内容"；而在"共变"和"超出"阶段，则逻辑主体又扬弃了认识对象的片面的客观性，把认识对象"当作假象"，"当作一堆偶然的事实和虚幻的形态"，并凭借主体的能动力量，去规定认识对象，使它符合主体的要求。这样，在同情的了解过程中，主体和客体"互为凭借，互为扬弃"，从而达到主客统一。贺麟说，扬弃主观片面性，表明了认识真理活动的本身，扬弃客观的片面性，则是"意识实现的本能，代表理念的实践活动"③。列宁在《哲学笔记》中曾对这个说法予以赞扬，说"非常之好"④。同情的了解法抽象地揭示了主体扬弃客体，推动历史发展的逻辑环节，其中包含了合理内核。

在中国现代学术史上，同情的了解是一种有较大影响的诠释方法。据笔者所见，将"同情的了解"当作方法，最早似乎是陈寅恪先生。陈先生在冯友兰著《中国哲学史》审查报告中，提出要"同情的了解"历史文化。他说："所谓真了解者，必神游冥想，与立说之古人处于同一之境界，而对其持论所以不得不如此之苦心，表一种之同情，始能批判其是非得失，而无隔阂肤廓之论。"⑤ 在陈先生那里，"同情的了解"既是对待历史文化的态度，更是研究

---

① 贺麟.文化与人生 [M].北京：商务印书馆，1988：178，180；贺麟.黑格尔哲学讲演集 [M].上海：上海人民出版社，1986：198；贺麟.现代西方哲学讲演集 [M].上海：上海人民出版社，1984：15.

② 贺麟.文化与人生 [M].北京：商务印书馆，1988：260.

③ 贺麟.黑格尔哲学讲演集 [M].上海：上海人民出版社，1986：363.

④ 列宁.哲学笔记 [M].北京：人民出版社，1957：224.

⑤ 陈寅恪.金明馆丛稿二编 [M].上海：上海古籍出版社，1982：247.

历史文化的方法。作为方法，要求"设身处地"，深入其中，像艺术家欣赏艺术品，体会古人真意，从而了解历史真相。

不过，陈先生是否将"同情的了解"当作解释文化、体验人生、理解世界的一般方法，还值得研究。单从史学角度看，何兆武先生推测，陈氏留学德国多年，与德国从新康德派至迈纳克的历史主义当有关系。历史主义派认为，真正理解历史必超出单纯的科学因果律，而对前言往事达到一种"同情的掌握"，"对于材料有一种活生生的乐趣"。[①]据此，他们的旨趣和陈寅恪"同情的了解"历史文化，确有相似处，对"同情的了解"方法的西学渊源，值得进一步研究。

值得注意的是，在陈先生之后，熊十力、马一浮、冯友兰、钱穆、汤用彤、贺麟等学者，以迄于当代海外一些学者，均十分强调运用"同情的了解"方法来诠释中西文化。如1958年，牟宗三、唐君毅等学者发表《为中国文化敬告世界人士宣言》，明确提出要带着"同情与敬意"，将中国文化当作是"连续不断的一活的客观的精神生命之表现"，以此为前提，再运用我们的认知"智慧"，以求得"客观的意义"，获得"真实的了解"[②]。

作为一种较大影响的文化理解方法，"同情的了解"和西方诠释学的关系，和中国传统经典诠释"述而不作"的关系，都值得进一步研究。较之同时代的学者，贺麟的同情的了解方法也有自己的鲜明特点。

首先，在同情了解的对象上，贺麟同情了解的对象范围广、层次高。它的范围，既包括历史、文化，也包括自然、宇宙，不仅指社会人生，也指观念、精神，不只同情了解大化流行、万事万物，更要同情理解绝对精神、宇宙生命，可谓无所不包，靡有遗漏。因为"同情的了解"方法，在本质上就是逻辑主体建立、凭借外物以使自己同情的了解自身，是本体的逻辑心运动历程的抽象概括。这就超越了一些古人的家法、师门、学派等意识，而能对整个世界予以同情的了解。

其次，贺麟的"同情的了解"方法，又是他"发现"文化精神，探究文化本质历程中的一个环节，是他文化哲学"本质批评法"的中间阶段，是他

---

① 何兆武. 历史理性批判散论 [M]. 长沙：湖南教育出版社，1994：28.

② 封祖盛. 当代新儒家 [M]. 北京：生活·读书·新知三联书店，1989：8–9.

心学方法论的具体化，所以，它具有十分突出的辩证性和先验性。

再次，贺麟的"同情的了解"方法，又是理解方法的前提，或者说是他的理解方法不可缺少一部分，是他"新心学"文化诠释学的基本方法。根据对象的不同层次，贺麟所谓"理解"有两种：一是对物如时空、自然、宇宙、万物、人生历程等的理解；二是对天理、本心、上帝的理解。[①] 同情的了解，是贺麟理解方法的具体化。

从中国现代文化史看，文化生活、文化活动是文化哲学产生的现实基础和实践源泉。同情的了解方法，就产生于传统文化现代化和西方文化中国化的历史过程中，所以，谈同情的了解文化，不能完全脱离其存在基础和源泉，必须确立理性的文化实践活动的基础性、标准性地位。否则，温情或成狂热，敬意或成崇拜，同情也可能滑向非理性以至反理性，而所谓理智、理性，也将成为各逞私智的主观意见的掩饰，客观地了解将不可能进行。因此，在这里，必须坚持实践标准，历史地、科学地对待传统文化和西方文化。这也是对中国现代文化历史的经验总结。

至于"发现"，历史科学也讲发现，但它要求在古代去发现古代的规律，在近代去发现近代规律。所发现的规律，也不是如同贺麟所谓文化精神，具有先于且高于具体的历史文化过程的地位；相反，只有先有了历史过程，才会有相应的历史规律、文化精神。文化精神，只存在于具体的文化历史过程中；具体地分析具体的问题，这是历史科学的态度。贺麟要求到古代文化中去发现近代精神，在西方文化中去发现中华民族精神，不是或不单是通常所谓历史科学方法，而尤其是他"新心学"指导下的文化哲学追求、文化哲学方法。用他的方法所发现的文化精神，也不只是、不主要是文化历史发展规律，而尤其是包含了历史文化的内在规定性在内，又包含了历史文化主体在内的"内在尺度"，是主客体在真、善、美统一基础上的统一过程，它是合情合理而又尽善尽美的。

毫无疑问，贺麟的文化哲学是理想主义的，他的内在比较、本质批评、同情了解都是他逻辑心的展开；而他的逻辑心，则是一种深藏于人们心灵深

---

① 贺麟. 文化与人生 [M]. 北京：商务印书馆，1988：210–211，202；贺麟. 哲学与哲学史论文集 [M]. 北京：商务印书馆，1990：417，131，197。

处的、人人生而固有的良知良能。其中是包含了合理内核的。他重视文化历史主体，强调古今文化的连续性和中西文化之间的共性，以追求中国文化的现代化，足以给我们以启示。

或许我们可以说，有了这个方法的连接，遥遥疏远的历史文化，和我们今天的历史生动地、有机地联系在一起，古老的传统文化变得生动活泼、刚健有为，具有了近代、现代气息。传统文化，不再是死的文物，而是活的灵魂。贺麟站在哲学高度，追求传统文化现代化的苦心孤诣，令人赞赏；而他的文化哲学所体现的理论思维水平，在现代也是很高的，值得我们予以充分重视；他到古代去发现近代精神，多有足以启发我们思考处。因为文化正是在历史过程中一点一滴积累起来的，近代文化是古代文化的传承发展，近代精神也不能完全脱离古代精神而突然生长出来，中华民族精神也是在中外文化相互影响中逐渐形成的，也不能从外国全盘引入。近代精神是古代精神的源泉一滴滴积累起来的长河，民族精神也是外来文化精神逐渐影响交融而形成的。正如一位老年学者在青年时就立定了规模格局象一样，近代精神在古代也已预先打下了烙印，铸造了规范，具有了特色，"先立了大本"，外来文化只是充实其内容，坚定其理想，为其所利用而已。古代精神，是近代精神的青年时代。到古代文化中，也许确实能客观地发现近代精神的许多内容。因为无论古代文化还是近代文化以及近代精神、民族精神，都是历史文化主体所创造出来的，是人在创造性实践活动中展示出来的东西，是人所固有的内在本质，通过实践活动而被对象化了，以致显得是外在于人的对立物。从这个角度说，人们在实践中去发现文化精神，无论是时间的古与今，还是空间的中与西，都有其共同性，即都是人的自我发现；一旦发现了自我，人的本质在历史过程中愈能趋向于建立或实现。人愈益逼近自由，则人的本质便愈益实现，人愈益成为统一的人。这时，说人的本质、精神超时空，也未尝不可。总之，离开自我，没有人这个主体，文化哲学方法将不可能。具有鲜明的主体性，正是贺麟文化哲学的总特征。这一点也启示我们，在具体问题具体分析的科学态度、科学方法基础上，努力弘扬人的主体性，强调方法论中的主体地位，追求人性一以贯之的自觉和实现，也仍然是后来人的努力方向。

四、理想解释法

贺麟文化哲学方法中，上述三种方法紧密联系，可以互相解释，其实是三位一体的，所谓内在比较，其实质就是本质的、文化精神的比较，而不只是历史的比较，而本质批评，也可以称为内在的、文化精神的批评，至于文化精神的发现，当然也可以叫做内在本质的发现。其形而上学的色彩无疑是非常浓厚的。将这种方法运用来理解文化，又体现出理想主义特征。这就是贺麟所谓的理想解释法。

贺麟"新心学"最突出的特征，就是辩证的理想主义，而理想解释法，则集中地体现了这一特征。他认为，理想和现实之间的关系，是体用合一的关系，理想是体，现实是用。他说：

> 理想是陶铸现实的模型，是创造现实的图案，是建立现实的设计；现实是理想的材料，是理想实现自己的工具。现实是被动的、受支配的；理想是主动的、支配的……理想为主，现实为从，理想为体，现实为用。[①]

在贺麟看来，理想是人的本质的现实表现，所以，理想能够在支配、征服、超越现实的基础上，实现和现实的统一。但这种统一，又"不是唾手可得，不劳而获的，（而是）需要长时间的修养，精神上的努力，才可以达到的这一种境界"[②]。努力达到这种境界的征途，是漫长的，必须经历这样几个环节。

首先，人必须先有个理想。他说："必先有了解或征服自然的理想，然后方发生了解或征服自然的事实；先有改良社会的理想，然后吾人方特别注意于社会事实之观察与改造。吾人理想愈真切，则对于事实之认识亦更精细……必须有理想，方可感得现实之不满，而设法改造现实。"[③] 显然，理想，是理想和现实统一的出发点。

其次，理想必须现实化。贺麟说，"单重应该，便不完成，理想还没有力

---

① 贺麟. 文化与人生 [M]. 北京：商务印书馆，1988：104.

② 贺麟. 文化与人生 [M]. 北京：商务印书馆，1988：104.

③ 贺麟. 哲学与哲学史论文集 [M]. 北京：商务印书馆，1990：135.

量"①，还空洞缥缈，必须用现实来让理想"成型"②。在贺麟那里，理想现实化，也就是让主体抽象的理想丰富以具体的内容，深入现实，经受现实的考验，在统一现实中显示出力量。具体到个人身上说，一个人的理想必须具体化为他自己人生的目的、人的责任和义务、人的使命等。

最后，现实又必须理想化，实现现实向理想的回归。贺麟说："现实太秽浊浅近，太没有意义了，要用理想来把它加以净化。"③ 又说："就是人格和精神，如果老是在现实束缚里面斤斤计较，也是绝对没有自由洒脱可言的。"④ 现实理想化，在主体那里，有知和行两个方面。在行的方面，就是要用理想"反抗现实"，用人的使命来落实理想，在知的方面，就是理想解释法。

由此可见，理想解释法，既是贺麟文化哲学方法的具体化，也是他理想主义特征在方法上的集中体现。换言之，理想解释法，不仅是理解文化的方法，也是贺麟观察历史，了解社会，体验人生的一般态度和方法。那么，什么是理想解释法呢？贺麟写道：

我们须要以理想去解释现实。对于现实的事物，尽量加以最好的解释，对于他人行为的动机，表示最大的同情。浅近一点说，这种看法，是以"君子之心度小人之腹"。小人之腹所有的，也许是利害卑鄙诡诈的东西，君子好像不知道他的动机之坏，反而加以理想的善意解释，始终以君子的态度对待他，久而久之，小人也许不知不觉地受君子的感化，这就是以理想转化现实，改造现实的一种收获。⑤

"尽量加以最好的解释"，"加以理想的善意的解释"，就是要求我们在认识或对待文化、人或物时，要抓住其内在本质。而其本质，或显露，或潜藏，有隐晦不同，但都是它运动的理想，发展的目标。在现实中，它必然通过积

---

① 贺麟. 黑格尔哲学讲演集 [M]. 上海：上海人民出版社，1986：202–203.

② 贺麟. 现代西方哲学讲演集 [M]. 上海：上海人民出版社，1984：132.

③ 贺麟. 现代西方哲学讲演集 [M]. 上海：上海人民出版社，1984：132.

④ 贺麟. 现代西方哲学讲演集 [M]. 上海：上海人民出版社，1984：135.

⑤ 贺麟. 文化与人生 [M]. 北京：商务印书馆，1988：104.

极因素——能克服并转化消极因素的积极因素，表现出来。我们以理想解释文化，也就要着重抓住其积极的、好的、有发展前途的方面，作为认识的根本、批评的根据。譬如，对于人生、国家的灾难祸殃、困苦颠连，对于传统文化面对西方文化的挑战所面临的困境，运用理想解释，就要本着"多难兴邦"、否极泰来的原则，抱乐观态度，相信真正的主体，必能克服现实的困难，实现自己的使命。

理想解释法，是理解文化的方法，又是对待文化的态度；它是一种悲悯为怀，民胞物与的理想主义态度。这种态度，和儒家"乐道人之善""成人之美"的人生态度一脉相承，而又突出了先立大本的主体性。它首先要求理想解释者有气魄、胆识、决心与毅力，有对理想的执着追求，有坚定不移而又合乎理性、人情、时代的信念，有追求实践信念、实现理想的能力。从信念上说，尤其要坚信人性本善，人皆有"最崇高、最纯洁、最普遍"的爱或仁爱，或者说是同情心、恻隐之心[①]，也可说是普爱的心灵。他说："无论人类如何坏，民胞物与的仁心，多少总是有一些种子的。"[②]还要求主体坚信宇宙万物之中，有绝对真理在，真、善、美皆在其中，它有现实的力量，终将实现自己于现实面前。一个人如用同情的了解、理想的解释，来观察人生、欣赏自然、理解文化，自然可以如周茂叔般，发现"堂前春草，生意一般"，如程明道般，体验到"四时佳兴与人同"的真意，也才可能"见得天下都是好人，存一番熏陶玉成之心"[③]。

下面我们以贺麟评价传统儒学"三纲"说为例，看看他是如何运用理想解释法的。贺麟认为，三纲说是五伦观念最基本、最核心的意义，是五伦观念最高最后的发展，是适应西汉伟大帝国政治需要而产生的礼教核心。五四新文化运动中，"打倒孔家店"的革命矛头，主要指向的就是三纲说。在民主、科学的标准面前，三纲说无疑成为"吃人"的恶魔，是糟粕。在这种情况下，贺麟提出对三纲说进行再认识、再评价，也无疑是特立独行，令人侧目的。

贺麟说，三纲说既是符合历史需要应运而生，则必有其"产生之必然性

---

① 贺麟.文化与人生[M].北京：商务印书馆，1988：110.

② 贺麟.文化与人生[M].北京：商务印书馆，1988：68.

③ 贺麟.文化与人生[M].北京：商务印书馆，1988：105.

及其真意义所在"。我们应当"用哲学的观点，站在客观的文化史思想史的立场"，以理想解释法探明其"真意义"；另外，还要"取批评修正或重新解释的态度"，"一种勿囿于成见的虚怀态度，加以明白的承受，合理的解释"[①]，而不应站在某一时势的立场去攻击三纲说，说它如何束缚个性，阻碍进步，不合时代、情理等，这样将流于粗疏，陷于偏窒，不能得中道。

用理想解释法看待三纲说，归纳起来，有这样几点。第一，用历史科学方法探明其产生、发展、演变的必然性。贺麟主要谈到了三纲说产生的历史必然性。第二，用逻辑方法辨明其"真意义"。这种逻辑实质上以贺麟"新心学"逻辑为代表。第三，虚怀理解其真意义，明白承受其真精神。由此可见，理想解释法，应该包含一定的科学方法在内，但在具体运用中，这种科学方法是否获得充分运用，所用的科学方法本身是否足够"科学"，以及科学方法在理想解释中是否真正占有基础性地位，却势必受到历史条件的制约，难免会成为问题。如果这一点处理不好，人们从科学角度对理想解释法得出的结论产生疑问，进而甚至对理想解释法身产生疑问，也是有可能的。

贺麟的三纲说中，从历史科学角度探讨三纲说的历史必然性不够。事实上，他只谈到三纲说产生的政治方面的因素，其它方面的因素未涉及，发展演变的情况未涉及。这和当时中国史学界对"三纲"问题的研究不够极有关系，不能苛求贺麟。但由此也可看出，理想解释法中的科学方法的地位，在三纲说的解释中，还比较弱势。

于是，剩下的工作就是用逻辑方法辨明"真意义"而后虚怀承受之，这也是贺"新心学"作为哲学的特征和优势所在。贺麟发现，三纲说中实际上包括两个部分，应予分开：一是其外在躯壳，即礼教，在历史上它"曾桎梏人心，束缚个性，妨碍进步，有数千年之久"，这无疑要批判抛弃。二是其"真意义"，其"纯理论基础"，在历史上也"只有极少数的儒家的思想政治家才有所发挥表现"。对其"真意义"，应该虚怀承受。贺麟明确写道：

现在已不是消极的破坏攻击三纲说的死躯壳的时候，而是积极的把握住三纲说的真义，加以新的解释去发挥，以建设新的行为规范和准则

---

① 贺麟. 文化与人生 [M]. 北京：商务印书馆，1988：215.

的时期了。……

现在的问题是如何从旧礼教的破瓦颓垣里，去寻找不可毁坏的永恒的基石。在这基石上，重新建立起新人生新社会的行为的规范和准则。[①]

可见，理想解释法在现实运用中，就表现为用建设性态度理解、评价、扬弃传统文化。贺麟的这一追求，从我们现代化建设角度看，我认为可以理解，有现实的积极意义。如果充分重视理想解释法中的科学方法环节，理想解释法也将具有科学性。

贺麟用逻辑方法辨明三纲说的"真意义"，发现三纲说强调"绝对之爱、片面之爱"，"要求关系者一方绝对遵守其位分，实行片面的爱，履行片面的义务。……要求君不君，臣不可以不臣，父不父，子不可以不子，夫不夫，妇不可以不妇。换言之，三纲说要求臣、子、父尽片面的忠、孝、贞的绝对义务，以免于相对的、循环报复，给价还价的不稳定关系之中"。这时，"位分"如忠、孝、贞等，就成为"理想上的常久关系的规范"，即常德。既是常德，则有永恒性，绝对性，"不论对方生死离合，不管对方的智愚贤不肖，我总是应绝对守我自己的位分，履行我自己的常德，尽其我自己片面应尽的义务。不随环境而变节，不随对方为转移，以奠定维系人伦的基础，稳定社会的纲常。这就是三纲说所提出来的绝对要求。"[②]常德，是"行为所止的极限"，便是柏拉图的理念、范型，是康德的道德律、无上命令，不管一切经验中的偶然情形，而加以绝对的遵守奉行，尽绝对片面的纯义务。

正因为三纲说将五伦关系中人对人的关系，转化提升为"人对理，人对位分，人对常德的片面的绝对的关系，故三纲说当然比五伦说来得深刻而有力量"，足以成为"神圣不可侵犯的有宗教意味的礼教"，"规范全国家全民族的共同信条"。

在贺麟那里，常德，即是理念、范型、位分等规范，是天理良心、逻辑心的表现。人成为人，要参加实践，实现自我价值，必须遵循这些规范。君臣关系也是如此。臣之为臣，遵守臣道，必先有二：臣要努力做一个真正的

---

① 贺麟.哲学与哲学史论文集[M].北京：商务印书馆，1990：370，372.

② 贺麟.哲学与哲学史论文集[M].北京：商务印书馆，1990：369.

好臣，追求实现臣的理念、本质；臣事君以忠，臣也必知忠君本是为臣的内容，是臣的理念、本质所固有的。可见，臣要为臣，必须两者合并修养，不能偏废。为君也如此。也要知道一方面君要努力遵守君道，做一个合格的、像样的君，直到成为理想的圣君，接近君的理念；另一方面，更要知道君使臣以礼，"礼臣"本为君的固有内容。两者合并修养，"君君"而已。故臣之为臣，不以君之君或不君为条件，君之为君，也不以臣之为臣或不臣为条件。君臣各有理念的君、臣存在，作为其本原、依据和理想。其他伦理关系如父子、夫妇等，也如此。即使在为人上看，也如此。为人应尽职责，努力实现自己的使命，并不以他人如何、环境怎样为转移；只要自己努力，执着追求理想，逼近"人"的理念、范型，即可。

贺麟在这里将道德关系的对待性质，提升为宗教关系的绝对性质，以此来高扬人的主体性，强调主体能动性的决定性作用，是显然的。他通过三纲说的解释，发掘出道德主体内在的宗教精神基础，真是深刻而促人警醒。

台湾学者韦政通赞赏说，贺麟用理想解释法，对三纲的精神做了"颇富创意的阐释"。他的文章写于抗战期间，距今大约已40年左右，在今天看来，他所标示的主旨，无论是当作工作的目标，或是方法的提示，仍然有新鲜之感，一点也不过时，现在我们仍然在朝着这个目标努力。[①]另一方面，韦氏又说："把常德解释为柏拉图的理念或范型，是一种很有意义的理解……问题是三纲伦理一旦受到启蒙运动（重理性重自由）的洗礼，是否仍能保持它的权威性呢？事实上绝不能。"[②]

西方的理性、自由观念，五四新文化运动提供的民主、科学精神，都对贺麟有深入影响，这没有疑问。但贺麟对五四运动的民主精神、科学精神有继承，对西方的理性、自由有吸收，不是简单地拿来了事，而是在"新心学"指导下进行了创造性发挥。贺麟的文化哲学，正是西方的理性、自由、科学、民主等和中国儒家三纲说中包含的宗教精神的某种统一。对这种中西融合、古今贯通式的统一，韦政通说"事实上绝不能"，贺麟则正要从理论上求证其可能。

同时，也必须注意到，贺麟理解"三纲"，是站在"新心学"文化哲学角

①　韦政通.伦理思想的突破 [M].成都：四川人民出版社，1988：15，12.
②　韦政通.伦理思想的突破 [M].成都：四川人民出版社，1988：16.

度，而不是政治科学角度，所以，有不甚具体处。譬如，君不君，则臣不可不臣，不可不如臣的理念所要求的那样去忠君，而且所忠之君也是君的理念。但应如何"忠"法，却值得探讨。盲目愚忠肯定不符合理念要求，也不符合人的理性精神和自由理想。

君既不君，不符合君的理念，则在君那里，只剩下"君"理念的空壳，而非君的事实。按理想现实化、现实理想化相结合原则，则臣之为臣忠君，有二途径：

第一，按臣之理念，循忠之规范，使不君之君为君，如教化、劝谏等，是历史上的儒者常常实行的办法。不足在于，在君主专制下，缺乏有效的制约规范和力量，天理的威力因之难以尽显，儒者对此也无可奈何。为此，贺麟强调个性解放、社会公利、民主制度的重要性，并引入力量概念，认为天理是有力量的，天理必须和现实的力量结合，才有威力。[①] 可见，不能简单地把贺麟对三纲说的解释误会为他在为封建专制进行辩护。因为总的看来，不仅三纲说不等于封建专制，而且在贺麟那里，这还只是第一步。

第二，按君之理念，以较符合君的理念的人为君，这就是革命。如汤、武革命，孟子即颇为赞赏。后来改朝换代，君主常换，君命常革，几千年间，不知凡几。君主的理念，由此而逐步地慢慢地实现着。君主理念，固然为君主所潜在固有，但不为某一君之所专有，也为臣所潜在固有。只看后天修养和相关条件如何而已。对于陈涉"王侯将相，宁有种乎"的说法，贺麟是赞成的，他也赞成革命，支持辛亥革命、北伐战争等。他甚至将"革命先行者"孙中山树立为"新心学"理想人格。

上述二途，都是臣忠君的理念的表现，但毕竟也有改良与革命的区别。而且，在臣忠君的理念的实践过程中，除臣的"理念"意识外，相应的配套的政治制度建设、政治行为方式等，也颇值得关注。另外，贺麟没有来得及从政治学角度，对这些问题进行具体的科学探讨。这足以见得，在具体的学科方法应用中，贺麟的理想解释法还大有潜力可挖。

---

① 贺麟. 文化与人生 [M]. 北京：商务印书馆，1988：190.

蒙文通的思想史研究方法 ①

蒙文通未曾留学西洋，他的学问路径全是我国传统经学、史学、子学的路径，但其思想方法，却与唯物史观提倡的思想史和社会史结合的方法若合符节。这说明我国传统的思想方法和现代的科学方法之间，并非像有些人理解的那样截然对立。思想方法只是人类文明的一部分，它反映了人类理性认识的某些共性。作为人类文明的一部分，各民族文化，各时代的文化，虽然各有特点，但也同时有内在的历史联系。比如，大家都要组成社会，都依靠劳动创造财富，所以，即使处于不同的历史条件、生产方式条件下，也会有共同的问题意识、共同的思路，甚或有许多共识。正如我国古人所言，前圣后圣，中圣西圣，心同理同。这些共性因素，不仅是各个时代思想方法一脉相承、或不同民族思想方法一以贯之的基础，而且还是我们今天构建人类命运共同体的基础，所以需要我们进行科学研究，大力发掘、弘扬。

20世纪用唯物史观研究思想史，形成了思潮，并取得了巨大学术成就，如郭沫若著《十批判书》《青铜时代》，如侯外庐主编的《中国思想通史》《宋明理学史》等都是代表作，其基本方法就是思想史和社会史相结合。改革开放以后，学人们逐步将社会史理解为文明史，思想史与文明史结合就成为重要方法。不为人们注意的是，有这样一些学者，虽然没有直接应用唯物史观

① 本文以《论蒙文通的思想史研究方法》为名，原发表于《宜宾学院学报》2017年第10期。收入本书时，内容有增补、修改。

研究思想史，但却早已走上了思想史和文明史相结合的治学道路，蒙文通就是代表。

蒙文通，名尔达，字文通。1894年出生于四川省盐亭县。1911年入四川存古学堂，向廖平、刘师培问学。1927年开始，先后任教于成都大学、成都师范大学、四川大学、中央大学、河南大学、北京大学、河北女子师范学院等，抗战间，任四川大学、东北大学、华西大学教授，兼任四川省图书馆馆长。1949年后，任华西大学、四川大学教授，兼中国科学院历史所第一所研究员、学术委员。

蒙默师谓蒙先生治学，"自经学入，进而史学，而宋明理学、先秦诸子、释道二藏，而古民族、古水地"①。蒙先生从一开始即认识到近三百年学术史研究重心，"全是复古运动"，由王学而朱学，自宋儒而晋唐、而东汉、而西汉，他于是"进一步更求周秦"②。经过潜心研究，他提出上古居民分北（河洛）、东（海岱）、南（江汉）三个集团，文化上也分北（秦晋）、东（齐鲁）、南（吴楚、巴蜀）三系，学术上有北（三晋古史，《韩非子》《竹书纪年》为代表），东（孔、墨、六经所传古史为代表），南（老、庄、《楚辞》《山海经》所传古史为代表）三派，进而对思想、学术、民族、宗教、政治、商业、农业、制度、人口、地理、气候、水利、交通以及地方史等，进行了全面研究，且会通为一，成一家言，在当时学界影响很大。综其一生，学术论域遍及诸子百家、儒释道三教、经史子集，以及制度损益、政治实践、经济生产、军事用兵等，"在整个学术各方面都卓然有所建树而构成一个整体"③，会归于以孔学为代表的大中至正之儒学④。蒙先生着意于经史之学，"求家法，考遗说，辑佚、校勘"⑤，在此基础上阐明"内圣外王之大道、民族文化义蕴"，允为20世纪中

---

① 蒙默.蒙文通全集[M].成都：巴蜀书社，2015：1.

② 蒙文通.一 绪论[M]//蒙默.蒙文通全集：一 经学抉原.成都：巴蜀书社，2015：194—195.

③ 蒙文通.治学杂语[M]//蒙默.蒙文通全集：六 甄微别集.成都：巴蜀书社，2015：4.

④ 如孔孟学说就是他研究儒学史的评价标准。比较不同历史阶段而有主线、有正宗。他将周秦和宋明比较，而以周秦为主为正。他说，自己研究儒学，"诚于宋、明之说，取其阐明孔、孟者，而置其不本于孔、孟者，以宋、明周周、秦，以周、秦正宋、明，庶可为善学周、秦，善学宋、明者也"。（蒙文通儒家哲学思想之发展[M]//蒙默.蒙文通全集：一 儒学甄微.成都：巴蜀书社，2015：55.）

⑤ 蒙文通.治学杂语[M]//蒙默.蒙文通全集：六 甄微别集.成都：巴蜀书社，2015：38.

华国学之"大家"①。

今巴蜀书社出版有《蒙文通全集》六册。其中《儒学五论》为蒙先生四五十岁间所作，并自编、自校、自跋，"每篇皆数经改作，历时近十载"，排版后又作《题辞》和《跋》，并屡有修改。反复修订而"不惮烦"，可谓蒙先生自己最看重的代表作。本文以此为代表，结合蒙先生的其他著述，讨论其学术思想史方法，认为蒙先生的思想史研究方法以我国文化传统中的中道思维为核心，展开为思想史和文明史结合，哲学和史学结合、逻辑与历史统一，站在人民群众立场、同情理解历史上的思想文化，发掘和弘扬中华优秀文化、树立国人民族文化自信等内容，反映了近现代中国文化现代化的历史发展规律，故有合理性，值得珍视。

一、中道思维

蒙先生思想史研究方法的核心应是不偏不倚、无过无不及的中道思维。中道，即不偏不倚，无过无不及，不偏激，无窒碍，非过头，守底线，恰如其分，中庸、中行、时中、中和，都是中道的表现。中道思维就是天人合一、内外合一、体用合一、主客合一、知行合一等古代的辩证思维，在《中庸》那里被断定为匹夫匹妇、人民群众能知能行的中庸方法。蒙先生写道："《中庸》说'庸德之行，庸言之谨'，庸就是同乎平凡人。'夫妇之愚可以与知，夫妇之不肖可以能行'，这样的行，才是真理所在。庸未必即合乎中，但中是必须基于庸的。不合乎庸，也就是行不通的。"② 可见，道不远人。所谓中道，就是人民群众日用饮食之道、生产生活之道。中道思维，就是中道落实于人民群众日常生产生活中，呈现为一种理性的思维形式；本着中道思维而认识、实践，过的就是一种有道德的、散发人性或真理光辉的生产生活。

在蒙先生看来，以孔子为代表的儒学体现中道思维最为充分。蒙先生说："孔家不是调和于两家之间，也不是取他们一家半头来凑合起成一块，只是

---

① 井研廖平.六译老人听读"近二十年来汉学之评议" [M]// 蒙默.蒙文通全集：一 经学抉原.成都：巴蜀书社，2015：193.

② 蒙文通.治学杂语 [M]// 蒙默.蒙文通全集：六 甄微别集.成都：巴蜀书社，2015：12.

他的学说不溺于物，不沦于虚，是他认定性灵只是气质的性灵，他是形而下便是形而上，是打成一片的，是灵肉一致的。这种说法便自立于二者之间了，又是很正确而且恰是人类的本性的。我想，这便是孔学至中至正的地方，也就是孔学能够得到多数人同意的地方。"①这种形而上与形而下、虚与实、灵与肉统一的至中至正的中道，用现代语言说，就是抽象和具体统一、理论和实际统一、认识和实践统一、思想史和社会史统一的辩证思维。也正因为中道思维是真理之落实于思维中，成为思维方法，所以它有普遍必然性。表现在历史上，"儒学思想于中国二千年之历史影响至巨"就可以理解。故研究中国思想史，研究中国通史，"不明儒家思想不足以明二千年之国史，而宋明理学则又探究儒家思想之本根"②。

信疑结合的经学思维方式，是中道思维在经典诠释上的表现。蒙先生研究儒家思想史，对儒学有信、有疑、有探索，信孔孟之说，疑后儒的解释、近现代的批评，探索儒学孔孟之道在历史上的认识和实践情况，流衍为"儒史相资""彰体明变"，体现了其"学术之全体大用"格局和伟岸气象，彰显了他仁爱天下、"济世利物之夙愿"③。关于疑和信的关系，信而不疑，或为迷信；疑而不信，就成怀疑主义了。应将信和疑两种态度结合起来。蒙先生说："学哲学要有疑才能有进境，但今之人疑倒是疑了，却少人于疑后还肯去探索深求，这就要靠深信。"④如何在信中怀疑？怀疑与信如何统一？先生举例说："读宋明理学书，不能当作是学知识，而要当作是学道理。读时应顺着书中所说去体会其道理，要在能懂……能做到'心知其意'，深刻理解。不入虎穴，焉得虎子。不能深刻懂得古人何所道，是谈不到分析批判的。"⑤先要相信，然后熟读深思，体会明白其中的道理；更要泛观博览，相互参照、比较，自然

---

① 蒙文通.经学导言 [M]// 蒙默.蒙文通全集：一 经学抉原.成都：巴蜀书社，2015：217.

② 蒙文通.理学札记·蒙默记 [M]// 蒙默.蒙文通全集：一 性理学言.成都：巴蜀书社，2015：398.
在另一处蒙先生尝言："中国地广人众，而能长期统一，就因为有一个共同的传统文化。欧洲较中国小，人口较中国少，反而长期是个分裂局面，就因为没有一个共同的传统文化。中国这个传统文化，说到底就是儒家思想。要把中国的历史和现实讲清楚，离开了儒家思想是不行的。"
（蒙文通.治学杂语 [M]// 蒙默.蒙文通全集：六 甄微别集.成都：巴蜀书社，2015：4.）

③ 蒙文通.跋·蒙默整理后记 [M]// 蒙默.蒙文通全集：一 儒学甄微.成都：巴蜀书社，2015：181.

④ 蒙文通.答洪廷彦 [M]// 蒙默.蒙文通全集：一 性理学言.成都：巴蜀书社，2015：376.

⑤ 蒙文通.治学杂语 [M]// 蒙默.蒙文通全集：六 甄微别集.成都：巴蜀书社，2015：6.

能"从中读出问题来"[①]，产生疑问。疑是读者理性能力的运用，信则体现了读者心灵深处天人合一、体用合一、主客合一、知行合一的理性根基，是更深刻的中道理性，合乎辩证法。信而有疑，疑而后理性探索，加以求证，方能深信。蒙默师记述先生之言曰："学理学固须能疑，亦复须能深信。盖疑非否定，信非迷信。苟不能疑，则学无进境；苟不能信，则不能深自体验省察，不能探求古人立言之意。故须能疑复能信，且须能信复能疑，乃能真有所入、真有所得，所谓不入虎穴焉得虎子者也。"[②]先信而后疑，疑而有探索，结果或深信，或更疑，由此认识更加深入，体验更为亲切。

信与疑有机结合，推动理性和信念共同进展，实际上就是我国古代经学思维方式的主要内容。蒙先生出生于经学，学养深厚，理论思维水平高。他信疑结合的论说，使传统经学思维方式的具体内容明朗化、理论化了；阅读理解经典的人们，由此可以结合新的时代条件，进行实践、推广，予以传承、发展，水到渠成。这应当是我国古代经学发展到近现代的新表现，可谓新经学出现的征兆。

在我国近现代，社会生产方式面临着从小生产向社会化大生产的剧烈变革，同时受到西方近现代文化影响，鸦片战争、洋务运动、维新变法、清末新政、辛亥革命、建立民国、"五四"科学民主思潮、白话文运动等相继发生，不断改变着历史形势。和出现了新文学、新史学等一样，我国近现代经学也具有了新的时代特征。辛亥革命不仅是我国新旧政治时代更替的分水岭，也可谓新旧经学变换的时代标识。"中体西用"说可谓旧经学思维方式在近现代的新应用。民国建立后，康有为等提出孔教问题，表明旧经学思维方式逐步放弃政治、经济、文化、教育等广阔天地，而退守信仰领域，坚守中华民族几千年传承的精神家园。这也为新经学的诞生提供了广阔空间。特别在五四新文化运动影响下，学者们日益明确意识到，信非源于宗教，而是本于经学、文化、教育的人文的、理性的传统；疑非由于私欲私情私见，而是因为公心、爱心、道德责任心基础上的人文的、理性的求知欲。我国古代的经学作为儒学的核心部分，根本上属于人学，人文性、理性突出。古代经学思维方式尽

---

① 蒙文通.治学杂语 [M]// 蒙默.蒙文通全集：六 甄微别集.成都：巴蜀书社，2015：3.

② 蒙文通.理学札记·蒙默记 [M]// 蒙默.蒙文通全集：一 性理学言.成都：巴蜀书社，2015：398.

管总的看也属于人学思维方式，与理性的逻辑思维联系密切；但因为儒学和佛教、道教的密切联系，使经学教化和宗教信仰时有混杂，令人难以区分，导致经学思维方式和神学思维方式难以区别，这就限制了古代经学人文性和理性的高度、广度和深度。到近现代，因为增强了科学性，所以经学研究便更加凸显了人文、理性色彩，完全演变成为人文学术的思维方式和传播教化方式。借助这种人学的也是科学的思维方式，人的理性能力得以茁壮成长、自然发挥，信念或信仰也由更加坚实的理性基础发展成为笃信。于是，笃信建立在好学基础上，坚定信仰建立在理性认识基础上，理性认识则要为中华民族共有精神家园建设服务，为每个人寻求或构建安身立命之所服务。这就为新经学思维方式的孕育提供了肥沃土壤和历史发展的大方向。

我国近现代主要出现了两种新经学：一是受西学影响，以西学经典的科学译读、传播、研究、实践为主而产生的新经学，如以侯外庐为代表的马克思主义思想史学派；二是受传统国学影响，以中学经典的科学整理、释读、传承、实践为主而产生的新经学，如蒙文通的经学、子学、儒学等研究是代表。它们共同的理论内核是中道思维（辩证思维是中道思维的西学称谓）；它们共浴近现代民主、科学的新风，努力将经典信念和科学研究结合起来，在两者间寻求中道。新经学的中道思维，主要表现为在科学和人文信仰间不偏不倚、无过无不及，即科学和理想信念辩证统一。

中道思维是我国传统文化中占主导地位的思维方式，也是传统经学的主导思维方式。朱熹《四书章句集注》，王阳明《传习录》，王夫之《张子正蒙注》不仅充满了中道思维，而且将其落实为历史思维；其中的逻辑思维内容也很丰富，但由于缺乏逻辑学支持而始终处于朴素境地。尽管如此，它们依然是古代解读中华文化经典著作、达到中国古代学术思想史高峰的代表。进入近现代，西学传入中国，逻辑思维随之入华。亚里士多德《工具论》、培根《新工具》、康德《纯粹理性批判》、黑格尔《小逻辑》是西方逻辑学的经典著作。这里所谓逻辑学，含形式逻辑、归纳逻辑、先验逻辑、辩证逻辑在内。我国学者金岳霖《知识论》则是国人进行逻辑分析的现代典范。依靠这些逻辑经典，我们的逻辑思维也可摆脱朴素性，获得专门而深入的训练。而且，在近现代科学支持下，特别是在马克思恩格斯学说支持下，我们的历史思维也发展成为科学思维，逻辑和历史结合的辩证思维方法成为基本方法。由此可见，经过近现代众多学人共同努力，我国传统的中道思维得以具体化为历史和逻辑统一的辩证思维。经学是中华民族精神家园的核心内容，历史和逻辑统一的中道思维理应成为新经学的思维方式。在中华民族吸收外来先进文化，推动传统文化现代化过程中，相信这种新经学思维方式会越来越成为普遍而有力的思维武器。

在蒙先生那里，逻辑和历史沟通、思想史和社会史结合，都是其中道思维的表现。蒙先生治学，由经学入，进而上溯到周秦学术，深入于周秦民族与思想的研究，讲授周秦民族史课程，作《周秦民族与思想》等文，这都是其思想史进入社会史领域的表现。比如，他要求读书，要读出问题，读出个道理，"读出一个当时的社会来"①。他还自述说："周秦诸子都是思想家，首先应该从分析思想内容着手，这是不成问题的。但一个人的思想不是简单的，而是多方面的，常使人捉摸不定，困难就在于此。即如陈仲子，应该属于道家，却有人把他认为墨家。宋钘、尹文是墨家，却又有人认他是道家。田骈、慎到是道家，却又有人认他们是法家。每个人都提出了他自己的论据，确定这样或那样的分别流派，也还是可以的。我从前为研究古代历史作过一项工作，把周秦诸子论述古史的材料搜集起来，和我们传统的历史相对照，看出一个大区别……后来又研究《楚辞》，因其中也有一些古史材料，不能无文化不同。"②

由此可见，他的研究方法环节有：第一，搜集材料，从材料出发，实事求是；第二，将有关论题的不同材料汇聚一处，相互比勘，较其异同，寻求真实材料，《老子征文》《天问比事》等可以作为代表③；第三，分析搜集材料中的思想内容，这是哲学分析，逻辑分析，《儒家哲学思想的发展》可以作为代

---

① 蒙文通.治学杂语[M]// 蒙默.蒙文通全集：六 甄微别集.成都：巴蜀书社，2015：4.

② 蒙文通.周秦学术流派试探[M]// 蒙默.蒙文通全集：二 诸子甄微.成都：巴蜀书社，2015：105–106.

③ 蒙先生博而能约，擅于文献学分析，这方面成果很多。如1945年，作《杨朱学派考》，以"杨生贵己"为准，考论詹何、子华、它嚣、魏牟、陈仲、史鳅、田骈、慎到、宋钘、接子、环渊等皆承杨朱之学，遂将先秦道家分为南北二派：北派源出杨朱，主静因之道，不反对仁义；南派以庄周为宗，主虚无为本，反对仁义。汉初黄老，当为杨朱者流，而与庄周无与。《吕览》《管子》《淮南》三书，更将黄老之道推致深微。

表；第四，进而分析这些思想内容所由以形成的古史情况，包括民族史、地方史、政治史、学术史等内容，以此解释各学派、各学者思想之所以异同的社会史原因；第五，求得中国文化而又有世界普遍性的"历史法则"。这当然就是从思想史进入了社会史了。将思想史看成整个人类历史的一部分，在思想史和整个文明史的相互联系中进行研究，正是马克思主义史学的基本要求。蒙先生的研究方法不是从阅读马克思、恩格斯经典中得出的，而是从我国传统学术中，从研究学术史的实践中总结提炼出来的，尤为亲切自然。

二、思想史与文明史结合

蒙先生认为："任何思想总是时代的产物，是根据各时代的问题而提出的。"[①] 故研究思想史，理应将思想家置于整个人类文明史长河中，"既要看到其时代精神，又要看到其学脉渊源"，在文明史大背景下认识和确立思想家的历史地位。他说："文化的变化，不是孤立的，常常不局限于某一领域，因此必须从经史文学各个方面来考察，而且常常还同经济基础的变化相联系。"[②] 如他论宋代《春秋》学曰："孙明复讲《春秋》大一统，盖针对唐末五代之藩镇割据而发，故其说得以不胫而走。胡安国《春秋传》大攘夷，则就南宋形势言之，故其书终宋之时代三传行世。"[③] 又如论文中子曰："唐自中叶以后，赵匡、陆淳辈之于经，萧颖士、裴光庭、姚康复辈之于史，韩愈、柳宗元辈之于文，皆力矫隋唐，下开北宋，由天竺全盛之势而力反求中国固有之文明，以究儒者之形而上学，此文化史中一大关键也。此风渐盛而孟、荀、扬雄、王通为世重，佛老之焰以衰。"[④] 蒙先生所谓文明史长河或历史大背景，就是儒学的发展史主线，这体现了他现代新儒家式的历史见识。

将思想史和文明史结合，在蒙先生那里，主要就是将思想史研究建立在地方史、地理史、民族史、文化史、经济史等的研究基础上。他在 1927 年撰

---

① 蒙文通 . 治学杂语 [M]// 蒙默 . 蒙文通全集：六 甄微别集 . 成都：巴蜀书社，2015：8.
② 蒙文通 . 治学杂语 [M]// 蒙默 . 蒙文通全集：六 甄微别集 . 成都：巴蜀书社，2015：25.
③ 蒙文通 . 治学杂语 [M]// 蒙默 . 蒙文通全集：六 甄微别集 . 成都：巴蜀书社，2015：8.
④ 蒙文通 . 文中子 [M]// 蒙默 . 蒙文通全集：一 儒学甄微 . 成都：巴蜀书社，2015：182.

写《古史甄微》，将我国上古历史以部落、姓氏、活动区域之不同，划分为江汉、河洛、海岱三大地域，论其经济生活、文化传统之异同，开后世中国文化起源研究多元论的先声。后又著《天问本事》《经学抉原》，进一步阐明北、南、东三地区在学术思想、文化传统上的区别。中华文化三系说于是成为其主要观点。于《左传》见戎狄东徙南移，影响及于华夏，并与诸子学多有关联，遂撰写《周秦民族与思想》，教授于各校。相关的民族史著述还有《犬戎东侵考》《赤狄、白狄东侵考》《秦为戎族考》《古代民族迁徙考》等论文，刊于《禹贡》。由民族史进而研究经济史、政治史。1937年返川，喜读汉译社会经济著作，并运用于史学研究，在思想史研究方法上体现出与时俱进的特点，如著《周代之商业》《秦之社会》《汉代之经济政策》诸文于20世纪40年代，作《对殷周社会研究提供的材料和问题》《中国历代农产量的扩大和赋役制度及学术思想的演变》《北宋变法论稿》《从北宋的商税和城市看中国封建社会的自然经济》于20世纪50年代，体现出其社会史、经济史意识。

比如，《秦之社会》一文即讨论了秦为戎族、秦俗、秦为新兴民族、抑商政策、急耕战之赏、租税制度、官爵制度、以法治国、刑制、法家起源与秦民族诸问题，体现了其综合了政治经济文化学术在内的综合的文明史观或社会史观。他认为秦与周、与山东各国不同，"秦之抑工商而重耕织，禁游侠而贵战士，正所以收私门之富强为国家之富强。秦以公民之政，与山东家族之政争，其灭六王而一宇内，岂偶然哉？秦民'有二子以上不分异者倍其赋'，乃正所以防家族之制发生于西方，而期门子之毕为国家之公民也"。"秦以公民为治……贫富阶级盖代贵贱等级而兴"，"是秦去贵族之中间阶级，上则尊王权，下则无世庶之不平等，而确定君民之二阶级，此国史之大进步也……法律之下无贵贱皆平等，此实春秋以后，时代之进步，由秦而厉行之也"。商鞅变法，也只是"依其旧制而增饰之耳……非由文而退之野，实由野而进之文"[①]。从民族史、社会史、文化史等不同，解释周秦学术、儒法思想的不同曰："凡此儒、法之异说，何莫非周、秦之异政，周、秦以民族之不同，其文物教化自不能无别。儒承周制而法衍戎俗，儒为周之说明，而秦则法之实

---

① 蒙文通.秦之社会[M]//蒙默.蒙文通全集：一 儒学甄微.成都：巴蜀书社，2015：116，120，123，126.

行……故儒法二思想实即周、秦二时代、二民族不同文化之反映而已。故虽谓儒法之争为新旧之争、戎夏之争不为过也。"①

和郭沫若、侯外庐等将思想史和经济生产方式的演变结合起来研究思想史的思路不同，蒙先生经史结合，将思想和政治实践以至整个文明史结合起来，"以行实考空言"，更显传统学术意味。这个方法传承了我国经学、史学传统，也是古代长期存在的有科学性的思想史研究方法。如先秦儒学到两汉经学的转折，蒙先生研究说："文通客解梁时，比辑秦制，凡数万言，始恍然于秦之为秦。然后知法家之说为空言，而秦制其行实也，儒家之说为空言，而周制其行实也，周、秦之政殊，而儒、法之论异。不以行实考空言，则无以见深切著明之效，既见秦制之所以异于周，遂亦了然于今学之所欲异于古。盖周也，秦也，《春秋》'一王大法'也，截然而为三：《春秋》师说者，一王之空言，《礼》家师说者，《春秋》之行实也，所谓'《春秋》经世''为汉制作'者，正以鉴于周、秦之败，而别起'素王'之制，为一代理想之法。不以《礼》家之说考《春秋》，诚不免于'非常可怪'之论，不以周、秦之史校论'一王大法'，则此'非常异议'者，又安见其精深宏美之所存？诚以周之治为贵族，为封建，而贵贱之级严；秦之治为君权，为专制，而贫富之辨急；'素王革命'之说，为民治，为平等，其于前世贵贱贫富两阶级，殆一举而并绝之，是秦、汉之际，儒之为儒，视周、孔之论，倜乎其有辨也。晚近学人，以晚周为旧社会之渐即于崩溃，而儒教当废，以儒者为护持旧制度者也；然入汉初为新社会之长成，而儒又盛，斯岂非新理论之能乘新时代而复起乎！是先后之世殊，而儒者新故之说异也。盖自战国以来，布衣之士已崛起而居卿相，夫布衣之不容世族之久据贵势与豪人之独擅富厚，自必并力以摒之，固势理之必然，此思想之一变，而《公羊》所以托《春秋》以讥世卿也。及乎秦人统一海内，专制之焰炽，而兼并之祸深，此思想之再变，而《礼》家所以借明堂而张议政也。"②

蒙先生以经学为主的文明综合观察法源于乃师廖平。廖先生尝曰："《春

---

① 蒙文通. 法家流变考 [M]// 蒙默. 蒙文通全集：二 诸子甄微. 成都：巴蜀书社，2015：89-90.

② 蒙文通. 儒家政治思想之发展 [M]// 蒙默. 蒙文通全集：一 儒学甄微. 成都：巴蜀书社，2015：75-76.

秋》因时救弊，《春秋》有志之士，皆欲改周之文，如今之言治者，莫不欲改弦更张。《王制》所言，皆素王新制，改周从质。周末积弊多，继周当改，故寓其事于《王制》。"将《春秋》和礼制结合起来，"既从礼制以判析今古，平分江河，复由《春秋》以推明改制之所谓，汇二派为巨流"①。而其儒家情怀也源于廖平，在20世纪30—40年代，史学界或用唯物史观研究中国古代社会史、思想史，或用外来逻辑分析研究中国哲学史，唯独先生归宗儒学，从经学入手，以史学为助力，形成经史结合的文明史方法，不仅独具旧学新知特色，而且为当时我国的思想史研究拓宽了视野，为后学者传承发展中华优秀文化进行探索，开了先河。

三、历史和逻辑统一，史学和哲学结合

蒙先生研究思想史，经史结合，即史学和哲学结合，使历史和逻辑统一。他明言："懂哲学讲历史要好些，即以读子之法读史，这样才能抓得住历史的生命。"②他讲课、写文章，"都把历史当作哲学来讲，都试图通过讲述历史说明一些理论性问题"，如唐君毅先生言，蒙先生所写"每篇文章背后另外还有一个道理"③。蒙先生讲哲学，都将哲学置于广阔的历史背景中，放在和其他社会各领域的联系中，在发展演变的历史长河中进行，比如他写的《儒家哲学思想之发展》就是如此。

思想史和文明史结合，其合理性的基础在于义理与历史变化趋势相结合，其合理性内容在学科上表现为哲学和史学结合。蒙先生论中国史学史曰："窃以中国史学之盛，有三时焉，曰晚周，曰六朝，曰两宋，皆思想廓落之会也。体制革新，陈义深远，宏文迭出，名家踵武，虽汉唐盛世，未足比隆，诚以析理精莹，则论列足采。视天梦梦，则去取斯昏。故哲学发达之际则史著日精，哲学亡而史亦废。""思想廓落"，也就是思想解放。盖思想解放，则百家兴而哲学盛，史学亦盛。"史者，非徒识废兴、观成败之往迹也，又将以明古

① 蒙文通. 儒家政治思想之发展 [M]// 蒙默. 蒙文通全集：一 儒学甄微. 成都：巴蜀书社，2015：79.

② 蒙文通. 治学杂语 [M]// 蒙默. 蒙文通全集：六 甄微别集. 成都：巴蜀书社，2015：45.

③ 蒙文通. 治学杂语 [M]// 蒙默. 蒙文通全集：六 甄微别集. 成都：巴蜀书社，2015：6.

今之变易、稽发展之程序。"盖史必资于哲，乃可明其废兴成败之理，而哲亦必资于史，乃生其引领变易发展之几微，故史学与哲学相资并进而不穷，同其盛衰而无极。在我国古代，哲学和史学结合，尤其体现在儒学与史学结合上。蒙先生尝言："儒以六经为归依，六经皆古史也。盖推本历史经验，以为应世之良规，二千余年之文明史，斯皆儒学所铸成，故先生之学实以儒史相资为根本。儒固资乎史，而史亦资于儒，儒史相资以并进，其发展乃不可纪极。然学则有兴有衰，而义亦有显有晦，此数千年国家所以或治或乱，或盛或衰也。故治史不仅应考其事之变，尤当究其变之义（或称史识），此史学之所以为史学也。故先生于前世史学独称南宋浙东史学最为卓绝，盖浙东史学集义理、经制、事功于一体，不仅最足以见古今之变化，而尤能洞察发展之几微，此与先生儒史相资之义最合。"①

逻辑和历史结合研究儒学史，可谓蒙先生方法的关键处。他在《儒学五论·自序》中言儒学，即为集中表现。他说："儒之学，修己以安人。达以善天下，穷以善一身，内圣而外王，尽之矣。汉唐之间，成盛治，树伟烈，其光照于载记者，何莫非取法于儒之所能？观于贞观之际，堂庙之吁咈，然后知孔孟之教，不为欺我之虚言……惟俊杰为能师圣贤，于贞观之治验之也……传曰'仲尼祖述尧舜，宪章文武'，盖推本历史之经验，撰为应物之良规，《诗》《书》六艺之文，先代之成宪也，删之定之，以诵以说。于后言之，则史也固资乎儒。于始言之，则儒也亦资乎史。世益降，史益变，而儒亦益变。儒史相资于不穷，为变不可极……先圣后圣，损益殊而揆则一……此附论四篇之所谓作，而以究其变于史也。"②盖"儒史相资"③，儒学之逻辑与儒学之历史，体用统一。就前者言，儒学思想有其本原、核心、宗旨，有其"根荄"、蕴含，即普遍必然的道，先圣后圣一以贯之、一脉相承，它借助历代圣贤传承发展，通过某些俊杰实践应用，而各有表现。就后者言，儒学思想内容在不同时代的不同学者或学派那里，又有损益，有变易，但其中却有不易、简易之道，开枝散叶有根本，百舸争流有主流。

---

① 蒙默. 蒙文通全集 [M]. 成都：巴蜀书社，2015：4-5.

② 蒙文通. 自序 [M]// 蒙默. 蒙文通全集：一 儒学甄微. 成都：巴蜀书社，2015：151.

③ 蒙文通. 自序 [M]// 蒙默. 蒙文通全集：一 儒学甄微. 成都：巴蜀书社，2015：152.

逻辑即历史的本质、规律，古人也谓之理，历史即此逻辑之表现，古人则谓之势。理、势统一是逻辑和历史统一的表现。蒙先生分析宋代井田论兴起，有理学思想的原因，也有当时形势使然。"惟宋一代，儒生土地不平之鸣虽时起，而官僚地主之制，终不得改。宋以来儒者多究心于社会救济事业，固源于理学理论之必然，殆亦有其实际情势之不得不然也"①，蒙先生的这些论述就运用了理、势统一的治学方法。

史学和哲学结合，则是逻辑和历史统一的学科表现。文明史综合方法，在学养上要求既要懂哲学，也要懂历史学，具备史学和哲学双重学养。1961年12月，蒙文通在一次"孔子思想"讨论会上发言，提出"必须寻根溯源，区别出一切学派系统，结合时代深入地进行探讨"，即"从时代变迁、社会发展和学术演变上来看孔子"②。认识学派系统是哲学，认识其时代条件、社会发展、学术演变是历史。思想史本来就要求历史学和哲学双重学养。思想史难于一般专业研究，即在于此。

历史和逻辑统一，不是两者平起平坐，而是有主次，有体用。蒙先生的特点在于，让儒学的逻辑在历史中表现，并在历史演变中发掘、阐明儒学的逻辑。他认为儒学的逻辑，乃是"中国文明之准"。尝言曰："孔孟之道，三古所谓训也，中国文明之准也。"③孔子言，天"四时行""百物生"，又说"知天命"，朱熹以为，这是对"事物所以当然之故"即天理的认识；这种天理中，包含了自然规律和社会道德、政治法律等一切规范在内。蒙先生将"自然规律和人性"统称为"自然规律"，评价道："孔子认为天地事物有其自然规律，人是无法违反这些自然规律的。两千多年以前，孔子就能够认识到这一点，而与一般人所谓天为万物的主宰的看法迥然不同，对天地鬼神有灵识的看法发生动摇，这不能不说是孔子思想中进步的地方。"④蒙先生这里指的自然规律，实际上就是孔孟以仁义道德为核心内容、性与天道统一、内圣外王统一

---

① 蒙文通.宋明之社会设计[M]//蒙默.蒙文通全集：一 儒学甄微.成都：巴蜀书社，2015：138.

② 蒙文通.孔子思想中进步面的探讨[M]//蒙默.蒙文通全集：一 儒学甄微.成都：巴蜀书社，2015：17.

③ 蒙文通.自序[M]//蒙默.蒙文通全集：一 儒学甄微.成都：巴蜀书社，2015：152.

④ 蒙文通.孔子思想中进步面的探讨[M]//蒙默.蒙文通全集：一 儒学甄微.成都：巴蜀书社，2015：18.

的中道。他认为："仁义之说，至杨墨而乱之。道家之毁仁义，则小之也；法家之毁仁义，则以迂阔而大之也。乃习其传，复不免资焉以训德性之旨，而义益淆。阳儒而阴法者有之，阳儒而阴道者有之。祛其似，究其变，说益晚而益邃。以推孔孟之说于至精，而诐邪之辞不得作。"①

四、站在人民群众立场，同情理解历史上的思想文化

儒家言仁义道德，人、人民利益占据了中心位置。古代是民本，现代是人民群众观。人民群众观可以视为马克思主义儒学发展古代民本思想而提出的现代新主张。1949年后蒙先生研读马克思、列宁著作，思想有进一步发展，认为"孔孟之说与唯物论实不相悖"②。值得注意的是，出生于四川的郭沫若，早年也曾认为儒学与马克思主义相通，比如他认为阳明学主张公是非，同好恶，视天下为一家、中国为一人，就是废除私有制。后来写《十批判书》，对儒学也颇有同情的理解。这说明，马克思主义儒学在四川地区有渊源，有传承。

蒙先生还有意识地运用"群众"观点研究和评价思想史。如他批评庄子、韩非说："庄周、韩非之流，都是自负为千里马，而看别人都是驽马，南北的齐物论于此就大不同了。离开了群众将是一事无成，离开了群众的知识也将是一无所用。如像庄周、韩非诸人的知识，如《老子》只计个人成败得失的言论，那就不止是无用，而且是有害了。"③

蒙先生还说，人们一般用君臣大义来责备管仲，如《论语》载，"桓公杀公子纠，召忽死之，管仲不能死"，但孔子却评价管仲"相桓公，霸诸侯，一匡天下，民到于今受其赐"。蒙先生认为孔子"重视人民利益而轻视君臣大义"，这是"何等真切的识见，何等伟大的胸怀"。一般人认为孔子想当官，尊重国君，但蒙先生却认为，这表明"孔子不仅具有同情人民的思想，有在客观上有利于人民的主张，还有吊民、革命的思想"；孟子、荀子以"桀纣为

---

① 蒙文通.自序 [M]// 蒙默.蒙文通全集：一 儒学甄微.成都：巴蜀书社，2015：152.

② 蒙文通.致张方表书 [M]// 蒙默.蒙文通全集：一 性理学言.成都：巴蜀书社，2015：371.

③ 蒙文通.略论黄老学 [M]// 蒙默.蒙文通全集：二 诸子甄微.成都：巴蜀书社，2015：71.

独夫"也是从这里来理解的[①]。这些论述皆言前人所未言。

儒家重视仁义道德,强调仁爱天下,表现到认识方法上,就是推己及人、同情理解。陈寅恪在冯友兰《中国哲学史》审查报告中提出,读者应同情理解哲学史,与古人处于同一境地,分析学者思想言论背后苦心孤诣之所在。蒙文通也善用此法,认为研究历史上的思想,应同情理解思想家的高致孤怀,以"达古人立言之情"。民国间,疑古派揭示层累造成古史现象。对此,蒙文通站在儒家立场,从其不得不如此之苦心孤诣处,揭示儒家如此美化历史,其实是为了针砭现实,寄托理想。他写道:"秦汉间学者言三代事,多美备,不为信据。不信,则摭疑之诚是也,然学人必为说若是者,何耶?斯殆陈古刺今,以召来世。其颂述三古之隆,正其想望后来之盛,必曰古固如此,则诬,若曰后当如世,则其思深、其意远也。嫌其诬,乃并其高致孤怀不复措意,是可谓达古人立言之情耶!有素朴之三代,史迹也;有蔚焕之三代,理想也。以理想为行实,则轻信;等史迹于设论,则妄疑。轻信、妄疑而学两伤,是谁之责欤?"[②]

同情的理解方法和我们一般知道的虚心、客观、中性的科学方法不同。它不仅是科学方法,而且研究者有激情,有仁爱,有追求实现"天下有道"理想的道德责任感、使命感,有价值理想、价值标准。它就是借助情意上的主客合一,实现认识上的主客合一。如果说思想史和文明史结合,是历史活动部分与整体的统一,历史和逻辑结合是历史活动的体和用的统一,那么,同情理解方法,则是借助心理活动知、情、意、欲各部分的主客合一,实现整体的主客合一。它对史实,不仅客观描述,有科学性,而且同情理解,乐道人善,爱地称述,不忍揭露,不忍展示、不肯多说有些人背后的小人心思,有仁爱情怀,有人道主义的温情与敬意,有爱民如子般的关爱、呵护和责备,有人学性。这种方法,实现了科学的知识、经验的事实、美善的价值和人文的理想的统一。这种统一,正应成为人文学科的标准方法。

儒家对历史有"述而不作,信而好古"的尊重、礼敬态度,有天下兴亡、

---

① 蒙文通.孔子思想中进步面的探讨 [M]// 蒙默.蒙文通全集:一 儒学甄微.成都:巴蜀书社,2015:20.

② 蒙文通.儒家政治思想之发展 [M]// 蒙默.蒙文通全集:一 儒学甄微.成都:巴蜀书社,2015:56.

匹夫有责，革故鼎新、拨乱反正，承前启后、继往开来的历史使命感和责任感，有美化祖先、历史，鞭挞假恶丑，以劝善后世子孙的历史笔削，凡此皆是将历史作为人性修养的资源、材料，加以开发、利用，为子孙后代成为理想的人服务。儒家史学之附属于人学，为说明、论证所有人，尤其是人民群众都能成为真正的、理想的人的人学服务，拓展了史学的影响范围和层次，提升了史学的学科地位。这应当视为我国古代史学的优秀传统之一。这说明，历史学是科学性和人文性或人民性统一的人文学科。人民群众认识改造世界，推动文明史前进，不止在社会生产生活中，也表现在学术活动中，表现到历史研究、历史解释、历史描述和历史评价中。

五、反映了我国传统文化现代化的一般规律

在中国近现代学术史上，根据受西学影响之大小，思想史研究可分为两大类：一是留学西洋，西学功底深厚，精通归纳或演绎或辩证思维等方法，用来研究中国思想史，如胡适、冯友兰、金岳霖、贺麟等，发掘出中国思想文化中的科学性、逻辑性因素，凸显了中国思想文化优秀内容的理论性和普遍性意义；二是未曾留学西洋，但国学功底深厚，精通传统经史子集之小学或义理方法，用以研究中国思想史，如梁漱溟、熊十力、马一浮、钱穆、蒙文通等，同情理解思想史，坚持了中国思想史研究方法中的材料基础地位和价值理想追求，同样凸显了中国思想文化内容的实践性和深刻性。

在蒙先生生活的近现代，西学或新学形成思潮，不少人视传统学问为中学、旧学或国学，难免有前者先进、后者落后，应大力学习前者，而逐步废弃后者之论，全盘西化论和民族文化虚无主义相伴。他们注意到外来文化的优秀内容是有功的，但否认中国文化中也有优秀内容，便是不足。蒙先生立场鲜明，不否定外来文化的优秀内容，但强调应立足中国，将外来文化的优秀内容中国化；尤其应首先准确认识传统，发掘和弘扬其中的优秀内容。他凭借精深传统学养，走出了一条借助文明史研究以传承、发展中华优秀传统文化的道路。

我国传统文化现代化，涉及古今中西之争，即近现代国人借助传统文化

的优秀内容辨析外来文化，借助外来文化的优秀内容充实和发展传统文化，最终实现传统文化的现代化。在传统文化现代化过程中，文化的部分和整体，文化的体和用，文化的主体和客体，必须统一起来实现联动。近现代的思想史研究方法要具备科学性，就必须更深刻地反映近现代的上述时代特色。在蒙先生的思想史研究方法中，思想史和文明史结合，反映了文化的部分和整体的联系；逻辑和历史结合，反映了文化的体和用不可分割；人民群众观点和同情理解方法，则反映了文化活动中主客体的联系。这说明，蒙先生的思想史研究方法，反映了近现代中国传统文化现代化的一般规律，所以基础坚实，根底深厚，而又有科学性。

蒙先生方法得以应用实施的首要前提，是对传统优秀文化有坚定自信。蒙先生坚信，"我固有之文化，足以定今日之国是"，中华优秀文化足以解决近现代问题。如近现代人畅言平等，蒙先生在《汉代之经济政策》一文中讨论到历史上抑制贫富分化的思想时说："余读《汉书·食货志》，而后知儒家经济思想之深且宏矣。孟子曰：'夫王政必自经界始'，盛赞井田，而《王制》亦亟论之。夫井田，均产耳，不足道也。墨子曰：'余力相劳，余财相分'，而《礼运》颇明之。夫相劳、相分，共产耳，不足道也。衰周之理想，至是已渺不可及。然汉代无一伸《礼运》之义，作井田之鸣者，岂其说益高于彼，而有不屑道者耶？董子书以为：'圣者见乱之所从生，故其制人道而差上下也，使富者足以示贵而不至于骄，贫者足以养生而不至于忧，以此为度而调均之。'是知董子之义，实超于墨、孟之俦，故舍其说而不循也。《管子·侈靡篇》曰：'甚富不可使，甚贫不可耻'，亦意同董生。《礼·坊记》言：'子云：小人贫斯约，富斯骄，约斯盗，骄斯乱。故圣人之制富贵也，使民富不足以骄，贫不至于约。'则是七十子后学所记而为管书、董生之所本耶！夫今世之民主政治，自由也，而劳资辨悬殊，则不平等；共产政治，平等也，而干涉之势过激，则不自由。斯二者厥失为均，皆俾民庶无以遂其生人之乐，其又两失之者，益不足道也。儒家使富不足以骄，贫不至于忧，是则贫富之不可废，而应有其度。贫富不废，是自由也；贫富有度，是平等也。平等而自由，固至上之制，岂今世各国所能跂及哉？我建国最高原则之树立，良以此也。儒家忌乎大富大贫，曰'节制资本'，是去大富；曰'平均地权'，是去大贫。我固有之文化，足以定今日之国是，其义独高于欧美，顾不信欤！故仲舒之论，不曰井田，而曰限民名田以赡不足、塞兼并。汉室因之，刺史奉六条诏书问事，其首曰：'强宗豪右，田宅踰制。'国史自汉以下，社会经济无剧烈之变动者，独非经师所论、国家所施者，已奠定一自由而平等之基欤！余于此始了然于《班志》所述者虽至繁，而别有其至要而不可易者。执简以御繁，然后汉代之治可明，而中国之史可说也……凡欧洲史中封建贵族与工商资本之争、资本与劳动之争，为患稽天者，于中国史悉无之。一若中国民族独不解阶级斗争之事，而孰知即晁错、董子之消息于无形耶？欧美今日所不能解决者，中国于二千年前已处之有其方。是安得以我自然科学之后于人，而谓我历史亦后于人耶？余因究《班志》之义，而广采一切先后之说以推明之，而以董生之说为主。明乎董生之义，而后于晦庵、水心之辩，亦可以决其得失也。"[1]

终极关怀，或理性信念，是民族文化自信的基础性内容，也是蒙先生研究方法得以应用实施的精神基础。儒学实为蒙文通的终极关怀。蒙默师论云："先生之学虽有多方，然皆归本于儒。先生言：'儒之学，修己以安人，达以善天下，穷以善一身，内圣而外王，尽之矣。'故先生所究以内圣外王之事为多。后期虽以史著为多，然20世纪40年代犹有《儒学五论》之集结，50年代末于再次受批判后犹有《孔子和今文学》之作，在晚年犹数以未能写出论陈乾初之学为憾。诚可谓儒学实为先生之终极关怀。故学林或称先生为'通儒一辈'，或称先生之学术为'批判儒学'。"[2]

蒙文通先生论儒学思想史以《儒家哲学思想之发展》《儒家政治思想之发展》为代表。后者论经学，谓由晚周诸子学一变而为汉代经学。"经学固百家言之结论，六经其根柢，而发展之精深卓绝乃在传记。制度与义理交相发明，不究于义，安知制之所由起；不究于制，安知义之所以用。故必义与制不相遗，而后学可明也。先汉经师所陈礼制，皆今学家之理想，井田以均贫富，辟雍以排世族，封禅以选天子，巡狩以黜诸侯，明堂以议庶政"，这些就是今文经的微言大义。晚岁，先生讲儒家内圣学稍变，六十以后"乃独立有契于

① 蒙文通. 汉代之经济政策 [M]// 蒙默. 蒙文通全集：一 儒学甄微. 成都：巴蜀书社，2015：135-136.

② 蒙默. 蒙文通全集 [M]. 成都：巴蜀书社2015：4.

陈乾初"，因为宋明皆有"囿于先天论"①之弊，盛赞王船山、陈乾初以日生日成言性，能够发展补救先天论，又不废宋明学问精到处。

在用马克思主义指导研究思想史方面，近现代也出现了两类学者：一是留学外国，较早并较准确理解马克思主义的学者，如郭沫若、侯外庐等，二是未曾留学西洋，只是间接了解马克思主义，尤其是在新中国成立后才直接接触到马克思主义的学者，并受其影响，如蒙文通。坚持从材料出发，实事求是，前后两派在根本上是一致的。但由于马克思主义中国化是一个历史过程，道路漫长，其间难免出现波折甚至简单化倾向。在抵制和避免斯大林模式的极左干扰，如两条路线斗争、阶级斗争为纲等方面，后一类学者借助传统优秀文化学养，似乎做得更好；他们大多都能坚持并完全贯彻从材料出发、实事求是的科学原则，尤为难得。

为了批驳19世纪20年代流行的中国文化西来说，蒙先生早年特著《中国开化始于东方考》等文，抵制全盘西化论、欧洲中心论在中国学界的泛滥滋长。关于外来学说中国化，蒙先生是自觉的，他不仅经史子集无所不窥，而且"喜读汉译社会、经济各家名著，也常从正面、反面受到启发"。他提出，"中外进行比较，是研究历史的一个重要方法。"②在20世纪30—40年代，史学界运用西学研究中国史，取得了不小成就，但也存在硬套外来理论的痕迹。蒙先生说："就经济形态、社会形态以解释历史，以成立所谓历史法则，其为说果坚定不易。然就西方史料以成立者，只能谓之西方历史法则，不能即认为世界法则，似未可遽以之适用于东方之历史。况所谓西方法则，尚未得西方学者之普遍承认，则治东方史者，更无迁就此法则之必要。"他要求从中国史料出发，"就国史以创立东方方则"。针对以科学整理国故说，他赞成时人提出的"以国故整理科学"说，期望建立中国特色的科学体系，以发挥传统优秀文化在近现代科学事业中的积极作用，"则为效渗入于科学，所裨将被于世界"③。对于后来学界以唯心唯物两条路线斗争研究思想史，则期望"超心、

---

① 蒙默.蒙文通全集 [M].成都：巴蜀书社，2015：2.

② 蒙文通.治学杂语 [M]// 蒙默.蒙文通全集：六 甄微别集.成都：巴蜀书社，2015：4.

③ 蒙文通.《周官》《左传》中之商业 [M]// 蒙默.蒙文通全集：三 古史甄微.成都：巴蜀书社，2015：147.

物以立论而会其同"①，更体现出蒙先生高人一筹的深识。

总的来看，留学西洋，寻求救国救民真理，学习外国先进文化，化西学为国学，用创造性学术成果推动外来学说中国化，是前一类学者的主要成就。后一类学者则坚守故土，不屈不挠，传承、发扬中国文化的优秀传统，用具体的史学成果说明和证实中华文化的悠久历史、灿烂文明，"破旧说一系相承之谬，以见华夏立国开化之远，迥非东西各民族所能及"，在百事不如人的自卑情绪中，昂然挺立国人的民族文化自信，"使足以自荣而自勉"②，为振兴中华做准备；而且他们还始终坚持和贯彻实事求是原则，保持了学者志于道并求道、闻道、行道、传道而让天下有道的可贵气节，高扬了学者作为社会良知的精神风貌，生动再现了传统学术将科学性和人文性有机结合的优势。

上述两类学者组合在一起，构成了20世纪中国思想史研究的基本格局。双方观点不同，方法有异，但又相互结合，相辅相成，有力展示了中华文化在艰难时期的自我修复能力和顽强生命力。蒙先生出生于中国西部四川，近现代不如东南沿海得风气之先，他也未曾留学欧美、东洋，但在五四新文化运动影响下，也能具备民主、科学、自由平等意识，以史学研究成果解释历史上的等级制度下潜藏着的平等、公天下追求，这集中体现在其儒家政治思想研究中对井田之抑制兼并、明堂之共治天下等制度精神的研究发掘中；受西学传播影响，尤其是20世纪30年代社会史论战、经济史研究等影响，也具备了一些社会史、经济史意识。这说明蒙先生对于学习外来优秀文化是支持的，而且有学术实践，殊为难得。这从一个侧面体现出他思想史研究的近现代历史特色。蒙先生将学术研究和祖国命运联系起来，凭借深厚的传统学养，化西学为国学，用以研究中国思想史，发掘整理传统思想文化的优秀内容，为推动中国的现代化进程做出了自己的学术贡献。而他的研究方法，作为其学术思想的骨架，作为近现代学术思想的珍珠，在传统文化进一步现代化中，在中国思想史学科的进一步发展中，必将越来越绽放出灿烂的光芒。

---

① 蒙文通. 治学杂语 [M]// 蒙默. 蒙文通全集：六 甄微别集. 成都：巴蜀书社，2015：10.

② 蒙文通. 古史甄微·自序 [M]// 蒙默. 蒙文通全集：三 古史甄微. 成都：巴蜀书社，2015：3.

近现代外来学说中国化的两点历史经验 [①]

——以侯外庐创建马克思主义中国思想史学科为例

近代以来，我们学习西方先进文化，科学、哲学等学说的译读、引进、研究、实践是主要内容。我们知道，既不能照抄照搬，全盘西化，也不能闭目塞听，充耳不闻。那么从正面看，我们应该如何学习和汲取外来学说呢？中国马克思主义的中国思想史大家侯外庐留下两条重要经验：一是从原著出发，实事求是，准确理解、科学研究外来学说；二是站在中国立场，结合中国历史和现实情况，在融会中西、贯通古今中，创建新的科学方法，分析和解决中国问题，创见马克思主义的中国思想史学科，促进学术现代化，推动中国革命事业和社会主义现代化建设。这些人文学术研究的历史经验弥足珍贵，应当传承、弘扬。

外来文化中国化，是中国文化学习外来文化而持续不断发展的重要方面。我国历史上有两次大规模学习外来文化热潮，即汉唐时期的佛教中国化，和近代以来的西方文化中国化。两相比较，后者与中国社会现代化、传统文化现代化紧密相连，目前还在进行中，尚未完成；学习内容也不再以宗教文化

[①] 本文原刊于《中国思想史研究》"侯外庐研究专辑"，西北大学出版社2017年版；其缩略稿《外来学说中国化的两点学术经验》曾发表于《中国史研究动态》2016年第6期，其摘要则以《侯外庐："试验着讲我自己的语言"》为名，发表于《北京日报》2018年1月29日第16版。本书收录时有进一步修改。

为主，而是在近代化或现代化背景下，以反映了近代生产方式、近代政治经济制度本质因素的西方思想学说为主。外来学说的中国化，成为中国近代外来文化中国化的主体内容。中华民族由此全面而深刻地学习外来先进文化，与之伴随的是家庭小生产向社会化大生产飞跃，中国社会发生了亘古未有的巨大变革。

近现代外来学说中国化，特指从鸦片战争开始，持续到整个20世纪，一批具有国际视野、掌握了近现代新知识新学问的中国有识之士，立足中国本土实际，针对中国近代化和现代化过程中存在的问题，学习引进外来思想学说，尤其是来自西方发达国家的自然科学技术、哲学社会科学等，将它们与中国社会实践和学术思想相结合，创造性转化为中国民主革命理论和中国社会主义建设理论，转化为中国新学术思想的一部分，化西学为国学，以解决中国问题，推动中国社会、学术及传统文化的近代化和现代化。

出现于近现代中国的外来学说，既有自然科学技术，也有哲学社会科学。外来学说中国化的标志，两者有不同。外来自然科学中国化，目标是中国自然科学的诞生和发展。外来技术中国化，表现为中国社会生产者仿照外来技术，并努力创新技术，生产新产品。两弹一星、东方红一号、杂交水稻等，是我国近现代科技成就的集中展示。我国成为世界制造业大国，当然离不开我国众多科技成就的支持。外来哲学社会科学中国化完成，则应有中国新学科产生，新学术观点出现，新方法的运用，人的综合修养提高。用这些衡量，马克思主义中国思想史学科的产生，社会史和思想史相结合方法的出现，应是其学术标志之一；在党的领导下，许多学者积极参与中国革命和社会主义建设活动，则是其实践标志；至于在为人处世上，一些学人更"能真正把中华民族最美好的道德和共产党员的修养结合在一起，自然地融会在个人一切行动之中"，"完全没有矫揉造作的痕迹"①，则是其道德标志。这些正说明老一辈马克思主义史学家经过艰苦努力，在认识上，在实践上，在道德修养上，都完成了外来学说中国化的历史任务，甚至还能做到为学与为人的新统一。总结近现代外来学说，特别是近现代外来哲学社会科学中国化的历史经验，对于发展繁荣

---

① 侯外庐．"韧的追求"表彰杜国庠语 [M]// 张岂之．侯外庐著作与思想研究：第一卷．沈阳：长春出版社，2016：151.

中国哲学社会科学，建设中国社会主义无疑有重要意义。

一、侯外庐与近现代外来学说"中国化"

近现代中国外来学说中，最重要也是影响最为深远的，无疑是马克思主义。侯外庐（1903—1987）以其《中国思想通史》（五卷六册）《宋明理学史》《中国古代社会史论》等学术著作，成为我国中国思想史学科的奠基人，在用马克思主义指导研究中国史方面，也有"筚路蓝缕，以启山林"之功。白寿彝认为，侯外庐和他的学术著作，"总是想把马克思主义历史理论中国化"或"民族化"，是"我们中国马克思主义史学发展到新的阶段"的"标志"[①]。张岂之评价，侯外庐是"坚持并创造性地运用马克思主义基本理论来研究中国社会史和思想史的学术大家"[②]。汲取侯外庐对待和处理外来学说的历史经验，有助于我们今天更好地学习、汲取外来学说的精华而弃其糟粕，推动中国思想史学科健康发展。

从鸦片战争睁眼看世界，洋务运动学习外来科技和经济生产方式，维新派注重外来政治思想，严复介绍进化论、逻辑学、自由观等，表明近现代外来学说中国化越来越准确、全面。五四新文化运动后，实用主义、自由主义等传入中国，影响很大，但只有马克思主义传入中国并中国化。是以马克思主义为指导，中国社会主义现代化建设事业蓬勃发展，才标志着我国近现代外来学说中国化进入了崭新历史阶段，自发走向自觉，被动变成主动，个别扩展至全面，零散演进为系统，表象深入到实质，认识落实于实践。近代以来，对待外来学说，有全盘西化、盲目排击外来学说等主张出现。从严复准确介绍外来学说开始，经梁启超等鼓吹，王国维的理性认识，中国学者逐步走上了理性对待外来学说的道路。马克思主义传入中国后，更使国人对外来学说进入了科学认识和实践创造统一的新阶段。

---

① 白寿彝. 外庐同志的学术成就 [M]// 张岂之. 侯外庐著作与思想研究：第二十九卷. 沈阳：长春出版社，2016：16.

② 张岂之. "侯外庐著作与思想研究"总序 [M]// 张岂之. 侯外庐著作与思想研究：第一卷. 沈阳：长春出版社，2016：2.

侯外庐是马克思主义中国化在中国现代史学史上的代表人物之一，他自觉思考过外来学说中国化问题。他明确提出了外来"学术的中国化""中国学术的世界性"①等概念，并进行了阐发。1939年4月15日，《理论与现实》杂志第一卷第一期创刊号发表侯外庐《中国学术的传统与现阶段的学术运动》长文，在第五部分"世界学术介绍的发展"中，他提到"中国历史上伟大的世界学术介绍，最早有唐代的佛学中国化"，认为佛学中国化"在理论知识上达到中国化的程度，而且在实践上达到一个畸形的极端（如禅宗）"。佛学中国化，就是印度佛教传入中国，和中国文化结合，演变为中国佛教，其中的佛学也与中国思想文化内容结合，发展为中国佛学。侯外庐认为，佛学中国化的成功，"证明中华民族的伟大创造力，并不低于德国的黑格尔思维创造力"②。这些都说明，侯外庐已经明确讨论到外来学说中国化问题，简要概括了我国古代外来学说中国化的历史经验和教训，凸显了外来学说中国化过程中中华民族文化自信的重要性。

五四新文化运动后，青年侯外庐"力图从新知识中寻找方向、寻求力量"③。十余年后，他进行理性思考，认为当时外来学说中国化的基本精神，应在于"使世界知识与中国认识，在世界前进运动实践中和中国历史向上运动实践中，统一起来"④。

换言之，在侯外庐看来，外来学说中国化的任务，首先在于让国人准确了解世界新知识、新学问。其次，在中国现代，外来学说中国化面临着两个挑战：一是传统学术思想的存在，二是近代外来学说中国化已经做了一些工作，取得了一定成就，如严复介绍进化论，成为维新运动的理论依据。又如"五四"以后，胡适大力宣传杜威的实用主义，并化繁为简，改造五步法为"大胆的假设，小心的求证"方法，用来整理国故等。侯外庐认为，对待这些

---

① 侯外庐.中国学术的传统与现阶段学术运动[M]//张岂之.侯外庐著作与思想研究：第二十三卷.沈阳：长春出版社，2016：19，20.

② 侯外庐.中国学术的传统与现阶段学术运动[M]//张岂之.侯外庐著作与思想研究：第二十三卷.沈阳：长春出版社，2016：16.

③ 侯外庐.韧的追求[M]//张岂之.侯外庐著作与思想研究：第一卷.沈阳：长春出版社，2016：7.

④ 侯外庐.中国学术的传统与现阶段学术运动[M]//张岂之.侯外庐著作与思想研究：第二十三卷.沈阳：长春出版社，2016：20.

改造外来学说的历史成就，"要应用世界水平的正确知识"，深入检讨和批评。当时，他已成为马克思主义学者。所谓"世界水平的正确知识"，实即马克思主义科学学说。如何检讨和批评呢？他主张，既要批判历史上的封建专制意识形态，批判清代朴学中"未能形成进步意识的自觉手段"的"学术批判精神"①，也要整理近代外来学说中国化成果，批判"资产阶级的国故学"和当时社会史研究中"继承资产阶级学者的文化史学"②。最后，宣传、研究外来学说，要服务于中国，要致力于推动中国社会历史和世界历史共同前进，尤其是推动中国革命运动前进。侯外庐在年轻时就意识到，中国必须经过革命，才能建立起"一个没有压迫的世界"，给人指示出"一个新的未来"③。故他认为，当时中国学术的发展，"不仅是18世纪学术发展之传统继承的再版，而且是中国社会运动的必然反映，以及20世纪革命的学说发展之继承"④。外来学说中国化，就是要推进中国革命和建设的发展，推动中国传统学术的现代化，实现中国的现代化。在革命时代，外来学说中国化的办法，在和革命运动相结合，高扬"革命学说"，同时"亦需要进步知识者做精密研究的保险工作"，实即要求学者们运用严密的科学方法、辩证思维治学，因为"皮相的形式论的演绎，不能负此任务"⑤。

外来学说的中国化，在根本上说，有赖于中国学者独立自得的科学研究实践。仅仅翻译、介绍、宣传外来学说，而没有自己的独到研究，没有结合国情的解读、研究和创造性发展，这不是外来学说中国化，而只是外国学说在中国。侯外庐自己以马克思主义理论为指导，研究中国古代社会史和思想史，就是外来学说中国化的学术实践活动。他认为，马克思主义中国化在史

---

① 侯外庐.中国学术的传统与现阶段学术运动 [M]// 张岂之.侯外庐著作与思想研究：第二十三卷.沈阳：长春出版社，2016：3.

② 侯外庐.中国学术的传统与现阶段学术运动 [M]// 张岂之.侯外庐著作与思想研究：第二十三卷.沈阳：长春出版社，2016：21.

③ 侯外庐.韧的追求 [M]// 张岂之.侯外庐著作与思想研究：第一卷.沈阳：长春出版社，2016：8.

④ 侯外庐.中国学术的传统与现阶段学术运动 [M]// 张岂之.侯外庐著作与思想研究：第二十三卷.沈阳：长春出版社，2016：11.

⑤ 侯外庐.中国学术的传统与现阶段学术运动 [M]// 张岂之.侯外庐著作与思想研究：第二十三卷.沈阳：长春出版社，2016：21.

学领域的表现，就是"为了使历史科学中关于古代社会规律的理论中国化"①。
这就要求中国学者在学术研究中，既"不为古人所役，亦不为欧美先进所
役"，而他自述自己"委实试验着讲我自己的语言"②。用自己的语言讲述自己
的科学学说和理论思维，应当视为努力将外来学说中国化的集中表现。

20世纪30—40年代，马克思主义中国化取得了巨大成就，不仅中国革命
理论的代表毛泽东思想产生形成，而且以唯物史观指导研究中国历史也诞生
了若干学术著作，如郭沫若的《中国古代社会研究》《青铜时代》《十批判书》
等。侯外庐《中国古典社会史论》《中国古代思想学说史》等也完成于此时。
关于外来学说中国化在学术实践上取得的成就，用侯外庐自己的话说很恰当。
他在20世纪40年代曾经感慨道："中国学人已经超出了仅仅于仿效西欧的语
言之阶段了，他们自己会活用自己的语言而讲解自己的历史与思潮了。从前
他们讲问题在执笔时总是先取欧美和日本的足迹，而现在却不同了。他们在
自己土壤上无所顾虑地能够自己使用新的方法，掘发自己民族的文化传统
了。"③他整体论述了当时中国哲学社会科学的发展情况，洋溢着中国学者
完成外来学说中国化这一伟大历史任务的豪情壮志，展示了当时中国学者
的自豪和自信。其实，我们今天如果用这段话衡量侯外庐自己的学术研究成
果，也是恰当的。

张岂之先生客观如实而又饱含深情地评价说："这不仅是侯外庐先生的个
人体会，也是历史事实的反映。在20世纪，经过长期探索，中国马克思主义
史学家不再受欧洲中心论的影响，不再言必称希腊，他们努力将历史唯物论
与中国历史文化相结合，进行创造性研究，做出了重大贡献。在经历了几十
年风雨以后，今天我们回顾20世纪学术史，应当承认这样的事实，并感谢学
术先行者（包括侯外庐先生）所做出的学术贡献。"④关于外来学说尤其是马克

---

① 侯外庐.韧的追求[M]//张岂之.侯外庐著作与思想研究：第一卷.沈阳：长春出版社，2016：93.

② 侯外庐.中国古代思想学说史·再版序言[M]//张岂之.侯外庐著作与思想研究：第八卷.沈阳：
长春出版社，2016：1–2.

③ 侯外庐.中国古代思想学说史·再版序言[M]//张岂之.侯外庐著作与思想研究：第八卷.沈阳：
长春出版社，2016：1.

④ 张岂之."侯外庐著作与思想研究"总序[M]//张岂之.侯外庐著作与思想研究：第一卷.沈阳：
长春出版社，2016：4.

思主义的中国化，侯外庐的历史经验值得学界珍视。

二、科学对待马克思主义

在我国近现代外来学说中，马克思主义是影响中国社会历史发展最大最深远的理论体系。作为坚定的马克思主义学者，侯外庐对待马克思主义的态度，绝不是教条、盲从；而是在坚定信仰马克思主义的基础上，科学对待外来学说，并结合中国文化传统和实际情况，去粗取精，去伪存真，发现、分析和解决中国实际问题。

在马克思主义中国化过程中，中国学者受传统思维方式影响，发展中国马克思主义的思维方式，即马克思主义的人学的而且科学的思维方式，是理所当然的。以马克思、恩格斯的原典为经典著作，相信这些经典著作中的基本内容是科学真理，致力于准确翻译、解读，大力宣传、普及，诚笃实践、应用经典著作中的思想内容，是马克思主义中国化最主要的学术任务。信仰马克思主义，以马克思主义为指导，又以科学为前提、规范，以人成为理想的人、人人自由全面发展的共产主义社会的实现为最终理想，更以中国社会历史发展为背景、土壤和基础，来诠释马克思恩格斯学说，创立和发展中国马克思主义的理论和方法，是中国化马克思主义的主要表征。以马克思主义为指导研究中国思想史，侯外庐的工作重点，其最大学术成就，则在探索构建中国现代史上的马克思主义思维方式。在侯外庐那里，马克思主义思维方式的实质就是科学思维方式，主要内容是科学信仰和科学思维统一，让传统经学思维方式科学化、现代化，体现出人类文明史的近现代特色。它并非盲目迷信，而有科学支持，也不是科学主义，而是传承发展了中华优秀传统文化中"志于道，据于德"等内容，让外来学说中国化、民族化，体现了近现代文明的中华民族特色。

中国化马克思主义思维方式的具体内容有：诚笃的真理信念与社会历史实际情况相结合，普遍的科学理论、方法和劳动群众的具体实践相结合，中国社会历史发展趋势和个人人生理想相结合，中国共产党人的党性原则和中华传统美德相结合等。这种马克思主义的思维方式表现到中国思想史研究中，要求既要准确学习和理解马克思恩格斯经典著作中的科学学说，又要结合中国思想史发展实际情况，加以运用和发展；既要努力构建科学的中国思想史学科，推动中国传统学术思想史研究的现代化，又要用科学的、优秀的中国思想史内容，助力于中国社会主义新文化建设，构建中华民族共有精神家园，促进中华文明在新的"世界历史"中获得新发展，绽放新光芒。

可见，侯外庐对待外来学说的第一条历史经验是，不仅要坚定相信它，尤其要科学地认识和对待它。在这种科学态度中，有几点值得特别注意。

第一，研究中国社会史、思想史，始终坚持以马克思主义理论为指导，始终坚持从马克思等经典作家原著中寻找理论根据。这一优良学风，和他年轻时条件十分艰苦，但在李大钊"教诲"下，自学德语全力翻译《资本论》有关，也和他对"中国社会史论战"的反思有关。侯外庐认为，在这次论战中，一些学者"对于马克思主义的基本理论没有很好消化，融会贯通，往往是以公式对公式，以教条对教条"，以至遭到"群起攻击"。决定社会性质的根本因素是什么，大家有不同看法，"当时不少论者的认识是很肤浅的，甚至很混乱的"[①]。生产方式的具体内容是什么，大家也理解不一，缺乏共识，有的甚至"多少偏离了马克思的原意"。这使他认识到，"缺乏马克思主义的基本理论修养而高谈线装书里的社会性质，是跳不出梁启超、胡适'整理国故'的圈套的"。于是，他仿效"鲁迅的翻译研究方法"，下定决心学好外文，译读《资本论》，希望"从经典著作的原著中掌握观察问题的理论和方法"[②]。经过在法国的试译和回国后的重译，延续了十年，侯外庐成为我国较早汉译马克思《资本论》的代表性学者。他从经典作家原典的学习、翻译入手，准确理解马克思主义这一外来科学理论的内容和精髓。这使侯外庐在当时我国马克思主义史学界，表现出较高的马克思主义理论思维水平。

这是因为他明确认识到，以《资本论》为代表作，马克思恩格斯学说是人类理性认识自己历史进程的"科学高峰"[③]，富含真理粒子。当时国内有学人

① 侯外庐.韧的追求 [M]// 张岂之.侯外庐著作与思想研究：第一卷.沈阳：长春出版社，2016：177.

② 侯外庐.韧的追求 [M]// 张岂之.侯外庐著作与思想研究：第一卷.沈阳：长春出版社，2016：176.

③ 侯外庐.韧的追求·自序 [M]// 张岂之.侯外庐著作与思想研究：第一卷.沈阳：长春出版社，2016：2.

不理解马克思主义，强调中国特殊性。侯外庐批评说，"世界进步学术之传于中国，亦证明只有时代的发展性，而没有什么东西文化的先天范畴"，即学术真理没有民族血缘的区别，只有时代发展的先后。"学术无南北"①，无东西，只有真伪、精粗的不同。这表明，侯外庐治学不仅具有世界性眼光，而且有超越古代华夷之辨而追求普遍必然真理的精神。

第二，结合西方尤其是欧洲社会历史条件，理解马克思主义学说的科学性。古希腊、古罗马、中世纪、启蒙运动，以及欧洲资本主义的兴起和发展，是马克思主义的历史源泉和社会基础，也成为侯外庐学习、理解和运用马克思主义理论研究中国史的一个重要视角。不能离开具体历史条件来理解一种思想学说，理解其中的普遍原理。这种具体历史条件，是侯外庐将唯物史观运用于中国古代社会史研究时的一个重要参照，也是他据以讨论中国古代文明路径特点的参考。

马克思主义理论，尤其是唯物史观，对人类社会历史普遍规律进行了科学总结，这种社会历史普遍规律本质上不会因中国社会历史的特点而改变。但在学术研究中，侯外庐却更加关注马克思主义普遍规律和中国社会历史实际情况的结合情况，关注它在中国的特殊表现形式。他的社会史和思想史研究，正是对这种科学理论和历史实际结合的探索。比如，唯物史观的重要范畴生产方式，通常指生产力和生产关系的统一，侯外庐揭示中国古代生产方式的特点时，在研究中国古代社会史时，不受斯大林《联共布党史教程》对生产方式定义的束缚，而将它创造性地理解为生产劳动者和生产资料的结合方式，即"特殊的生产资料与特殊的劳动力的（特殊的）结合关系"②。如他认为殷商的"生产方法"是"氏族共同体所有的畜牧生产手段与氏族成员主要的劳动力二者之间的结合关系"，而西周的"生产方法"，则是"土地国有（即氏族所有）的生产手段与集体族奴的劳动力二者间之结合关系"③。经过研究，他认为西周是土地国

① 侯外庐.中国学术的传统与现阶段学术运动 [M]// 张岂之.侯外庐著作与思想研究：第二十三卷.沈阳：长春出版社，2016：16.

② 侯外庐.中国古代社会史论 [M]// 张岂之.侯外庐著作与思想研究：第五卷.沈阳：长春出版社，2016：30.

③ 侯外庐.中国古典社会史论 [M]// 张岂之.侯外庐著作与思想研究：第五卷.沈阳：长春出版社，2016：363，361.

有，春秋是土地氏族集体所有，战国才开始私有化，到汉武帝"法度"才完成。他认为，生产方式是历史发展的决定性因素，"但生产方式取得支配性地位的标志，则常常是通过上层建筑的法律形式折射出来的"①，故唐代"两税法"被看成划分古代封建社会前后期的标志，明代"一条鞭法"则是封建社会进入晚期的标志。这些学术观点，成为他划分我国古代社会历史阶段的重要论据。

第三，马克思主义中国化是一个历史过程，是中国人坚持和发展马克思主义的过程。马克思主义学说的中国化，和马克思主义在中国的传播息息相关。在当时艰难条件下，以侯外庐为代表的前辈学者，到西方寻求救国救民真理，找到了马克思主义，寻求到中国社会历史发展的社会主义道路，这是伟大的历史成就。当时处于革命时代，建设尚未提上日程，和我们今天团结一心建设中国社会主义、实现中华民族伟大复兴的历史任务不同；加之1949年以前马克思等经典作家的原著很难找到，其后《马克思恩格斯全集》汉译第一版的编辑出版，直到1985年才完成。在这种学术条件下，学人们要完整、准确理解马克思主义无疑有文本困难。但是，从马克思原著出发，侯外庐和苏联史学家商榷的学术勇气，令人钦佩。在侯外庐看来，我们在学习外来马克思主义的时候，也应科学地看待他们的观点，不能照抄照搬。

在艰难的历史条件下，以侯外庐为代表的中国马克思主义史学家，在学习、理解马克思主义理论时，没有局限于经典作家的某些结论或具体观点，而是结合史学研究实践，"九一八"事变后更是"投身到群众革命斗争的行列中去"②，给工人、学生、市民等宣讲马克思主义，这样逐步学习和理解马克思主义的劳动群众立场、以生产方式为核心的历史理论、逻辑和历史统一的辩证思维方法等内容。

科学态度，不是一蹴而就的，它是学者学养的一部分。侯外庐对待马克思主义的科学态度，有深远的中西文化渊源，有其深厚的中西文化学养做基础。这一方面源于他对马克思达到的"科学高峰"的由衷"仰慕"，他树立的"共产主义拯救中国的理想"，体现了他自己深厚的马克思主义理论修养；另

---

① 侯外庐.韧的追求[M]//张岂之.侯外庐著作与思想研究：第一卷.沈阳：长春出版社，2016：196.

② 侯外庐.韧的追求[M]//张岂之.侯外庐著作与思想研究：第一卷.沈阳：长春出版社，2016：33.

一方面也和他对中国传统优良学风的准确认识和传承有关。侯外庐既"爱羡王船山六经责我开生面的气魄",特别看重学术创新,又疾恶如仇,有英勇战斗精神,故"最能理解鲁迅先生为民族前途,交织着忧愤和信念的、深沉而激越的、锲而不舍的'韧'的战斗"[①]。可见,中西文化精神在侯外庐的学术思想中并存、交汇,呈现为出入和会通中西学说的格局。这当然离不开侯外庐自身的学术奋斗,也是近现代中西文化交流背景下中国学者学习西方优秀文化的历史产物。具备中西文化修养的学者,自然有国际视野、世界眼光,自能在中西历史比较中,发掘中国古代社会史、思想史的发展线索,准确揭示出中国社会史和思想史的特点。

三、创造性研究中国问题

即使像马克思主义唯物史观这样科学的外来学说,也须借助学者的创造性研究,让它与特定历史实际相结合,才有旺盛的生命力。在唯物史观指导下,侯外庐借助外来新知识、新学说,创造性地研究中国新问题,发明新的研究方法,得出关于中国社会历史问题的新结论,体现出中国史学在唯物史观指导下的全新气象。马克思主义不是教条,而就是一切从实际出发,实事求是,不断进行创造性学术研究。这是侯外庐对待外来学说的第二条历史经验。

其一,借助外来学说的视野,发现和找准中国问题,作为外来学说中国化的学术研究之起点。

近现代中国的历史矛盾表面看是古今中西之争,其实质是中国向何处去,如何才能摆脱贫穷落后挨打困局,完成实现民族振兴、文明复兴的历史任务问题。民族民主革命与近代化、现代化建设交织,但革命终究成为近代历史的主旋律。侯外庐所处的时代,主要在中华民国刚刚建立的时期,五四新文化运动蓬勃开展,马克思主义传入了中国。有志青年意气风发,迎接新知识、新学问的到来。但中国向何处去的问题并没有根本解决,"反封建反帝国主义"[②]革命

---

① 侯外庐.韧的追求·自序[M]//张岂之.侯外庐著作与思想研究:第一卷.沈阳:长春出版社,2016:2.

② 侯外庐.中国学术的传统与现阶段学术运动[M]//张岂之.侯外庐著作与思想研究:第二十三卷.沈阳:长春出版社,2016:6.

依然是近现代历史的任务。为此，对中国社会史进行研究、总结，准确把握当时中国社会的性质和历史使命，就成为史学的重要任务。在这种情况下，中国社会历史发展阶段、当时中国社会的性质等问题，便成为学界关注的中心问题。解释历史，为现实革命实践服务，是当时马克思主义史学的基本特点。

大约在19世纪20年代后期到30年代初，围绕中国社会性质等问题，学界展开了广泛论战，侯外庐认为，这是外来学说中国化引起的，是"马克思主义与中国革命实际相结合过程中必然发生的一场思想理论斗争"[①]。论战的总主题是中国社会当时处于什么历史阶段，是资本主义的社会，封建社会，还是半殖民地半封建社会，进而深化为亚细亚生产方式、中国古代有无奴隶社会等历史问题的争论。中国共产党人认为当时的中国属于半殖民地半封建社会，应该进行民主革命。郭沫若等学者以唯物史观为指导，运用大量材料，对中国史上的奴隶社会进行了科学论证，侯外庐认为，这标志着中国马克思主义史学——"科学的中国历史学"的诞生。郭沫若认为西周是奴隶社会，春秋战国是转变时期。侯外庐却不同意，认为郭沫若《中国古代社会研究》在方法上"对于经济学的历史范畴之应用""不能令人满意"[②]；在内容上，它"仅是《家族、私产、国家起源论》的前半部，而忽视了后半部希腊、罗马、日耳曼三个类型的国家成立底基本材料"。他还认为，"研究中国的古典社会，至少要依据古典国家的一般合法则性（如氏族贵族的国家向显族贵族的国家去发展），同时更研究各个类型的特殊合法则性（如以上两个阶段有具体性）"[③]。即从史料出发，也不能忽略"中国古代社会的基本法则"[④]。经过研究，侯外庐发现，"西周始终没有达到典型的'显族'阶段（以土地财产为单位，撞破了第一期的氏族组织单位）"，春秋战国转变的意义指什么，尚不清楚[⑤]。

---

① 侯外庐.韧的追求[M]//张岂之.侯外庐著作与思想研究:第一卷.沈阳:长春出版社,2016:173.

② 侯外庐.韧的追求[M]//张岂之.侯外庐著作与思想研究:第一卷.沈阳:长春出版社,2016:175.

③ 侯外庐.中国古典社会史论[M]//张岂之.侯外庐著作与思想研究:第五卷.沈阳:长春出版社,2016:331.

④ 侯外庐.韧的追求[M]//张岂之.侯外庐著作与思想研究:第一卷.沈阳:长春出版社,2016:91.

⑤ 侯外庐.中国古典社会史论[M]//张岂之.侯外庐著作与思想研究 第五卷.沈阳:长春出版社,2016:343.

后来，侯外庐研究中国古代社会史，撰写了《中国古典社会史论》《中国封建社会史论》等著作，并"研究和解释中国历史各经济阶段与政治思想、学术思想的关系"①，转向中国思想史研究。可见侯外庐所针对的学术问题，源于马克思主义的理论修养，是恩格斯研究过的"氏族、财产、国家等问题的研究在中国的引申和发展"②，也建基于国内马克思主义学者的具体研究成果，是对早期马克思主义史学研究的进一步探索和推进。

侯外庐认为，"马克思主义哲学（特别是唯物史观），在这场论战中得到了广泛传播的机会，也收到了意义深远的效果"③，即指唯物史观和中国历史研究相结合，从学术上、理论上解决中国现实问题，外来的马克思主义思想学说借此机会进入了中国历史学等学术研究实践中，中国马克思主义史学开始进入蓬勃发展时期。

其二，借助外来学说的科学方法和辩证思维，结合我国传统考证辨伪等治学方法，解释史料，明晰史实，即外来方法也应中国化，要发明创新中国现代学术方法。

运用外来学说的方法研究中国材料，是外来学说中国化不可缺少的一步。侯外庐的学术方法，要在"将马克思主义的观点和方法应用于中国历史的研究""致力于用马克思主义的观点和方法解释中国社会史和思想史"。十年翻译和研究《资本论》，训练了他的"思维能力、思维方式和研究方式"，为他"赢得了理论上的武装"，成为他社会史和思想史研究的"真正支柱"④。受《资本论》影响，侯外庐重视政治经济学的意义。他翻译《资本论》外，还写了不少经济学方面的文章。他认为，"广义的经济学在其本身便是经济范畴的历史学，狭义的经济学在其本身便是资本主义经济的范畴的历史学"⑤。这一看

---

① 侯外庐 . 韧的追求 [M]// 张岂之 . 侯外庐著作与思想研究：第一卷 . 沈阳：长春出版社，2016：53.

② 侯外庐 . 中国古代社会史论·自序 [M]// 张岂之 . 侯外庐著作与思想研究：第五卷 . 沈阳：长春出版社，2016：5.

③ 侯外庐 . 韧的追求 [M]// 张岂之 . 侯外庐著作与思想研究：第一卷 . 沈阳：长春出版社，2016：30.

④ 侯外庐 . 韧的追求 [M]// 张岂之 . 侯外庐著作与思想研究：第一卷 . 沈阳：长春出版社，2016：53，72，54.

⑤ 侯外庐 . 中国古典社会史论 [M]// 张岂之 . 侯外庐著作与思想研究：第五卷 . 沈阳：长春出版社，2016：359.

法，和马克思《资本论》从经济角度入手研究社会历史问题的路径，完全一致。侯外庐将经济学和历史学统一起来，研究中国历史问题，解释中国社会历史的演进和特点，这在中国马克思主义史学中最为突出。

还要注意，侯外庐深受清代乾嘉朴学实证方法的影响，对我国传统文献学方法也很重视。侯外庐认为，在社会史论战中，"不少论者缺乏足以信征的史料作为基本的立足点，往往在材料的年代或真伪方面发生错误"[①]，留下了深刻教训。故他反对用经典作家的概念，任意裁剪史料；提倡从历史实际出发，从史料出发，在史料辨析基础上进行理论分析，论从史出。他明确提出，"研究中国思想史的第一步，当以文献学为基础，作者的时代，著书的真伪，文字的考证，材料的头绪，皆专门学问"[②]。这方面，他受王国维、郭沫若等甲骨文、金文研究成果的影响很大。重视从材料出发进行论断，《中国思想通史》可以作为代表。有学者评价说，《中国思想通史》"似可作为比较系统完整的关于中国思想史的资料汇编来读"[③]。

在侯外庐那里，最重要也是比较成熟的研究方法，是大家熟知的思想史和社会史相结合，以及这一方法背后的逻辑与历史统一的辩证思维方法。这个方法经受住了历史考验，已经为越来越多的学人所认同、运用。所谓"侯外庐学派"，就以这个方法的认同和应用为核心内容。

此外，学界不大注意，侯外庐治学还有一个重要方法，即追本溯源法。这一方法，实际上是历史思维的具体运用；在马克思那里，在传统学术思想里，都有其深厚渊源。例如，侯外庐为"五四"新文化运动这一启蒙运动，寻找中国思想史的渊源，提出了著名的明末清初"中国早期启蒙思想"论断，影响很大。侯外庐为革命理论寻找中国思想史的历史渊源，在古代发掘出不少"异端"思想家，认为从墨子到鲁迅，中国思想史上存在着"异端"思想传统。侯外庐为中国社会历史的特点寻找历史渊源，发掘出宗法社会氏族残

---

① 侯外庐. 韧的追求 [M]// 张岂之. 侯外庐著作与思想研究：第一卷. 沈阳：长春出版社, 2016：176.

② 侯外庐. 中国古代思想学说史·自序 [M]// 张岂之. 侯外庐著作与思想研究：第八卷. 沈阳：长春出版社, 2016：2.

③ 张岂之. "侯外庐著作与思想研究"总序 [M]// 张岂之. 侯外庐著作与思想研究：第一卷. 沈阳：长春出版社, 2016：6.

余因素，这些因素不仅影响到统治阶级及其思想，也制约了古代劳动群众及其意识。运用这一方法时，都从材料出发，实事求是，尽量做到"一丝不苟"，"精雕细琢"①，故结论也经得住历史考验。

其三，结合马克思、恩格斯关于人类社会历史发展规律的理论，比较古希腊、古罗马、日耳曼历史情况，归纳我国古代社会史和思想史的特点，并将"社会史和思想史贯通起来"②，建立起中国马克思主义的历史解释体系，证明并展示"中华民族的伟大创造力"，提升民族自信心。

外来学说不能直接照抄照搬；应该结合中国情况，针对中国历史发展和现实需要，从中国实际出发，分析和解决中国问题，得出科学结论。侯外庐研究中国古代社会史和思想史，有许多重大发现。如他认为，我国进入文明社会的路径和古希腊不同，保留了氏族血缘关系，是所谓早熟的文明小孩。他还认为，古典的古代是革命路径，是正常发育的文明小孩；亚细亚的古代却是改良路径，"氏族制度仍然保存在文明社会里"③，是"人惟求旧，器惟求新"的"其命维新"④的奴隶制。侯外庐由此进一步解释了宗法血缘因素对中国古代社会产生的深远影响，认为"氏族公社的保存和土地私有制的缺乏，是中国古代社会的一个特点。而且到后来的郡县制下，也还是把氏族公社的单位保存了下来，产生了中世纪乡党族居的小农制"⑤，中国古代思想由此也深受影响。用今天传承优秀文化的眼光看，侯外庐探讨中华文明路径的特点，从文明角度研究和表述中国历史，已经稍稍透露出中华文明史研究的曙光。

晚年，侯外庐评价中国马克思主义史家为了"振兴民族"而进行的学术创造性工作说："半个多世纪来，中国新兴史学队伍赢得科学，挣脱枷锁，是有所作为，无愧时代和民族的。在这个队列的名录中，有郭沫若、李达、杜

---

① 侯外庐. 韧的追求 [M]// 张岂之. 侯外庐著作与思想研究：第一卷. 沈阳：长春出版社，2016：151.

② 侯外庐. 韧的追求 [M]// 张岂之. 侯外庐著作与思想研究：第一卷. 沈阳：长春出版社，2016：93.

③ 侯外庐. 中国古代社会史论·自序 [M]// 张岂之. 侯外庐著作与思想研究：第五卷. 沈阳：长春出版社，2016：4.

④ 侯外庐. 韧的追求 [M]// 张岂之. 侯外庐著作与思想研究：第一卷. 沈阳：长春出版社，2016：93.

⑤ 侯外庐. 韧的追求 [M]// 张岂之. 侯外庐著作与思想研究：第一卷. 沈阳：长春出版社，2016：186.

国庠、吕振羽、翦伯赞、范文澜、吴晗、尚钺、尹达……与他们为伍，是我的殊荣。"[①]前辈学者努力将马克思主义学说和中国革命、建设事业相结合，取得了巨大成就，为中国思想史学科的发展繁荣奠定了坚实基础。相信他们取得的这些成就和历史经验，也必将成为新时期中国学人融会中西学说、贯通古今思想，进行学术创新的有力支撑。

---

① 侯外庐. 韧的追求·自序 [M]// 张岂之. 侯外庐著作与思想研究：第一卷. 沈阳：长春出版社，2016：2.

马克思的思想史研究方法 [①]

　　以侯外庐为代表的中国马克思主义的中国思想史研究，明确倡导将思想史和社会史相结合的方法，产生了巨大影响。但这个方法的内容究竟如何？比如，它的理论基础是什么？具体如何结合？侯外庐等学者的学术著作可以作为案例，供我们学习参考。其实，马克思为了创建不仅可以认识世界而且可以改造世界的新哲学，汲取了德国古典哲学、英国政治经济学、欧洲空想社会主义等思想内容，也进行了大量思想史研究工作。直接考察马克思研究思想史的方法，将其作为我们进行思想史和社会史结合的楷模，当然更是我们理解和掌握马克思主义的中国思想史研究方法的重要方面。

　　《德意志意识形态》（以下简称《形态》）是马克思主义唯物史观的代表作，由马克思和恩格斯合著。但由于恩格斯另外专门著有《费尔巴哈和德国古典哲学的终结》《家庭、私有制和国家的起源》等表达他自己唯物史观的著作，本文将《形态》看成主要是马克思关于历史唯物主义的著作。

一、研究意义

　　马克思主义中国化、时代化、大众化，必须将马克思主义和中国实际情况，与中国学术发展、中国文化等相结合。在20世纪20—40年代，以侯外庐

[①] 本文以《论马克思的思想史研究方法——以〈德意志意识形态〉为例》为名，原刊于《唯物主义历史观——马克思恩格斯德意志意识形态研究文集》，社科文献出版社2013年版，再刊于《唐都学刊》2015年第6期。收入本书时，做了一些字句修改。

等为代表，将马克思主义和中国历史学相结合，运用唯物史观研究中国思想史，编著了《中国思想通史》《宋明理学史》等学术著作，为马克思主义中国思想史学科的诞生奠定了坚实基础。

侯外庐研究中国思想史的基本方法是社会史和思想史相结合。目前，这个方法的认识和运用，遭遇到一些困难。个别学者在学术研究中有意无意不使用这个方法，转而从西方汉学家那里，从外国哲学中，或者从中国传统学术思想中寻找逻辑分析方法，或者用文献学方法、义理分析方法、直觉体验方法等作为替代物。另一方面，以侯外庐学派传人为中心，一些学者依然坚信这个方法有效，坚持运用这一方法。但在学术实践中，也面临两个问题：一是过去侯外庐等学者将社会史和思想史相沟通，却没有来得及在理论上详尽说明为什么结合、如何结合；二是在实践运用中，受到当时政治环境、学术风气影响，不免简单化。像阶级分析扩大化的毛病，见物不见人的通病，在学术著作中不难见到，不免令人对这个方法产生误解。一个原因是，在理论上说不清社会史和思想史相结合的具体逻辑环节，在实践中就不可能将两者有机结合起来。结果，思想史成了哲学史，哲学史成了思想史，两者交叉重叠，似乎没有区别；同时，社会史只是社会史，和思想无关，成了事件罗列，形成"五朵金花"的研究格局，或者见木不见林，流于碎片化的专题研究。个别坚持将社会史和思想史相结合的学者，在如何结合的问题上也遇到困难。

面对上述困惑，回到马克思，回到历史唯物主义，从马克思的原著入手，提炼和总结马克思的思想史研究方法，考察马克思是如何论述、如何实践运用思想史研究方法的，就具有重要意义。

二、《形态》是思想史方法的理论源泉

马克思主义著作众多，言及思想的历史性理解，无书不有。何以用《形态》为例呢？

首先，本书既是马克思历史唯物主义的奠基之作，也是当之无愧的代表作。它首次较全面而科学地揭示了人类社会历史发展的基本规律。马克思、

恩格斯发现，历史的前提是吃、穿、住、行，社会生产活动是最基础的历史活动；从社会生产活动、交往方式出发，认识和评价思想的产生、内容、性质、历史地位等，是理所当然的；人在历史进程中占有主体地位，社会生产力就是社会每个人力量的总和。所有制的演变，是社会生产方式的一部分，阶级则是人性异化的产物；而人性异化源于劳动分工和财产私人占有，人作为个人，被自己的劳动、交往关系、产品所统治。统治人的物的力量，对个人而言有偶然性，是外在的，为个人所不能认识、左右和掌控。在物的力量面前，人感到自己渺小无助，无能为力。将这种物的力量想像为绝对的"一"，赋予它人格色彩，断定它为人所不能知不能变，从而形成对物的力量的崇拜，这就是拜物教，也是一切形而上学和宗教产生的根源。人们曾借助个人之间的联合，驾驭这物的力量，但由于社会历史进程的限制，导致这种联合体如家庭、国家等具有虚幻性，它们甚至反过来成为骑在个人头上的新枷锁。发展生产力，不断提高人的生产、生活能力，扩展交往范围，改进交往方式和社会制度，直到建立起自由人的联合体时，人人自由全面发展的共产主义理想社会才会最终来临。可见，《1844年经济学哲学手稿》的人性异化思想，《神圣家族》中的实践概念，《关于费尔巴哈提纲》中哲学改造世界观念，到本书被熔冶一炉，落实为历史发展的思想，形成了完整的历史唯物主义思想体系。

其次，书名也可叫作《德意志思想》。

德意志意识形态，德文是 Deutsche Ideologie。意识形态一词，在德文里也有思想、观念、意识的意思。在汉译《马克思恩格斯全集》第一版里，这个词多译为思想，这个词的衍生词"Ideologe"则译为思想家。《马克思恩格斯文集》第一卷收录了《形态》节选的新版，这两个词分别被译为意识形态和意识形态家。可见，马克思、恩格斯合著的这本书也可以译为《德意志思想》。

最后，在本书中，马克思、恩格斯通过研究和批判当时的德国思想，阐发了研究人类思想史的历史唯物主义原则，这对我国思想史学科产生了直接影响。

马克思、恩格斯以黑格尔后德国思想界，尤其是青年黑格尔主义者为代表，批判他们唯心主义的思想史观。青年黑格尔主义者认为，思想决定现实，现实世界是观念世界的产物；他们以纯思想批判代替反对现存制度的实际斗争。马克思认为，他们这样做实际上是撇开人类史，离开现实人的衣食住行看历史，结果曲解了人类史，将历史看成思想史或精神史。通过批判，马克思揭示出思想史的基本原理：人的现实社会生产实践活动，个人的力量和个人的交往方式一起，制约和决定了人思想的产生、演变及其内容、性能。这一原理，其实正是侯外庐思想史和社会史相结合方法的理论源泉。

《形态》汉语版最初由郭沫若摘译，1938年上海言行出版社出版。郭老运用对此书的认识，研究先秦思想史，写出了《青铜时代》《十批判书》等著作，开我国学界用历史唯物主义指导研究思想史的先河。侯老对马克思主义的理解有其自己的渊源，但他从事思想史研究，受到郭老的影响，也是事实。

三、思想史和社会史辩证统一原理

在马克思看来，思想史和社会史有内在联系，这涉及多个方面。

思想史学科的对象和内容就是思想，在马克思、恩格斯看来，思想或意识形态本身不过是历史的一个方面。这意味着，思想史是人类社会史的一部分，是历史学的一个分支；研究人类史，不能只看思想史，还必须考察思想史的社会史基础。

因为从根本上说，思想史产生、发展的前提条件是社会史，是人类社会实践活动。在马克思、恩格斯看来，历史的前提是现实个人的活动及其物质生产生活条件；和动物不同，人能进行生产劳动，由劳动分工引起社会交往关系和所有制变化。只有在生产劳动、物质生活基础上，才可能产生思想，出现思想史。思想和语言、意识、观念、交往、生产相关，都是现实人的物质生产的产物；生产思想的人，是现实的实践活动的人，这些人一方面创造了社会生产力和交往方式，另一方面又受到其制约。现实的人生产思想，不是任意进行生产的。在现存社会关系和社会生产力矛盾时，在现实实践的个人力量和社会关系、环境矛盾时，在个人的现实和理想矛盾时，现实的人就找到了思想问题，开始思想。问题是矛盾进入意识中，思想问题是现实的人社会生产生活内部矛盾在意识中的表现；思想的产生、传播、发展，都离不开物质生产生活的支撑，离不开语言、思维方式、学术活动等现实的支持。思想史的内容，思想家关于自然的、社会的、自身的观念，关于人和自然、社会关系的观念，都是思想家们的现实关系和活动，他们的生产、他们的交往、他们的社会组织和政治组织有意识的表现。社会史表现到思想史中的形式，有些直接而显明，有些间接又隐晦，还有的甚至曲折而相反，但其思想内容都是对社会实践现实状况的真实反映。

不是意识决定生产生活，而是生产生活决定意识。马克思关于思想史和社会史关系的论述，蕴含着马克思主义思想史和社会史辩证统一的原理。根据这一原理，研究思想要考察思想和其产生的社会现实，如物质基础、社会条件、人文环境等之间的联系。

从实际出发，实事求是，是研究思想史的方法论原则。所谓从实际出发，首先是从史料出发，从史料记载的历史实际出发，尤其是从实际活动的现实的人出发，从思想家的生平、历史环境、现实的生产生活情况出发。为了克服过去思想史研究中见物不见人的毛病，有必要强调马克思的一个重要思想，即从实际出发，就是从活生生的人出发；从史料出发，就是要从史料记载的现实活动的人出发。史料是人记载的材料，活动是人的社会生产生活活动，人才是历史的主体。

研究思想史，应从人的现实生产生活中，描绘现实的人生产生活过程在思想上"反射和反响的发展"，揭示思想的产生、形成和演变与现实社会生产生活的内在联系，揭明现实的人在生产实践中改变现实的同时也改变自己的思维，提高人认识改造世界的能力，由此显示出现实的人能动的生产生活历史过程。比如，思想史上出现的天人合一等观念，被马克思落实到生产实践活动中，认为工业领域就包含着人与自然在实践基础上的统一。一些哲学范畴如本体、实体、自我意识等，可以看成自然和社会在人实践基础上统一历程在人静态直观中的某个片段表现。这种静态直观，产生于人性异化时期：一方面现实的人受物的力量统治，人性不可避免发生异化，使人不成其为人；另一方面人性也通过社会生产生活而得到充实、丰富和部分证实，现实的人历史地积累着文明成就，通过生产进步、交往扩大、教育普及和文化繁荣，逐步使自己成为真正的人。所以，这种静态直观，从思想内容看，也有二重性。它既反映了人类在社会实践基础上认识世界和改造世界的成果，具有科学性，同时也可能表现了人在一定历史时期里，认识世界的束缚和理性认识的边界，反映出人们的现实生产生活、交往范围等，受到当时历史条件的限制情况。

需要注意，社会史决定思想史，并非一一对应的直接反映。由于人作为历史主体，一方面落脚于、受惠于既有历史的支持，另一方面又批判否定历史而求超越历史的限制，所以，人的思想一方面反映着现实情况，另一方面又反映了现实的人对现实的认识、评价甚至批判、否定在内，体现了人本原于人性而生的改进现实的价值理想、价值标准等。

所以，我们重视社会史决定思想史，也应注意思想史对社会史的反作用；这种反作用，通过人对思想史的认识和实践，改进人的认识状况，传承精神文明成果，推动社会历史的新进步等，在逻辑上构成思想史和社会史辩证统一历程中的一个必要环节。比如，对现实的人而言，哲学、历史等人文学科的现实社会功能，在于认识世界和改造世界、改进社会现实和人生自我，从而推动社会历史进步。这就要求思想史研究应考察历史上的思想在帮助现实的人提升认识改造世界（自然、社会、自我）能力以推动历史进步方面究竟起了什么作用；同时还应注意，能够实现思想史对社会史的反作用，前提条件是，思想或思想史学术和理论成果有科学性，这些成果必须借助教育、宣传等普及开来，掌握到生产劳动者手中，成为广大劳动群众认识世界和改造世界的精神武器，思想或思想史才能最终转化为现实的社会生产力。历史上的大量思想或思想史成果，或者缺乏其中某一条件，甚至几个条件都缺乏，以致不能对当时社会演进产生实际影响。我们在评价某一思想历史作用时，应充分注意到这一点，需持同情理解的态度，而不能简单否定了事。

总之，思想史和社会史有机统一，正是人类文明史进步的基本规律。从逻辑上描述思想史和社会史统一的过程，至少应有这样两种形式：一是社会史→思想史→思想史的社会史。思想是社会的一部分，思想史是社会史中的精神文明部分。就社会史概念的外延看，这里社会史即人类史，包含了社会生产力、交往形式、意识形态在内，呈现为有思想、有理性的社会生产活动和生产方式。二是思想史和社会史统一的主体，也是人类史的主体，即现实的个人，他不仅是个人，而且是集体中的社会的个人，乃是有类意识的理性实践者、劳动者、劳动群众。人作为奔向自由全面发展的历史主体，其逻辑进程是：自由的人→人性异化→人人自由全面的发展。思想史则是人成为自由人的历史进程的抽象概括和精神展示。

四、过去简单化的反思

过去我们运用唯物史观研究历史，曾经出现过简单化倾向。表现为：见物不见人，见生产不见人，见阶级不见人；强调决定者，忽视被决定者的反作用，强调革命而忽视建设，强调暴力斗争而忽视和谐统一。这种简单化倾向在认识上看还是源于没有准确掌握马克思主义，思想方法有片面性，存在形而上学残余。

马克思认为，自然和社会、人和物在生产生活实践基础上历史地实现统一，是世界的基本情况。社会生产力，作为个人力量的社会总和，它对生产关系、上层建筑等的决定作用，只是人作为历史主体决定性影响历史进程的具体表现。唯物主义，绝不是见物不见人，生产决定，也不是没有人的生产决定。唯物主义中的"物"，虽然也指感性物质，但尤其指感性的人的社会实践活动、人的社会交往关系、人的现实需要和满足、劳动群众等。唯物主义世界观和人民群众是历史创造者的历史观，相互统一。阶级，只是作为人社会生产活动主体的具体表现。无产阶级，乃是劳动的人格化称谓，资产阶级则是资本的人格化称谓。一般的人只要执行了相应职能，就属于该阶级的成员。阶级属性绝不是现实的身份甚至出生。以人的身份、出生而论现实人的阶级属性，一旦属于某个阶级，就永远属于这一阶级，将阶级性和人性完全对立起来，否定抽象人性的存在，这种有形而上学色彩的阶级观，是阶级斗争扩大化的认识原因。国家被看成是阶级斗争的工具，固然正确；但国家作为人类社会的共同体，也有帮助社会成员认识改造自然，进行生产，抵御灾害、外侮、疾病等管理社会公共事务的职能，有其存在的历史必然性和进步意义。只是因为人性异化而导致国家成为虚幻共同体，才使国家弱化甚至失去了其帮助人成为理想的人的性能。将国家的阶级性能和作为社会共同体的管理性能完全对立起来，忽视国家在阶级社会里的积极地位和作用，不符合马克思的意思。本来，马克思强调唯物主义，有针对过去思想史上长期见人不见物、不见生产、不见阶级等抽象人性论的意思；但我们却由此走向另一极端，世界观上见物不见人，见自然不见人，生产力观念上见生产不见人，见经济不见人，国家学说中见阶级不见人，造成了严重恶果，理论教训和历史教训都十分深刻。

比如，在思想史和社会史辩证统一过程中，思想史究竟占有什么逻辑地位和历史地位呢？换言之，思想史对社会史有无反作用，有哪些反作用，其根据何在？这必须上升到人的历史主体地位来思考。

在马克思看来，人历史主体地位的实现是一个长期历史过程，只有在人类社会实践创造的文明成就基础上才能实现。思想史作为人类文明的一部分，在本质上正是进行现实实践活动的个人对自然、社会和自身的精神反映史。生产劳动作为人和禽兽区别的根本标志必然反映到人的精神世界中来。在人成为历史主体的进程中，思想的内容在本质上也逐渐经历着越来越接近人性真理的历史跨越。意思是说，随着人类社会历史的进步，思想内容的性质越来越接近人性真理本身。这当然要经历从潜在，经对象化存在，最终成为人实践活动的凝聚性存在，抽象的思想具体化到人现实的认识、情感、意志以至言行活动中，凝聚成为生命、理性、精神等人性修养，表现为指导思想、理想、价值标准、方法、出发点等人性的现实内涵。人在社会实践基础上逐步成为理想的人，人性日生日成，人性内涵的历史积淀，应是思想史的精髓和主线。

同时，在人成为主体的历史进程中，人性异化是其必经历史环节。人性异化指原始共产主义到共产主义之间的漫长历史阶段，由于劳动分工、财产私人占有等出现，自然人化和人自然化统一的人性社会化进程出现异常情况。这包括两个方面：一是自然人化，作为历史主体的个人化自然力为人力，二是人自然化，作为历史主体的个人，在一定社会生产力、交往关系基础上创造文明，推动文明史前进的生产实践活动。在人性社会化进程中，和所有文化物一样，思想史也具有二重性：在现有生产方式基础上支持人成为理想的人，丰富、确证和实现一部分人性，这通过总结历史成就、引导和规范实践活动、提高人的能力、提升人性修养等来实现；但在新社会生产方式出现后，适应旧生产方式的思想史又可能阻碍支持人成为理想的人的新生产方式的成长。

这是由于社会生产力水平不够高，产品不能满足全体人的需要，交往范围受限制，人性只能片面甚至畸形地对象化，自由的生命活动异化为被迫的强制性劳动，自由的交往关系异化为束缚个人的关系，本应满足劳动者需要的产品成为反过来让劳动者屈从于它的对立物。于是，实体、自我意识、神等思想范畴通过人的认识和信念，表现到人的实践活动中，思想史就这样对社会历史进程发挥现实的意识形态作用。它或者站在一定历史主体的立场为这种历史现状进行辩护，维护社会生产力、交往方式的稳定性、延续性，这使思想史在历史转折时期可能成为保守的精神力量；或者通过想象甚至幻想的形式，为一定社会历史主体遭受非人统治造成的痛苦提供必要的精神慰藉，为广大劳动者的生存发展提供必要的精神支撑，这使思想史可能成为与科学技术等工具理性对立的文化力量。

五、思想史反作用的历史根据

我们知道，社会史决定思想史，思想史对社会史还有作用。社会史决定思想史，马克思论述较多；思想史反作用于社会史，马克思明确论述不多，但间接讨论依然存在。归纳起来，约有以下数端。

（一）不能否认思想史的相对独立性

和社会生产活动相比，思想史没有感性的独立外观，但这不意味着思想史发展没有相对独立的历史规律，不意味着思想史作为学科没有相对独立的研究对象、研究内容和研究方法。那么，思想史上存在着哪些历史规律呢？除了思想和社会生产生活之间的因果联系外，像思想历史发展的必然性和内在逻辑必然性，就亟需进行历史探究和理论总结。

相关的是，思想史发展有无历史积累，有无历史进步？如果认为思想史没有历史积累，则思想史的历史进步就无从谈起，思想史作为相对独立的学科就没有相应的对象，也不能理解马克思主义作为思想体系超越以前众多思想的历史意义。必须肯定，思想史发展进程有自己的积累和进步，这就是人类理论思维水平的逐步提高；人类理论思维水平不断提高，正是社会生产力水平提高在人认识和实践能力上的必然表现。所以，我们可以注意到，随着历史的进步，思想家及其思想著作越来越多，甚至形成学派，面临的问题越来越广泛、分化而深入，发明和使用的思想概念、思想命题越来越丰富，意义愈益清晰而且愈益准确，命题之间的联系越来越紧密和深化，思想内容越来越系统融贯，思想的指导作用、规范作用通过信仰或信念、礼仪规范等越来越突显，思想和劳动群众的现实实践活动越来越密切而不可分割，等等。

（二）思想和社会生产力有内在联系

根据马克思的唯物史观，社会生产力是历史发展的决定性因素。但我们不能将思想和社会生产力截然对立起来，以为思想只是抽象的东西，和生产力完全不相容。没有理性认识成绩，没有思想，则所谓社会生产力不可能存在。因为思想作为人类认识世界的理论思维成果，本身就是社会生产力的必有内容。社会生产力的核心要素是劳动力，一种人进行社会生产的能力；在马克思看来，社会生产力总和只是全社会每个劳动者生产能力的总和。人不是机器，人脑不是电脑。在每个劳动者的生产能力中，思维能力乃是其必要组成部分。思维能力是生产能力的抽象存在形式，生产能力则是思维能力的感性活动表现。社会生产力的形成、普及和传承，都有赖于劳动者个人对世界的认识、实践运用，也有赖于劳动者个人的生产能力借助家庭、教育、通商等社会活动途径，向乡村、民族、地区、国家等的传播和推广。思想，尤其是以理性认识为核心内容的思想交流和传播，乃是社会生产力传播和推广的一个重要方面。

（三）思想史与人类社会实践活动历程有内在统一性。

马克思认为，单纯自我意识、神、本体，这些思想体系中的范畴所表达的东西，不能真正解放人，揭示这些东西的单纯理论，不能让人在解放的道路上前进一步，似乎单纯思想史不能推进历史。其实，按照唯物史观，并不存在离开社会史的单纯理论，因为理论本身就是社会实践的产物和有机组成部分。唯心主义和形而上学之所以被称为"单纯",是因为他们想像地认为,是理论脱离社会史而又决定社会史的。还要注意,这些理论之所以不能推进历史,不仅因为"单纯",而且因为它们在思想上有缺陷,如思想的科学性不足,或得不到传播,或没有为先进分子及广大群众所掌握,即使掌握了,但掌握者的组织不健全、不完善等,原因众多,应具体分析,不能简单否定了事。

我们知道,马克思的学说,本身就是德国以至西欧社会近代化的产物。马克思主义诞生后,思想的实践性被突显出来,以工人运动为中心的共产主义运动方兴未艾,马克思主义在全世界广泛传播,改变了人类历史的面貌。人们通过对马克思主义思想科学性和实践性之间的内在联系,可以发现思想史和人类社会实践之间不可分割的联系,可以强烈感受到思想对社会历史进步可能产生的巨大作用。可以说,思想源于实践,在实践中产生形成和发展,并对实践活动起指导、规范、引领等重要作用;正确的思想一旦为广大劳动群众所掌握,将形成强大的社会生产力,成为推动社会历史前进的强大精神力量。

关于思想史与社会史结合的几点思考

在中国思想史的学习和研究中，我们提倡将思想史和社会史相沟通、相结合，在整个社会历史背景、历史条件下观察思想的产生、形成、演变、发展和衰亡的历史过程，观察思想的研究、表达、争鸣、教育、普及、传承、积累和嬗变的历史过程。理解和掌握思想史和社会史结合的方法，除了学习、研究历史上思想家们的思想方法，还应该对这个方法本身有一定的理性认识。也就是说，我们还有必要了解什么是思想史，尤其要研究什么是社会史，在此基础上还要进一步理解什么是思想史和社会史的结合。

一、思想史与社会史

（一）何谓思想史

思想史指思想的历史。而所谓思想，则集中体现为历史上的思想家及其学术、教育活动，他们撰写刊行的学术思想著作。从思想史的研究对象说，以下三个相互联系的研究对象是需要专门关注的。

1. 思想家是思想史研究的第一对象

思想家是思想的主人翁，是思想的现实主体，是思想产生、形成、演变、发展等的主动力和源泉。故思想家是我们研究思想史时，需要首先关注的对象。

思想家的生平特别引人注目。因为思想家的生平具体涉及思想家的家庭、出生、生平、学习、学术活动、社会政治活动等，可谓思想史研究第一对象中之第一对象。它为思想家提供具体的、需要思想家终身思考解决的问题，如孔子面临的礼坏乐崩、天下无道问题，便是孔子终身面临并努力解决的问题；它还为思想家提供问题分析和解决的实践基础，动力和理想，发展途径等必要条件。

思想家生平内容丰富，但能决定性影响思想家思想的形成、演变的，主要是思想家进行的学术教育活动。思想家的学术教育活动，可谓思想史研究第一对象中之第二对象。故在生平中，则应该重点关注思想家的学术教育活动。思想家的学术教育活动，具体包括思想家的学术渊源，家学渊源或师承关系，从学和游历经历，阅读的著作及其论著，学术交流情况，学友或论敌，思想的理论属性、学术活动的学派属性，办学和讲学、门人弟子，学术思想的宣传普及和实践应用情况等。它的思想史功能有：为思想家将普遍问题具体化为他个人关注的基本问题；思想家思想的形成、演变、发展、定型的历史过程；师友、学派等，则为思想家思考解决问题提供具体的历史支持，如语言文字、知识储备、思维工具、思想方法、社会"友情赞助"等。

2. 学术思想著作是思想史研究的第二对象

学术思想著作是思想的物质载体，是思想史不可或缺的研究对象。它有两个层次：一是文本的符号意义层次；二是学术思想内容。两者都应进行专门研究。文本符号意义研究是第一步，逻辑分析思想内容，则是对思想内容的直接分析研究，两者相辅相成，不可或缺。

学术思想著作，包括经典注释、专著书稿、专业论文、诗词歌赋、行政公文等。思想家只言片语，尽皆属于应该搜集的材料范围。研究思想家任何一个概念，都应该全面掌握思想家的所有材料。将思想家的全集抄一遍，是我常常给研究生提出的要求。学术思想著作，主要指学术思想著作的文本和文本中的文字符号。关于文本，主要是文献问题，涉及文本的形成过程，文本刊行，文本的不同版本，后人对文本的编辑，文本的分类，文本的流传，文本的影响等问题。关于文字符号，则有语义问题，如字义问题、词义问题、句义问题、章节大义问题，以及文句的语境问题、语用问题等。

学术思想体系，是文本所载的思想内容。有些思想家的学术思想著作中，有学术思想系统，而这些学术思想系统又由概念、命题、命题系统构成，对此，我们可以进行逻辑分析。这些学术思想系统或分属于不同的学科领域，如哲学、认识论、教育思想、政治思想等，对此，我们可以进行相应的学科分析，如政治学分析、教育学分析等。

3. 思想家及其学术思想与社会历史的关系是思想史的第三研究对象

思想家及其学术思想，有其社会历史条件，这些社会历史条件构成了它的历史大背景。社会历史条件成就了思想家及其学术思想，思想家及其学术思想又反过来对社会历史产生了影响，成就了那个时代。这些影响，或明显，或隐晦，或当时，或后来。影响范围或广泛，或狭窄，影响时间或短暂，或久远，影响程度或深刻，或浅表，均应进行具体研究。思想家以其学术思想，搅动历史风云，影响历史发展，划定文明范围和界限，描绘人类文明史主线等，是其对历史影响大的方面。

总的看，思想家是思想的现实主体，思想著作是思想的载体，思想与社会的联系，则关涉思想的社会环境。可见，三者的关系不是相互分离甚或对立的关系，而是互相支持、相辅相成的。从中国思想史的学术史看，第一研究对象最早出现于学术思想史视野，《庄子·天下》《荀子·非十二子》等是代表；第二研究对象的出现，则在活字印刷术发明并广泛应用，书籍出版比较流行以后，朱熹、吕祖谦《近思录》，黄宗羲《明儒学案》等是代表；第三研究对象的产生和应用，则在20世纪马克思主义传入中国后。三个对象的先后出现，意味着思想史的研究对象，为思想史学者更加全面地认识和掌握了。这是历史进步在思想史研究中的体现。

思想史著作的内容，中国思想史学科的内容，就是学者们认识这些思想史研究对象的收获。所以，从根本上说，思想史著作只是思想史客观历史进程在学者们头脑中如实、合理而又能动的反映而已。

（二）何谓社会史

理论上说，社会史的哲学范畴是社会存在，思想史的哲学范畴是社会意识。

在社会史和思想史相结合方法中，"社会史"概念不只是社会学意义上的，而尤其是历史学意义上的；其外延指整个人类社会的历史，广义地看，也可以说就是整个人类文明的历史。历史是一个自然的过程，不以个人意志为转移，但深受人类整体精神活动的影响；人类文明历史从野蛮到文明，从不那么文明到比较文明，再到文明昌盛，是一个发展的过程。其中在这一过程中，人起着主导的作用。总的看，人的发展始终是文明史的主题、主线；斗争、革命等乃是发展过程中出现的问题，是文明发展史转型时期调整发展形式的摸索活动，只占整个人类文明史的小部分。而思想犹如实践活动的人的大脑，指挥着人的历史活动。故思想史不仅和社会史密切联系，而且对整个人类文明史起着十分巨大的作用。

二、思想史与社会史的结合

思想史与社会史都是整个人类文明历史的一部分。站在整个人类文明史发展的高度看，思想史与社会史有机结合，从未真正分离开来。这是我们进行思想史研究时，将思想史与社会史相结合作为基本研究方法的历史基础。社会存在和社会意识相统一，则是思想史与社会史结合方法的理论基础。

社会意识和社会存在的统一，在思想史中主要表现在两个方面。

首先，社会史是思想史的基础，是思想史产生、演变、发展、兴衰的物质条件。社会史给思想家们思考解决问题提供历史舞台，给思想家们提出需要思考解决的历史问题，并为思想家们分析和解决这些历史问题提供相应的历史条件。由此，一定的社会历史发展阶段，制约着不同思想家的思维广度、深度和高度，制约着思想系统的具体内容和思维方式、表达方式。一言以蔽之，社会史制约着思想史理论思维的历史水平。这种制约是社会意识统一于社会存在的集中表现。

其次，思想史反映着社会史，又反作用于社会史。社会史中存在的普遍形式或规律，正是思想史思维方式的源泉；在思想史中，思维方式达到最高水平时，它一定和社会史中蕴藏的普遍性逻辑形式相一致。这种一致性为社会意识能够反映社会存在、能够反作用于社会存在提供了有力保障。所以，思想史与社会史结合方法的实质，是让人们更能够从整个人类文明历史角度观察问题，文明作为人类历史过程的核心要素由此得以在方法中体现出来。

所以，这个方法不仅是马克思主义唯物史观的方法，也是健全的人类文明史观的一部分。

对于社会史制约思想史的方面，过去为了强调"唯物"，讲得比较多；而不大重视，发掘不够，讲得较少的，是对思想史反映社会史，特别是思想史反作用于社会史的方面，也就是思想史的主体能动性方面。后一方面，在历史上的思想家那里，却有更为丰富的内容，这些思想内容，对人们如何更好地参与创造历史有着更直接的积极意义。概括地看，将社会史和思想史的结合看作一个历史过程，主体和客体的辩证统一就是其中很重要的方面。相对于社会史对思想史的基础支持作用和思想内容、形式、水平的限制，思想史对社会史的反映、反作用，思想史对社会环境的主体能动作用，也是必不可少的另一面。

仅仅从历史的功能或作用角度看，要实现社会史的功能或作用，必须以思想史的功能或作用的实现为中介；思想史不能发挥应有的作用，社会史便不完整，社会史的进一步发展也势必受到很大限制。比如，如果人们没有健全的思想，便不能科学地思考问题，提不出恰当有效的问题解决方案，以救时弊，则人们言行活动便不免盲目，创造历史、推进历史的效率必然不高。这样的历史发展，文明程度便难言高水平。

思想史的这种中介作用或可这样描述：思想史反映社会史而又反作用于社会史。所谓反映，思想一要符合社会实践对象，思想史在总体上反映着社会史的实际情况；二要通过理性的逻辑思维，使对象在形式上抽象化，也就是使对象内容的形式普遍化，使其升华；其三，在反映、抽象过程中，同时伴随着主体对于对象的价值评判、价值选择、价值追求。由此看来，在思想史上，并不存在主体只是白板的照相式反映客体的情况。

所谓反作用，其首要前提条件是，要有思想，要有一个反映对象的思想结果，即反映、批判、改造、超越社会历史现实的思想系统，这个系统中蕴含有普遍必然的理性因素。其次，这样的思想系统还因为被断定为是正确的，即被认为是符合对象的、和其他已有的人生经验是最少矛盾的、解决现实问题最有效的，于是思想将转化为人生的信念，转化为人的理想、目标、价值标准、方法、出发点等。思想就这样内化为主体人的理想信念、精神血脉，主体的成长由此成为真正的经验现实。其三，在理性的思想信念支持下，思想再进一步贯彻到现实具体言行活动中，从而对思想家所生活的社会环境产生具体影响。

如果缺乏上述反映和反作用的若干运动环节，思想史对社会史的反映说，思想史对社会史的反作用论，就难免抽象。在这种情况下，我们对历史上许多思想内容性能的认识和评价，就难免混融不清，甚至出现简单化比附的情况；我们对历史上很多很好的思想、学说却没有获得实践机会，没有发挥出应有的社会史反作用，没有起到应有的推动文明史前进的效用，就难以解释清楚。

还要注意，思想史对社会史的反映，和思想史对社会史的反作用，两者是有密切联系的。思想史对社会史的反映和反作用的关系是，反映是反作用的基础、前提，反作用则是反映进一步成长结出的果实，反作用是由反映内容中蕴含的逻辑前提必然推出的结论，反作用是反映辩证发展的真正目的。不存在没有反作用的反映，也不存在没有反映的反作用。凡反映，就其前途而言，必是指向反作用的反映；凡反作用，必是反映基础上的反作用。反映和反作用是对立统一的辩证关系。这种辩证统一，大的方面看，在自然和人的辩证统一历程中，处于人对自然的作用一端，而与自然制约人的另一端相对而立；在思想史理论中，思想史反映社会史、反作用于社会史，则和社会史制约思想史相对而立。正是在反映和反作用辩证统一的基础上，具体地实现了主体和客体的辩证统一；也正是在主客体辩证统一的基础上，才完全实现了人生的生与死、形上与形下、物质与精神、存在与思维的辩证统一。

历史毕竟是人的历史，是人类以自己的社会实践创造着历史。人民群众才是历史的主人翁。所以，必须明确意识到，在社会史和思想史两者的关系中，无论是制约还是反映、反作用，都是人的活动，是劳动群众的社会实践活动的一部分。制约是人在自相限制，反映是人的意识对人的社会存在的反映，反作用则是人的理想对现实的引导、克服、包容和超越。人才是思想史真正的现实主体。用唯物史观指导研究思想史，绝不能见物不见人，见人不见心；一些欣赏唯心论的人，研究思想史，也不能见心不见人，见人不见物。

马克思曾经说过，科学理论一旦为广大人民群众所掌握，就会变成强大的社会生产力。细究其中蕴含的意义，也许会让我们有新的思想惊喜。

从人的主体性和实现的水平看，社会史制约着思想史，其实是社会史不发达时期，即人类文明史早期，社会生产力水平不高，人主体性低幼的表现。而思想史反映社会史、反作用于社会史，则表现着主体性的成长，表征着人愈益脱离动物，而真正成为了精神上的、文化上的"人"。思想史能反映社会史，思想史能反作用于社会史，正是人更加像人，所以社会更加进步、历史更加文明的表现。其中，思想史反映社会史，是比较低级的阶段，而思想史反作用于社会史则应是更为高级的人性修养阶段和人类文明史阶段。所以，社会史和思想史相结合，正是具体地表现着人通过社会实践活动而发生异化、克服异化而走向自由全面发展的过程，表现着人作为历史主体，其水平逐步提高的历程。绝不能因为思想史对社会史是反映、反作用，只是"反"，而不正，就低估甚或忽略思想史的人学地位和历史意义。

思想史与社会史相结合的方法，表征着从人类文明史整体看思想史这一专门历史进程的辩证思考，包含着十分丰富的内容。当我们对社会史的认识还不够全面、具体时，当我们对思想史的内容、历程和意义认识还不够全面、具体时，当我们对社会和思想之间的联系环节认识还不够全面、具体时，我们认识和运用社会史和思想史相结合的方法，在表达上，在实践上，难免会有简单化倾向。这种简单化，从认识上归纳起来，无非是对不同类别和不同层次的结合方式的混淆。具体而言，就是对社会史、对思想史的基础作用和制约作用，对思想史、对社会史的反映和反作用，换言之即对社会史和思想史辩证统一的具体关系环节，认识不够清晰。认识不清楚，头脑不清晰，实践必然盲目、动摇，历史发展势必粗糙、简单。

三、思想与社会的三种结合方式

在社会史和思想史相结合方法中，社会和思想是两个核心概念。首先应考察这两个概念的意义，才能弄清楚社会和思想相结合的可能意义。因为社会和思想相结合的意义，逻辑上制约和影响着社会史和思想史相结合的意义。

通常理解，思想指系统的理性认识，而社会则指以社会实践为基础的、以社会生产方式为核心的人类社会整体。这样理解，思想当然是社会整体的一部分，社会和思想的关系就是整体与部分的关系，而不是社会是一边、思想是另外一边的对立关系。由此，社会史和思想史相结合，也是社会史整体和这个整体中的某一部分的结合关系。尽管思想是社会的一部分，思想史是社会史的一部分，但毕竟思想和社会中的非思想相比较，思想史和社会史中非思想史部分相比较，还有其独特处。思想的独特性、思想史的独特性，是我们将思想史单列出来，讨论思想史这一部分和社会史整体的关系的内在原因。

思想和社会的结合，有同一的结合，有反映的结合，有"刺激—反应"和引导实践的随生，还存在着没有直接联系的伴生。人们能否用随生关系证明反映关系？逻辑上是不行的。同理，也不能用伴生说随生，用反映说伴生等。如果这样认识、这样表达，就犯了混淆不同类别结合方式的思维错误。

（一）本体论层面：同一的结合方式

意识、观念、思想只是对客观存在的精神上的反映。本体论层面的结合是逻辑同一律的体现。逻辑同一律是存在与意识统一的最高规律。社会史和思想史相结合依据于社会存在和社会意识的统一。

在思想史研究中，有些思想内容和社会存在的关系就是本体论层面的、终极的"相结合"，而不是现象界的对应。比如，古代中国人所谓"道""气""理""心""仁义道德"，现代国人所谓"本原""本体""存在""真理""精神"等，作为最高范畴，其社会存在基础就不能局限在现实世界某些具体事物上，更不能由此武断认定某思想家所谓"道"论实指的某个社会阶级或阶层、集团的利益。如果这样局限，就是对于思想内容的简单化解释，是对思想家形而上思想的经验主义曲解，是以对现象的认识代替了对本质的认识。

（二）经验层面："决定—反映"式的结合方式

社会史和思想史相结合，集中表现为生产方式对社会意识的决定性制约作用。恩格斯举出了这样几种作用：一是"最终的支配作用"，不过这种支配作用只在思想领域本身限定的条件范围内；二是"决定着现有思想材料的改变（比如，注疏还是发挥、总结还是分析、深化还是普及等）和进一步发展的方式（创新还是继承、分化还是统一、神化还是人化等），而且这一作用多半也是间接发生的，而对哲学发生最大的直接影响的，则是政治的、法律的和道德的反映"[①]。

一方面，社会对思想的决定，条件是社会实践被划入社会一边，而思想则和社会实践无关。这个前提实际上是不存在的。我国古人谈"知"，总是和"行"联系来看。事实上也是如此，任何思想都和社会实践密不可分。在这个意义上，所谓社会决定思想，实际上相当于说是社会实践决定思想。另一方面，也要注意，思想对社会的反映，有多种不同的方式，也有必要区分开来，不应混淆。

反映有直接反映，如日常观念对于现实世界和自己需要的直接反映，如拜金主义等，是对金钱在现实市场社会中可以购买到绝大多数商品这一非凡"神通"的直接反映。有间接反映，思想可能不反映眼前的现实的、个体或集团的、表面的、物质的等利益，而反映未来长远的、人类整体或世界整体的、本质的、抽象的（物质利益之所以为利益的原因、条件等）等利益。比如，思想家从社会历史背景中面临（发现和选择）的问题，是社会存在和思想家的思想意识相结合的桥梁。思想家面临的问题是他的意识对社会历史矛盾的综合反映，但不是直接再现；思想家以为是重点，很紧迫，选择作为自己人生使命的问题，或许只是众多社会历史问题中的部分问题。思想家选择研究解决什么问题，只是他的意识对社会历史有选择性的间接反映，其中内涵了较多的价值因素，体现了思想家的思想个性。在研究中，不能用直接反映模式硬套，以为所有思想都是对现实的直接反映；但人们恰恰容易将间接反映看成是直接反映，犯混淆不同反映方式的思维错误。

实际上，除了日常观念是对现实世界的直接反映之外，真正的思想内容，有思想体系的思想内容，如形而上学思想等，都是对现实世界的间接反映。这种间接性表现在：思想内容会反映现实世界的部分内容，但主要的不是反映现实世界，而是批判和超越现实世界；不是对现实世界的直接映照，而是体现了人在理想信念指引下，对于可能世界的理性把握，体现了人们对于美

[①]　恩格斯. 恩格斯致施米特 [M]// 马克思、恩格斯. 马克思恩格斯选集：第四卷. 北京：人民出版社，1972：485—486.

好未来的向往。如人性论、人生境界论就体现了主体的价值追求，对幸福生活的美好期盼。只是从现实世界中具体的、已有的人的情况论人性，就不能体现出这一点，这种现实主义的人性论，也不能对人的现实活动给予有力量的引导、规范和安慰。

思想史和社会史在经验层面的结合是社会意识反映社会存在的表现。

有些学人混淆不同层面的结合方式，比如，以经验层面说本体层面，其实是犯了混淆层面的思维错误。

关于反映关系，如就个人言，社会、人生无非两件大事：一要生存，二要发展。故所有的思想，从社会、人生角度看，就可以划分为两大类：一是生存思想，如存在论；二是发展思想，如人生观、历史观、理性观等。

人都在功利中生存和发展。吃穿住行是物质功利需要的满足，科学、哲学是求真需要的满足，文学艺术是抒发情感、审美愉悦等需要的满足，道德、宗教是善的追求、安的追求等需要的满足，凡此皆有对人而言的功利意义。冯友兰所谓功利境界与自然、道德、天地等对待，其实自然、道德、天地境界也有功利的好处，否则何必求之！诸种境界的区别，并不在于是否功利，而在于其所意识到的功利是否有理性基础，是否在人类社会甚至自然界中有更广泛的普遍意义。冯友兰之区分，其实还是受到古人的影响。古人所谓立德、立功、立言三不朽，就将功利价值和德性、言语（语言文字）的价值分开。其实，德行之所以可贵，是因为它在现实生活中确实有比单纯的事功、言语有更普遍久远的积极价值；言语亦然，如言语无功利价值，便可以不必需要言语。言语有表达形式的功利价值，德行作为人所必备的文明修养，有对人类社会发展而言最高、最普遍、最久远的功利价值，事功则只有某一件或某一类或某一时间地点对某人或某些人的发展而言所需要的功利价值。

如此，古人热议的义利之辨，只是功利价值多少、大小、本末、久暂等的辨别罢了。能选择多、大、本、久功利的，谓之义，显得认识博大、久远，谓之大人；只能选择少、小、末、暂功利的，谓之利，只因见识狭小、浅薄，难有发展前途，遂谓之小人。其实，义必然利，而利未必义；义便是利，利却不一定义。利即义之和，义者利也，义利统一，以义为主，古人已经认识得很清楚了。

人的功利追求在事实上互相有冲突，损人利己是自私，故"私"的观念是现实社会人生追求的反映；利己利人非自私，便注意到人类追求利益的普遍性，故"公"的观念也是社会人生追求共同发展的反映，是孔子"己欲立而立人，己欲达而达人"思想的概念化。人类社会有阶级性、阶层性等，故人类的思想也有阶级性、阶层性等。但由于社会人生的复杂性，如人与人之间、每个人自己前后之间、历史的前后、社会中的类型之间等，都有不同。任何一种社会的性质，都不等于社会的所有性质。同理，人的思想的任何一种性质，都不能被提拔为人的思想的所有性质。过去阶级分析扩大化之所以错误，就在于犯了这样形而上学的思维错误，在具体研究中则陷于简单化，急于得结论。

（三）精神层面："主体—客体"的结合方式

在历史过程中，存在着历史主体和历史客体的辩证统一关系。在逻辑上，历史客体是历史主体的产物、材料、工具，历史主体是历史客体的出发点、主宰者和理想。历史主体指历史的自在、自觉、自主、自由的性质和作用表现的过程。其中，自在的历史主体还只是潜在主体，而非现实主体；自觉、自主是现实主体的主要内容，自由则是理想的主体的本质特征。主体的存在都是抽象的，而自觉、自主、自由更多地在思想中存在。在这个意义上看社会史和思想史的关系，则思想史比社会史更表现了人挺立自己主体性、实现人之所以为人价值的精神历程。故在个人的或社会的实践活动中，思想对于行为的作用，不仅仅是反映、尾随，尤其有批判、选择、引导的主宰作用；与此相应，在社会历史进程中，思想史对于社会史也有反思、规范、引导的主宰作用。当人类社会生产方式经历着由低到高的发展模式，但一个民族的文化有多大容量，却只有到它的思想宝库里去探寻，才可能比较清楚。

具体分析，社会和思想之间，存在着随生关系。随生，即随之而生。表现为：

一是先有人类社会，然后才有关于人类社会的思想；先有自然，然后才有关于自然的观念。先有长期的原始社会、早期文明社会的长期积累，才有先秦诸子学的蔚然勃兴。这些思想只是人类文明历史的精神记录，是文明成果开出的灿烂花朵。

二是先有学者、学者的人生活动，有人生、社会等问题，才有人生观、社会观等思想出现。这些思想只是对于人生、社会问题的解决方案。

同时也要注意另一个方向的随生关系，即唯有正确的思想指导，人生才能成功，才能不断前进，社会才能和谐、稳定，顺利发展。

这说明，社会实践和人的思想之间，实际上互相支持、互相证明，是相辅相成的。一旦静止地而不是运动地看社会史和思想史之间的关系，将这两者分割开来，以为社会可以没有人的思想，社会史可以没有思想史而成为社会史，或者以为思想和社会现实没有什么内在联系，思想史可以没有社会史而抽象地独立发展着，只是抽象地、片面地、独立地看社会史和思想史各自的内容和功能、作用，就难免有偏蔽。

思想史和社会史还有伴生关系。伴生，即相伴而生。体现到思想史研究方法中，就要求我们，研究一位思想家的思想，就必须注意到其生平阅历、历史背景，也必须注意到其思想内容的社会历史因素和特征，注意到其思想对其个人人生的影响，以及对其所处社会和历史的影响。

在中国思想史学科的发展历程中，特别是近代以来，关于中国思想和外国思想的关系，关于传统思想和现代思想的关系，总是一个令人不能回避的问题。这个问题的解决，也不能离开社会史和思想史相结合做支撑。在思想史上，社会史和思想史相结合，又不只是理论的、学术的问题，而且同时也是实践问题。如何沟通思想和社会？如何沟通思想史和社会史？如何研究思想向社会的传播？如何认识思想的现代价值？这些问题，也都可以从教育、实践的角度加以考虑。

2009年11月28日，全国中国思想史学科座谈会在西安召开。张岂之先生在会上语重心长地告诉大家说："中国思想史学科，经过许多前辈的努力，现在成为得到国家重点学科，这很不容易。我们要十分珍惜现在这一来之不易的机会，百倍爱护。"老先生语重心长，言近旨远。我们应该好好学习和研究思想史，专心致力于中国思想史学术事业，学而不厌，诲人不倦，像前辈那样，超越个人利害得失关系，忘我追求真理。通过我们的教学和科研实践活动，具体体现出思想对于现代社会的价值，从而为思想与社会的沟通提供一个鲜活的现实案例。如果我们学好了思想史，提高了自己的理论思维水平，提升了自己的人文修养，自然有助于建设好中国思想史学科，有助于建设好西北大学中国思想文化研究所，有助于推进社会精神文明建设，帮助思想的社会传播走上健全的发展道路，切实实现思想史的现代价值。

思想史与学术史关系简论 ①

　　作者按：思想史与社会史结合，包含着思想史与学术史结合、思想史与文化史结合等内容；因为学术史、文化史本就是社会史的一部分。思想史与学术史结合方法，以思想史与学术史的辩证统一关系为基础。思想是理性认识的成果，学术是理性认识的路径。思想的产生、形成、演变、发展，都离不开学术的支持；学术的结论、成果，也要以思想系统的形式展现，才算真正完成。思想与学术密切联系，思想史与学术史有机统一；故思想史与社会史结合，不仅包含思想史与学术史结合，而且必然发展为思想史与学术史结合。

　　"思想"概念可能源于西方。曹子健《六盘石诗》"仰天长太息，思想怀故乡"，所说"思想"是思量、想念，为动词，无现在"思想"义。现代意义上的"思想"概念包含在中国传统的"学术"一词中。如"诸子学"、《宋元学案》《中国近三百年学术史》等。显然，为了更好地研究中国思想史，对思想与学术的关系、思想史与学术史的关系有所把握，是必要的。

一、"思想史"中的思想

　　思想是思想史的对象。当然，思想史的对象不只是思想而已；而且，思

---

　　① 张岂之，谢阳举 . 中国思想史论集：第一辑 [M]. 广西：广西师范大学出版社 .2000. 收入本书时有修改。

想也不只是思想史的对象，也可以是思想史的内容。但在这里，我们只讨论作为思想史对象之一的思想。首先要说的是，不明了思想的特征，思想史研究也不大可能顺利地进行。

分析地讲，"思想"的意义很复杂。在《知识论》中，金岳霖从实在论的逻辑哲学出发，对"思想"一词进行了细致分析。他认为，思想（思议或逻辑思维）的对象是抽象的共相、理，思想的内容是概念、命题，思想的材料是客观和感觉给认识者提供的经验（意念、意思），思想的目的则在于帮助认识者对世界的理（不矛盾的、融贯一致的概念结构或命题结构）进行真正的理解。[①] 金岳霖先生是从实在论、从逻辑哲学角度来讨论"思想"的，他严谨细密的分析，足以给我们以启发。

概括说来，思想是对客观存在的系统反映。这是从唯实论的认识论角度下的定义。当然还可以有其他角度的定义。根据这一定义，我们可以看出，思想是知识系统、逻辑系统、符号系统，有客观性、逻辑性，也有主观性和历史性。另一方面，反映总是人在反映，这就使思想有可能具有主体性。贺麟说，"所谓思想，即在他物中遇见或发现自己""在他物中，在对象中发现自我"[②]。贺麟对思想的界定具有黑格尔哲学的辩证特点。他的说法，对于我们讨论"思想"仍不无参考价值。至少它可以让我们对于思想的主体性特征有所关注。事实上，思想的主体性根源于社会实践中的人。而人在认识活动之外，还有实践活动，有情感、意志活动。这些活动通过理想、信仰等途径影响人的认识活动。所以，思想又是一种理想系统、信仰系统，有主体性特征，当然也有客观性。

思想是客观性和主观性、逻辑性和历史性、主体性和客体性的统一。两个方面对立统一，不可分割，共同制约着思想历史过程。我们进行思想史研究，在态度上对这两个方面都应重视，如实对待，以体现出对思想史研究的科学性；但在追求上，却应努力揭示思想中客观的、逻辑的（含历史的）、主体的（含客体的）成分，以体现出思想史研究的意义。

---

① 金岳霖. 金岳霖文集：第3卷 [M]. 兰州：甘肃人民出版社，1995：253—312.
② 贺麟. 黑格尔哲学讲演集 [M]. 上海：上海人民出版社，1986：185.

二、"学术史"中的学术

现代意义上的"科学""思想"，都包括在传统"学术"概念中。目前学界也常用学术指称科学，如"学术讨论会"。当然可以说，现代中国各门科学之总和，即是现代中国的学术。但关键在于如何"总和"。显然，现代搞的学术史研究，并不等于科学史研究。近现代中国学术发展的一个标志是科学化。但由此产生出来的各门科学，似乎不能涵盖原有"学术"的意义。在对象、方法、内容、主体等方面，学术与科学有交叉，但并不等同。

（一）学术的文字学意义

《辞源》："学术指学问，道术。"南朝梁何逊有诗曰："小子无学术，丁宁困负薪。"[①]由此见到，学术有学问、学术水平、学术修养等意义。但这一解释仍有些抽象。我们还可以更进一步分析"学术"一词的意义。

"学"，甲骨文、篆文的"学"字，皆象形，指一人手持一爻，膝盖上抱着一小孩，似乎是一老人在给孩子讲《周易》卦爻的道理。从老人角度说，是持爻以教膝下之子，是教；从小孩角度说，学爻于大人膝前，是学，即学习、受教、仿效。教学相长，教学统一。后来教、学二字，均从此字发展而来。此二义例证颇多，兹不举。把教与学结合在一起的活动，此乃"学"之第一义。

此外，"学"字还有"觉悟""知觉"等义。《说文·教部》释"教"为"觉悟"。《玉篇·子部》因之，曰："学，觉也。"《白虎通·辟雍》更清楚，曰："学之为言觉也，以觉悟所不知也。"应该说，此义比教学意义更深入了。

"觉悟"，是动词、名词，前者是"使某人觉悟"，后者是某人获得了觉悟。二者当然不同，前者是"学"之活动，后者是"学"之收获，如学习、知识等。

"学"在教学、学习等实践活动中，也在语言文字等符号中表现出来。如为前者，则实践活动便是有计划，有规范，守学理，易成功的实践活动。如为后者，则为学术著作。汉时"学"又引申为"注释或理解"的意义。《广

---

① 辞源编辑部.辞源（合订本）[M].北京：商务印书馆，1988：432.

雅·释诂》:"学,识也。"王念孙《疏证》:"学者,识也。何休注《公羊传》,曰何休学。"陆德明"释文":"学者,言为此经之学,即注述之意。"经典注释的对象,当然不只是经典本文,还包括经典本文表达意义背后隐藏着的思想意义、作者本意。

据上"学"的意义,是有体有用的统一体。教、学二义的统一及其活动,为"学"之表象义;觉悟、知识、懂道理、理解,为"学"之深层义。觉悟经典之理,表现出来则是注释经典,此即经学;儒家之知识系统、理想系统、信仰系统、逻辑系统、符号系统——这些都是觉悟的不同表现形式,便是儒学。

学又需分解。道、真理等为学之目标;自然、社会、人生、经典等为学之对象;知识以及其中的逻辑、理想、信念等为学之内容;经验为学之直接材料;认识、觉悟等,为学之活动;教学讲述,为传承、普及学之内容的学之活动;学校,乃传承学之内容如知识等的活动场所;觉悟、知识之系统化,即学问、学识、学术;觉悟者之组织为学派、学会,觉悟内容之刊登传播是学报、学刊。

"术",也指学说、主张。如《庄子·天下》"古之道术有在于是者"。道术,指关于道的学说。术,也有阐述、述说之义,乃假借。

"术",也是象形字,其形如行字中间夹一木。初指都邑中的道路,也泛指街道、道路。《说文·行部》:"术,邑中道也"。《墨子·旗帜》:"巷术、周道者必为之门。门二人守之,非有信符,勿行。不从令者斩"。"巷术"指小道,"周道"指"大道"。可见,"术"本指道路。

道路,是到达目的地的途径,后引申为技术、技艺、办法、策略、法规、规范。《广韵·术韵》:"术,技术。"《孟子·公孙丑上》:"矢人岂不仁于函人哉?矢人惟恐不伤人,函人惟恐伤人,巫匠亦然,故术不可不慎也。"《礼记·乡饮酒义》:"德也者,得于身也。故曰古之学术道者,将以得身也。"郑玄注:"术,犹艺也。"又引申为学说、主张,称为道术。《庄子·天下》:"古之道术有在于是者。"术也假借为阐述、学术、方法。

总之,在最高意义上,"术"也指学问、学术方法。

"学术",是"学"与"术"之合,包含三层意义。一指学问、道理、真理,乃思想的对象;二指人们获得学问、道理、真理的方法,而思想方法是其中很重要的部分;三指学问、道理、真理之表现于符号者。如果这些符号长期流传下来，不断被后人理解，这就是历史上的思想体系了。若表现符号为人体，则称学人、学者、学养；若表现符号为社会组织，则称学派、学会；若表现符号为传承、宣传、普及活动，则称为教学、学习、诠释学；若表现符号为语言文字，则有学术报告、学术演讲、学术著作、学报、学刊等。

（二）"学术"的历史学意义

由上可见，中国传统"学术"一词，作为概念，包含了"思想"意义在内。对人而言，在人生中，用为学方法，学以求道，通过学术活动追求真理，实现人生价值，正是中国学术的最高宗旨。正因为"学术"一词涵盖了思想、人生等意义在内，所以，过去中国的学术史，如《宋元学案》《中国近三百年学术史》等，也可以说是思想史。今天我们的思想史、学术史，分别地都可以追溯到《宋元学案》等著作那里去，而研究科学史的学者，却不约而同地，并不将《宋元学案》等著作当成自己的渊源。这说明，现代不少学者，对学术和科学也是有所区别的。

我们当然可以将传统文字学、文献学、训诂学、校勘学等很具有科学性质的学科看成是学术，如《汉学师承记》所谓"汉学"，就是与"宋学"相对而言的一种强调考据实证的治学倾向。汉学当然也是"学术"，虽然不等于"学术"。这又说明，"学术"中，除了有"思想"成分外，至少也应有近似于现代所谓科学的成分在内。近似于现代所谓科学的成分，指运用了逻辑推理（证明）和实践实验（证实）方法。这两者，恰恰是一般观念发展成为思想系统的必由之路。

我们知道，近代以来，中国传统学术现代化的一个重要方面就是科学化。现在看来，传统学术科学化是否可能，值得进一步思考。我们显然不是简单地用西方的科学来代替传统的学术。将传统中国学术中包含的某些科学精神发掘出来，让它自身实现现代化，当是一条更好的有建设性的办法。如果这是有道理的，那么，传统学术运用了科学方法，包含了科学内容，洋溢着科学精神，就是一个必需的假定。而实际上，丰富的朴素辩证法思想、隐藏的形式逻辑思想、实事求是精神等，在传统学术中大量存在。传统学术中包含着一些科学基因也是一个事实。

　　而且，我们甚至可以进一步断定说，传统学术中思想系统的建立和历史地位，都离不开来自传统学术自身所包含的科学精神的支持。虽然传统学术中逻辑学不发达，但显然地，所有成熟的中国思想家几乎都用朴素辩证法作为自己的方法论，用朴素的形式逻辑作为自己的分析方法。分析性和辩证性的强弱，是影响学术历史地位高低的决定性因素。这一点，中国学术也不例外。辩证法和逻辑学，仍然是中国思想家克服一般观念的模糊、动摇、矛盾的弱点，在清晰、稳定、一贯的基础上使一般观念系统化，发展成为真正思想的一般方法。从一般日常观念到系统思想，有一种逻辑的发展关系。即使现在，如果我们不明白这一点，也可能将两者误会成为对立的两极。一般观念多是对现实的较直接的反映，思想系统则是对现实的较间接的反映、规范和引导。从现实出发，从现实问题出发，不自觉地遵循朴素的学术规范，在学术积累基础上建立起思想体系，并最终使此思想体系体现"经世致用"特点，服务于解决现实问题。这些有科学精神因素的成分，应该说是中国传统学术中值得肯定的倾向。

　　将中国传统学术中这一倾向用分科形式突显出来，让学术规范具体化、精细化，使学者们对学术规范的遵循自觉化，这似乎是中国科学建立、成熟所不能不走的一条路。现在，人们将各门科学总起来，称为"学术"，也不是没有道理的。在学术现代化过程中，学术的外延日益被各门科学所丰富，所充实。专业分工，越分越细，并要求清晰、精确，日益缜密。这就可以为人类认识的贯通、深入打下牢固坚实的基础。换句话说，在科学的支持下，思想系统才可能更严密，思想内容才可能更准确，思想的作用才可能更广泛更有力。在学术中，思想和科学的相辅相成的关系，方可能成为学人们自觉的追求。只有这样，学术也才可能真正繁荣起来。

　　总结起来说，在中国历史上，"学术"一词的意义似可从两方面看：一方面，"学术"不等于现代所谓科学，它包含了"思想"在内；另一个方面，"学术"又不是和现代所谓科学毫无关系，或完全矛盾。相反，"学术"与科学有内在关系。甚至似乎可以说，"学术"中已经浑朴地蕴含了现代所谓科学的基本精神在内。正因为如此，现在我们即使完全用科学的眼光来看传统中国学术，也能发现其中包含了一些合理内核或优秀内容。

三、学术史与思想史

由上分析可知，中国传统"学术"一词，包含了"思想"的意义在内，也包含了思想的产生、形成、演变、影响等逻辑过程在内。如果我们将其中的"思想"单独列出来，将"学术"中除了"思想"的剩余部分仍称之为学术，然后来讨论这两者之间的关系，这就是我们现在所讨论的思想与学术的关系。由此，我们在讨论思想与学术关系时，当然也会时刻意识到，按传统"学术"视界看，思想与学术本就是传统"学术"大背景下不可分的整体，只不过二者强调的重点各有不同而已。

分别看，思想强调学术的知识性、逻辑性、主体性、形上性这四个方面的特征。而这四个特征，恰恰是有分析传统的西方学术的突出风格。思想，正是西方学术中的重要概念。而学术，强调的则是思想的现实根据、准则和影响，强调教育、学习活动、理解认识活动、生产实践活动、日常生活、语言文字等与思想的不可分割的关系。思想是抽象的，而学术，则要借助现实体现出思想的具体性来；学术，似乎总不能摆脱历史局限性，而思想，则要借助系统、抽象来克服学术的局限性。

如果这一说法有道理，则思想与学术就有类似于"形而上者"与"形而下者"那种关系，不能截然分开。比如，看某古人学术水平如何，尤其要看他的思想如何，看他的理论思维水平如何；而看某古人思想如何，看其思想能否成立，合理性如何等，则不能不从其师承、学友等方面进行考察，从其学术渊源、学术交往中，探寻其思想的学术基础、学术方法、学术依据，考察其人的整个学术修养水平。这样，学术就成为思想的有形的表现，思想则成为学术抽象的实质。

思想和学术又各自在时间上是一绵延过程，这就是思想史、学术史。历史的发展，在这两者那里，表现为学者增多，学派林立，学术著作广泛流布，理论思维水平提高，教学普及，思想敏锐活跃等。这些社会现象，相互联系在一起，体现出在思想史与学术史之间，确实存在着不可分割的关系。换句话说，一部学术史，恐怕必须写出其中思想产生形成、发展演变的历程，写出其中思想尤其是思维方式的特点和成就，才可能是系统深入的、有逻辑必然性的好的学术史，而不是各门学科的大杂烩；而一部思想史，也必须写出思想的学术基础、学术方法、学术成就，才可能是丰富充实、立体感强的思想史。未写出学术味道的思想史，可能会是空疏而抽象的，难以解释清楚思想的合理性依据，难以说清思想史演变历史的、具体的原因，难以真正揭示出思想史发展规律。而思想史与学术史的逻辑关系和历史关系，在好的学术史著作或好的思想史著作中，分别都会有自觉的如实反映。

当然，思想史与学术史又各有其重点对象、入手路径。学术史的对象重点在学术，在于学者、学派、学人及其学术活动，在于他们的学术追求、学风、学问，在于学术著作及其撰写、出版、流衍、解释，在于学术思想的渊源、形成、演变、影响的历史事实，也在于学术思想的教育、传承、探究、冲突的实际情况，在于整个社会学术修养的积累、提高。其入手路径应该是，从学术史这一研究对象出发，揭示出思想的学术根据、特色以及在学术活动中的表现和影响。一部学术史，应该反映思想史的发展线索；如果这样，那么，一部完整的学术史就包含了简明思想史在内。

思想史的重点，则在于思想，在于思想家及其著作，在于某一思想的产生、形成、发展、演变，及其社会史原因、学术史条件，在于不同思想家的思想冲突和学术联系，在于思想系统的逻辑性能分析（即概念、命题、命题关系分析）和历史评价，在于整个思想史发展主线和历史规律的提炼和总结等。而一部博大的思想史，同时就应是学术史。

可见，即使分开来看，我们仍然会发现，思想史中有学术史的现实基础，而学术史中又有思想史的主线、内核。思想与学术，即使在历史过程中，也时刻联系在一起，不能分离开来。这一情况不是偶然的。

我们知道，每一时代，每一个人，都会面对着一些最基本的、共同的问题，如活着、活得好、活得明白等。由于时代条件不一样，这些共同的问题，在不同时代、不同领域、不同学科、不同层面，具有不同的表现形式，有不同的分析和解决办法，这些不同的形式、方法，竞相出现，斗艳争奇，形成了纷繁复杂的学术或思想流派及发展阶段。

撇开一些表面现象，我们可以发现，"思想"正是对上述一些共同的、根本问题的集中讨论结果。只不过，在不同时空条件下，不同的人所选择的侧重点，所深入的层面不同而已。而学术，恰恰为学者或思想家思考解决问题，提供足够的知识储备和视野、实践工具和技能。正是学术，为学者或思想家提供了从社会实践、生活经验飞跃到思想系统之巅的登云梯。借学术这一桥梁，思想可以将自己的实在根据、知识结构、价值标准等，建立在现实的自然、社会这块土地上。通过学术这一桥梁，思想也可以获得人生阅历和社会实践的支持，由此才可能成为人类文明这棵大树上开出的最绚丽的花朵。而现实的人生、实践等，借助学术这一桥梁，便可以到达普遍必然的真理彼岸，便可以突破特定时空的限制，从而达到具有相对普遍价值、相对永恒意义的理想世界。

由此看来，无论是在对象上，在内容上，在方法、宗旨上，思想史和学术史都有密不可分的关系。在思想史研究中，将思想史和学术史结合起来，符合思想、学术的特征，也符合思想和学术关系的实际情况。所以，作为方法，将思想史和学术史结合起来，不仅对于中国学术史研究，而且对于思想史研究都具有重要意义。

论学术社会 [①]

　　思想史与社会史结合，学术社会是结合的中间环节。学者生平、学者的学术活动、学者进行学术活动的环境和条件，构成学术社会。学术社会，是社会制约思想、社会史影响思想史的中介，也是思想反映社会、思想史反作用于社会史的桥梁。要使思想史与社会史结合，必须研究学术社会，明了其性能，疏通思想与社会的隔阂，打通思想史与社会史的联系。

　　学术社会，俗称学术小环境，指学者们进行的学术活动本身，及其时空范围与主客观条件，是学术主体和学术客体在具体学术活动基础上的对立统一。学术社会，是社会和思想的中介领域。研究学术社会，也是学习和掌握思想史和社会史相结合方法的必要环节。

　　学术社会，是社会中的一个重要领域。随着"知识经济"时代的来临，学术社会在社会中的中坚作用将日益凸显。在这种情况下，将学术社会作为一个专门的领域进行审视和研究，考察学术社会的形成及其条件，揭示学术社会的基本特征、社会功能，提炼学术社会的运动阶段、运动规律，特别是揭示学术社会在精神文明建设和制度文化、物质文明建设中的特殊作用，建立学术社会学，显然有重要意义。本文从学术思想理解方法角度研究学术社会的问题，希望成为引玉之砖。

---

① 原文以《学术社会研究——中国思想史方法的桥梁》为名，发表于《海南大学学报》1999年第3
期。收入本书时有修改。

一、中国历史上的学术社会

阐述学术思想的内容和形式是学术史研究的任务。但学术思想总是在一定学术社会中产生、发展和演变的。学术社会对学术思想的内容和形式、诞生和转变、显盛或衰竭都具有十分重大的影响。可以说,科学地研究学术思想或学术史,离不开学术社会这一背景和视角。

中国学术史研究有2000多年的传统,大致可划分为子学、经学、科学三个阶段。三个阶段都以学术思想为重心研究学术史,但在解释学术思想的方法上却有差别。虽然有这些差别,但却在总体上遵循着以学术社会来解释学术思想这一思路。

第一,子学时代。以《庄子·天下》《荀子·非十二子》为代表,基本上以描述、辨别各派学术思想为主;解释学术思想,则多从学术思想内部进行。譬如,从言与意,或从知与行,或从学术思想与政治实践等方面去辨析异同、暴露矛盾,或揭示其优长处。这时方法已经包含了后来学术史研究方法的萌芽。例如,以知与行、学与治关系评价学术思想,开启了以学术主体的学术活动为中心的社会史方法;而从天人合一,从本体的"自然"来批评学术思想,也可以说是后来以学术思想的逻辑运动为内容的逻辑方法的最初形式。可见,在子学时代的学术史批评中,学术社会虽然被诸子百家激烈的争辩所掩饰,但也不自觉地触及学术社会的基石——学者及其学术思想。

第二,经学时代。以朱熹《近思录》和黄宗羲《明儒学案》为代表,分别从道统、学统的展示历程和学术主体(学者、学派)的学术活动(学术渊源、师承授受、学友讨论、学派斗争与融合、学派的兴衰等)两个方面来描述和解释学术思想的异同、演变。前者是逻辑方法,这个逻辑,当然是理学家的逻辑,即理学家的思路或思维方式,结合他们常用的概念和命题,可以称之为"体用逻辑"方法;后者有社会史研究方法的性能,只不过还局限于学者、学派的范围,并被理学的思路束缚着,所以还不能称为科学方法。后来出现的社会史研究方法,正是经学时代学者、学派的研究方法,向着学术主体活动的广阔社会历史范围扩展,同时抛弃了受门户观念束缚的学统观念,转变成以可靠史料为出发点,以实事求是为根本精神的客观研究。在此基础上,社会史方法和逻辑方法获得了有机统一。即使如此，学术社会的主要领域——学者、学派的学术活动——仍然初步揭示出来了。

第三，科学时代。以侯外庐等学人的《中国思想通史》《宋明理学史》为代表，强调思想史与社会史相结合，在社会生产方式的广阔背景中解释思想的内涵及其历史形成和演变，同时也从思想的演变，揭示学术史的内在必然性，进而从学术文化这一侧面把握整个社会历史发展规律。强调思想史与社会史结合，是辩证历史观的必然要求，也是逻辑与历史统一的具体化。只有从历史出发，从史料出发，全面、历史、具体地研究评价学术思想，才能得出具有科学性的结论。所以，总的说来，思想史和社会史相结合的方法，乃是学术思想研究的科学方法。

另一方面，社会史和思想史，都服务于人类认识和改造世界。两者的结合，一刻也离不开学术主体的学术活动这一中介。因为以学术主体的学术活动为中心，以学术活动的时空范围为半径，划出一个圆，这个圆面，就相当于该学术主体的活动范围，即"学者的世界"，也就是学术社会。学术社会是学术主体直接面对的那部分社会，是学术主体的学术思想的直接刺激点和生长点，也是学术主体接收整个世界，尤其是社会和思想信息，从而转变为自己的学术思想、并推动学术思想发展的必经通道。可以看出，学术社会对于联结思想和社会两大领域，使社会史和思想史实现具体的、有机的辩证结合，具有十分重要的意义。

二、什么是学术社会

学术社会，指学术主体进行的学术活动及其时空范围和主客观条件，是学术主体与学术客体在具体学术活动基础上的对立统一。进行学术活动的学术主体是学术社会中的决定性因素。因为学术社会中的矛盾总要由学术主体来认识和利用、克服和消解，学术社会的演变或转折都要由学术主体自觉或不自觉地进行和完成，而学术社会的进步则主要体现为学术主体学养（学术修养）的提高和学术效益的增长两个方面。

但另一方面，学术主体对于学术社会的决定性作用又时刻受着学术客体的制约。不过，我们研究学术社会时，将更关心学术主客体如何在学术主体的努力下克服对立，走向统一的情况。具体地说，我们作为解释主体，出于解释需要，自然比较关心学术主体怎样充分利用既有学术条件，甚至创造出一个相对宽松和谐的学术小环境，以保障学术活动正常进行，保证学术效益不断提高；比较关心学术主体克服不利条件，创造、利用有利条件的努力过程中所包含的成功经验和失败教训，从这些经验教训中能够总结出一些关于学术主体进行学术活动所必须遵循的、带有规范性质的内容来。这些内容，对于学术研究时刻都具有现实意义。因为这些内容，乃是支持学术主体取得学术成就的非常重要的因素。不用说，当我们在赞美学术主体的巨大学术成就时，在批评他们学术思想的种种不足时，却忽略他们取得这些成绩或产生这些问题的主体方面的因素，显然就是不全面的，简单化了的。

为了避免出现上述尴尬，解释主体当然要反思自己的解释学根据。因为仅仅指出学术主体的局限性，以及这些局限性的一般客观根源如学术渊源、阶级立场、政治态度、生产方式等，还是不够的；必须深入一步，直面学术主体，直截了当揭示这些局限性的学术主体根源——学者的理想、知识结构、性情、意志力等。因为只有经受学术主体检验审查过的事实，才是学术思想面对的客观事实；只有为学术主体所承认、接受的客观条件，才是学术思想直面的客观条件；只有那些学术主体所意识到的历史问题，才是学术思想诞生、产生的真正逻辑起点；也只有被学术主体掌握和利用的知识和方法，才可能演变成为学术思想的方法。一言以蔽之，只有学术主体所直接针对、面临、接受、利用的客观历史条件，才是该学者学术思想产生形成和发展演变的实际影响因素。学者没有意识到的客观条件有很多，也会对学术思想产生重要影响。但如果一位学者的思想中，存在着受这种影响的观念因素，恰恰说明该学者理论思维不足，学术水平不高——因为他对自己学术思想的条件、依据、方法等，缺乏理性的自觉和探讨。只有这样，才可能比较具体地认识学术主体相互之间、学术主体与解释主体之间生动鲜明的历史区别。

所谓时空范围，指学术活动的时间段和空间域，这两者可统一为一定的场所。根据学术活动场所范围大小，可分为世界文明状态、民族国家的文化特征、地区的自然人文特征、社区的学术条件和倾向等几个层次。最低的层次包括家庭、工作单位（学校、研究所等）、学会等，如在宋代，则主要是家庭、学校、书院、庙观等。

当然，研究思想史的学者，即解释主体，必须对不同而相近的时间段内的学术主体，既进行时间上的分析比较，又进行不同空间范围的综合分析比较，然后汇合而观，才称得上是对学术活动的时空范围进行了全面研究。因此，对几种学术活动场所的比较分析，也要求揭示出这些场所的时间性和不同层次的空间性质，以及这些时空性质对学术主体的学术思想发生的具体影响。

所谓主客观条件，指学术主体进行学术活动的主观内在条件和客观外在条件。从客观条件看，大概有以下四个方面值得关注。

（1）生存条件：指学术主体维持基本生存所需条件。从作为个体的学者来看，基本生活水平、人身安全维护、学术时间的争取、学术活动空间的建立等，都是必要条件；从作为组织的学派来看，学术关系和维持学术关系的组织、制度，如学术规范、学术纪律、学术习惯，甚至潜规则等，也必不可少。

（2）物质条件：学术经济基础，主要表现为学术经费支持；学术工具，如图书资料、仪器设备、纸墨笔砚等；语言、文字。

（3）信息条件：学术著作的出版、印刷、传播、收藏等学术文化事业的发展情况。

（4）政治条件：政府对学术的政策导向和禁止、社会和平与稳定等。

一般来说，学术活动的客观条件从总体上决定着学术的发展水平。这是因为它将社会历史广阔背景，浓缩成为学术主体进行学术活动的外在直接条件，将社会生产力、生产关系、上层建筑的广阔而复杂的内容，凝聚成学术主体可以具体感知的外在因素，并自觉不自觉地注入学术活动中，从而对学术主体的学术思想发生潜移默化的影响。但是，如果没有学术主体的认识、利用和改造，这些客观条件对于学术思想的产生和发展来说，也只是材料的堆砌，没有正面积极的意义和价值。学术活动的客观条件要对学术发展产生决定性影响，必须通过学术主体的认识、利用和改造这一中介环节。或可以说，学术活动的客观条件，必须通过学术活动的主体条件而起作用。

学术主体进行学术活动的主体条件，有以下三方面。

（一）学术需要和追求真理的学术理想

学术需要在主体意志中集中表现为求知欲。还在解决生存问题时，人们对生存本身以及生存的世界和方法就展开想象与反思，探索宇宙自然、社会人生的真谛。冲破黑暗，企盼光明的世界，是学术活动的理想。这一理想的实现，以人的生存、发展问题的解决为现实标志，以人的自由的获得为最终目的。所以，如果说神话、传说是先民学术需要的自然流露，那么在实践活动基础上的学术需要就成为自觉的需要。为了实现理想，满足需要而坚忍不拔，生死以之，将求知欲培养升华成为学术主体的坚强意志，将崇高远大理想转化成为学术主体内在的坚定信念。这些都将成为学术主体认识和改造世界所必须率先具备的主体条件。

（二）学术情感

内在学术需要与具体学术活动相结合，"日久生情"，学术主体自然体验到学术思想研究之可乐、可爱，也自然体会到学术思想创造之有喜有忧。孔子说："学而时习之，不亦说乎？"（《论语·学而》）若生活贫困，穷居陋巷，人不堪其忧，而颜回却"不改其乐"（《论语·雍也》）。理学开山周敦颐令少年二程寻"孔颜乐处"，打下了治学的重要基础。孔颜之乐，形而上学固可解释为孔、颜求道有得、与道为一之境界的精神体验。但从学术社会角度，未尝不可将孔颜之乐视为一种自然而正常的学术情感。学术情感当然包含了学术理想、学术见识在内，必将升华成为崇高的使命感和高度的责任感。这时，学术活动的主体条件在学者内心里获得高度自觉，几乎可以说与学术主体的生命合而为一，使整个人生质变成为学术人生。孔子说，"朝闻道，夕死可矣"（论语·里仁》），正是孔子学术人生的真诚慨叹。

（三）学术见识

学术见识指学术主体对世界的认识成果在主体意识中的自觉状态。它通过学术主体读书学习、师承授受、学友交流、勤于思考、实践体验而获得和提高。《中庸》提出的博学、审问、慎思、明辨、笃行，可谓一般学人获得和提高学术见识的五个途径，或五个阶段。后人将这五个阶段浓缩为两个阶段，即知和行。王阳明知行合一说，可谓对这五个阶段有机统一的描述。在朱熹看来，学术见识的最高境界是对真理"豁然贯通"式的直觉。如果从学术社会角度看，学术主体的学术思想体系的完成，才是学术主体的学术见识达到成熟的标志。

由上可见,学术主体虽然有先天认识潜能,但其学术活动的主体条件却是在具体的学术活动中逐渐形成的。在这一点上,可以将学术活动的主体条件看成是学术主体进行学术活动的收获在学术主体意识中的体现。这种收获越大,则学术活动的主体条件也越充分;反之,学术活动的主体条件越充分,则学术主体的学术收获也越大。因此,可以认为,学术活动的主体条件,也就是学术主体自身的学术修养水平,乃是学术水平高低的最直接、最主要的标志。故称之为主体条件,因为它并不"主观";相反,它时刻都不以个人主观意志为转移,它很客观。实际上,学术活动的主体条件,乃是学术主体内部的客观条件,而学术活动的客观条件,则是学术主体外部的客观条件。对学术主体而言,前者是根本,是出发点和归宿,后者则是材料和工具。前者是学术主体的基本内涵,后者则是学术客体的主要内容。两者有机的、辩证的统一,组成了学术社会。

三、探讨中的学术社会

从学术社会角度研究学术思想史,学者们事实上已经做了许多开拓性工作,而且卓有成效。过去的中国学术思想史著作,都或多或少地涉及学术社会的大部分内容。概括起来,有以下几个方面。

第一,学者的生平、著述、师承、学友,学术主体的学术活动及其主客观条件。

第二,学派的形成、传播、斗争、融合、转移和衰落,集体的学术主体的学术活动及其主客观条件的一部分内容。但对学派的学术宗旨、学术风格、致思倾向以及学派的活动场所、物质条件、政治支持、信息条件等,或由于史料不足的原因,并没有做具体而详尽的专门研究。

第三,涉及学术主体进行学术活动的组织形式问题。大体来说,在中国历史上,学术活动的组织形式有政府的、学派的、书院的、家族的、学会的等多种形式。这些组织影响甚至操纵着学术活动,对学术思想产生了外人不易觉察的影响。下面以家族形式为例,进行简单分析。

有学者敏锐注意到,在宋代四川,出现了近20个名震巴蜀的学术大家族。[①]
他们诗书传家,父子兄弟自相师友,在家族成员间切磋讲究、讨论交流。这样,
家庭血缘关系融入了问学求道的学术关系,家族不仅仅是血缘宗法组织,也成
为依附于血缘宗法组织的学术活动组织或学派组织形式。于是,家庭就不只是
生产生活的单位,更成为学术活动的场所。这些大家族集中分布于经济发达、
交通便利、学术文化传统深厚的川西平原,仅眉州(今四川省眉山市及其周围
地区)就有9家。如影响全国的苏氏家族,从苏洵开始,延续到南宋,相传不
断几达200年。学术家族是学术分布的地域性和学者血缘关系的有机结合,是
自然经济条件下自发形成的学术组织形式。在学术家族中,家长兼作导师,子
女兼作弟子,学术师承授受活动和宗法等级、血缘亲情统一在一起。对于学术
发展既有优势也有局限,关键在于学者相处其中,能去短集长,为我所用。从
优势说,像书籍、材料等学术资源可以无偿共享,学术传承授受自然而及时,
结合大家熟悉的日用饮食、出处进退,讲论亲切而有力,交流频繁而方便,有
助于学术心得的产生、积累和循序发展。家庭教育,可以为治学打基础;家族
学术活动,也可以为学问奠定规模,塑造风格。但是,学术是社会的产物,乃"天
下之公器"。如果一位学者终生局限于家族内,学术资源有限,交流范围和深
度也有限,形成的学术思想就可能易于偏狭、浅陋,学风容易僵化,从而失去
学术的生命力和创造力。

今天已经可以比较清楚地看出,家族学术的真正前途,只能是在家庭教养、
家学渊源基础上,更进一步冲破家族限制,冲破宗法血缘、狭窄空间的束缚阻
挡,而以天下为家,以众生为族,在宇宙自然中体验理解,在世界范围内授受
传承、交流切磋,才可能使学术成为真正的"天下之公器",从而也使学者真
正体会到学术生命的快乐,享受到学术王国的自由。也唯有如此,学术家族这
种组织形式才能发挥它应有的积极功能。

不过,家族、学派是宋代两大学术组织形式。由于与生产生活密切结合,
家族形式有更久远的历史,其生命力几乎与宗法关系相始终,其分布范围比学
派更广阔。因此,从历史学角度研究学术的家族性,仍具有重要意义。

---

① 胡昭曦.宋代蜀学研究[M].成都:巴蜀书社,1997.

家庭是社会的细胞,生产生活是其主要功能,而学术家族又兼有学术功能。一手抓生产生活,一手抓学术活动,这种"耕读传家"模式从一个侧面揭示出一点,即在自然经济条件下,学术活动与政治经济活动尚无明确分工。在此条件下,不可避免地,学术的独立性不仅不能获得政治、经济力量的有效保护,反而时常因为政治、经济的理由而受到干扰与冲击。于是,学术思想的参天大树很难成长壮大,学术对社会进步的作用也难以发挥出来。在宋代,学术组织与政治经济组织浑融地统一起来,在组织上、学术思想上,学术都深受着有形无形的干扰。比如,讲"天理",脑海中自然想象到宗族秩序、礼乐规范;讲"人欲",脑海中很容易就浮现出奴婢、雇农为维护自身经济利益而与主人发生斗争的种种场景。这就使学术上的"理欲之辨"不能摆脱阶级局限,作为纯学术的探讨,反而陷入政治偏见中。一个很好的学术问题,悄悄转化成为政治问题。而理学家对这一问题的讨论,不自觉地蜕变成为加强和维护封建统治的思想准备;所提出的"存天理,灭人欲"主张,无论其中蕴藏了多么丰富的理论内涵,事实上仍然成为维护统治阶级的言论。可见,在这种学术组织中,学术效益低下,学术思想的局限性始终难以克服。

由上可见,或由于史料有限和其他原因,过去的学者虽然对学术社会的部分内容有所涉及,但似乎尚未来得及将学术社会作为研究学术思想史的专门问题进行讨论;研究学术思想史的时候,也似乎尚未来得及上升到方法论的高度,自觉地以学术社会为中介,将社会史和思想史有机统一起来,进行互相解释——以社会史解释思想史,明了思想史的社会根源和决定性因素;以思想史解释社会史,总结概括社会历史发展的精神成就。但这不足以为他们病。他们已经取得的显著成绩,足以给我们提供关于学术社会视角的启示,提供我们研究学术社会的必要的学术基础,意义依然重大。

中道思维和中道精神

我国五千多年文明持续不断发展，其中一以贯之、一脉相承的思想方法是中道思维。中道思维是国人核心的思维方式内容，中道精神是国人本质的人文理性精神内容。在知识技术至上、专门俗学蔓延，许多专家忘记为劳动群众能够成为理想的人进行科学说明和理论论证的今天，在恐怖主义盛行，必须大力反对极端思想的今天，认识、实践中道思维，传承和弘扬中道精神，尤其具有重要现实意义。

中华文化的中道精神滋养于中华文明史中，凝聚于中道思维的思想文化史中，洋溢在国人的日常言行活动中。古书里面出现的中道、中行、中庸、中和等词汇，显露了其痕迹。

一、中道的意义

孔子说："不得中行而与之，必也狂狷乎！狂者进取，狷者有所不为也。"（《论语·子路》）行，朱熹解释为"道"。中行，即"中道之人"①。结合孔子的其他看法，中行指非狂而非狷、无过无不及，符合中道的人，朱熹的解释有道理。孟子也是这样理解的。他说："孔子不得中道而与之，必也狂狷乎！

---

① 朱熹.论语集注：卷七 [M]// 朱熹.四书章句集注.北京：中华书局，1983：147.

狂者进取，狷者有所不为也。孔子岂不欲中道哉？不可必得，故思其次也。"（《孟子·尽心下》）孔子那里的中行，就是孟子所谓中道。孟子还讲"中道而立，能者从之"（《孟子·尽心上》）。

中道的意思，和中庸之道有关。中庸被孔子称为"至德"[①]，即最高的、至极的德目，和"仁"这一全德相配合，构成孔子思想中两大具有终极意义的德目。《礼记·中庸》："诚者，不勉而中，不思而得，从容中道，圣人也。"孔颖达疏"从容中道"是"从容闲暇而自中乎道"，因为"圣人性合于天道自然"[②]，故能如此。这里"中道"可以理解为符合"道"的意思，"中"是动词。其实，从《中庸》一书以中庸之道为中心的思想看，将这里的"中道"理解为名词，"从容中道"就是从容于中道的意思，也未尝不可。不管哪种理解，中道和中庸之道都有密切联系。

实质上说，中庸就是中道。《中庸》要求君子"遵道而行"，"依乎中庸，遁世不见知而不悔"，就是将中庸和道联系起来，成为君子的虔诚信念。中庸、道，都是中道。程子解释"中庸"二字意思，谓"不偏不倚之谓中"，加上孔子"无过无不及"的中，则"中"犹如几何学上时间、空间两条线的交叉点，中点，故有"至"极性，极为抽象，如普遍必然的真理。庸，用也。百姓日用常行之道，如君臣、父子、夫妇、昆弟、朋友五达道，就存在于人类社会的家庭、国家中，存在于每个人的日常生产生活中，匹夫匹妇能知能行。中庸之道，普遍必然而又日常可感，抽象而又具体。

中和也是中道的表现。《中庸》："喜怒哀乐之未发，谓之中；发而皆中节，谓之和。中也者，天下之大本也；和也者，天下之达道也。致中和，天地位焉，万物育焉。"朱熹著《中庸章句》，解释这句，认为天命之性、人的本性，就是道体，这是中，是大本。人的本性表现出来，不偏不倚，无过无不及，言行活动，所应无差，是为和，是达道。大本达道，体用合一，是中和。对人的修养而言，中和当然就是天人合一的至高境界。

"中和"是儒学思想的重要范畴。儒学是人学，研究人成为人的问题，研究现实的人借助学习、克己等，不断提高自己的人性修养，并帮助他人也提

---

① 子曰："中庸之为德也，其至矣乎！民鲜久矣。"（《论语·雍也》）

② 礼记正义.卷五十三.中庸[M]//十三经注疏本：下册.北京：中华书局，1980：1632.

高人性修养，从而成为理想的人，进而建设理想社会的问题。其中，"中和"既可以表示人性修养的依据（因为中是大本），也可以表示人性修养的内容（中是大本，和是达道）、人性修养的方法（中和是体用合一的范例）、人性修养达到的理想境界（"致中和，天地位焉，万物育焉"）。

可见，中和是关涉人成为人、社会成为理想社会的大问题，涉及人的自由全面发展、共产主义理想实现的大问题。研究中和思想，不仅对于儒学思想的认识、传承、发展有引导作用，而且对于共产主义理想的实现也具有理论启示。

中庸、中和、中行三者统一于中道，故三者有相同或相近处。就用词不同言，三者也有细微区别。中庸是中道作为真理的本性的表现，它不偏不倚，无过无不及，恰到好处，而又普遍必然，故可谓中道理性。中和，则可以视为中道必然达到的太和境界，有超越现实各种事物、人生、社会小和谐的意义，故可谓中道超越。中行的行，也可以说就是德行实践活动，则中行，即符合中道的人进行的实践活动，或者说实践活动而符合中道原则，即中道实践。可见，中庸、中和、中行，又可以看成中道不同性能的表现。三者都包含在中道内，是中道的有机组成部分。

二、中道思维

中道表现到思维中，或者说思维而符合中道要求，便是中道思维。中道思维，也可以叫中和思维。因为中和思维的核心，就是中道思维。和而不同是中道思维的基本要求，太和而大同则是中道思维的最高理想。当今世界之所以不那么和平，学术上之所以存在着各种低效甚至不必要的论争，都与其思维方式、认识方法的局限性有关，即他们的思想方法与中道思维有距离。一些人违背中道思维，或者片面、静止、孤立地看问题，或者自私自利、损人利己，或者有极端思想、暴力行为，为害不可胜言。遵循中和原则，符合中道思维，在底线上，就要不偏激、不过头、不片面、不懦弱、反对极端思想；在高线上，就要做人、成人。人为万物之灵，不要看低自己，矮化自己，不要让自己堕落以至物化为"禽兽"、"器具"，也不要企图上天成"神"。人只要做人、成人，让现实的人成为理想的人即可。人要成为人，现实的人要成为理想的人，照儒家看，就必须致良知、立大本，自觉和实现人的本性，树立天下为公理想，有一颗公心，并格物穷理，让真理充实自己的内心，而后知行合一，改造世界，仁爱天下，推己及人，由修身而齐家、治国、平天下，一切言行均绽放出人性的光辉。

从儒学角度看，我做人、成人，不是离开社会到深山老林中孤寂地进行，而是就在家、国、天下等社会共同体中进行。故我们在进行人性修养过程中，往往一个人兼有多重社会角色，需要承担做人的多方面社会责任。如我作为男人，在家庭中，既是儿子，要进行"子子"修养，尽子道；又是丈夫，要进行"夫夫"修养，尽夫道；还是父亲，要进行"父父"修养，尽父道。子道，就是"子"概念的内容，夫道是"夫"概念的内容，父道是"父"概念的内容。一个正常的成年男人进行家人修养，就应分别而同时地尽子道、夫道、父道，即让现实的自己分别而同时地向着"子""夫""父"者三个名，即三个概念规定的内容逼近。用这三个名来引领、规范、纠正现实中自己作为儿子、丈夫、父亲的实际情况，这就是孔子说的"正名"。如果一个人在人性修养中经过修养努力，一个名得正，则达到了其中一种中庸。如儿子孝敬父母，不仅是合格的，而且是理想的儿子，甚至是标准的儿子，则在尽子道上，他便达到了中庸。如果子、夫、父三个名同时得正，作为家人，每一个家庭角色都尽职尽责，都达到了中庸境界；那么，合起来，这个人的人性修养就可谓达到了中和境界。不能同时得正，就有偏窒；其后果，很可能就是"父不父，则子不子"或"夫不夫，则妇不妇"的糟糕局面。

礼法是本于人性、出于名分的规范准则，并随着时代变化而有损益；礼法损益的标准，还是在名分，归根结底在人性。礼法的时代变化围绕着人性的自觉和实现而进行。和，喜怒哀乐等情感"发而皆中节"，就是人心、言行合于礼法；更深入追寻，就会发现，现实的人实现人的理想，尽到人的名分，就意味着他自觉、确证并实现了其人性，这是更深入的和。这更深入的和，完全本于中道，符合中道，并走向中道，故为中和。和就是中道的本真状态，是中道的本质特性，是中道运动所要达到的最高理想。和而本于中，中而必能和，故谓中和。荀子说："故公平者，职之衡也；中和者，听之绳也。"（《荀子・王制篇》）公平是以职事、职业、职责为基础的衡量标准，而中和则是听政、治国等的准绳。人们有人性的中和修养，则中道一定会表现为社会公平、国家中和。故合乎礼法是表象，合乎人性才是实质。

逻辑可谓认识上、思维上的礼法规范。孔子"非礼勿视，非礼勿听，非礼勿言，非礼勿动"的"四勿"说，好像是讲伦理，其实也应含有认识方法、思维方式的意思。只是认识论上、方法论上的这些意思，逻辑规律的含义，前贤尚未来得及进行专门发掘、整理而已。今天我们结合西方逻辑学成果，就有更好的条件来研究孔子的思想方法，发掘、整理其逻辑思想了。笔者认为，天人合一，中庸至德，一以贯之，执两用中，无过无不及，无可无不可，等等，便是孔子认识方法、思维方法以及实践方法的基本内容和特征。故孔子的逻辑，主要不是形式逻辑，而是辩证逻辑；孔子的思维方式，主要是一种朴素的辩证思维。

在中华文化的思维方式中，在认识实践活动中，中道的辩证思维和历史思维盛行，逻辑分析受到制约，即使近现代受到西方逻辑学影响，依然如此。中道思维地位如此重要，作用如此大，以至人们扬弃认识、实践，要依靠它，扬弃情感、欲望，也要依靠它。建立信念或信仰，它就是桥梁、道路，是方法、准则，还是理想和终极目标。从中道的主体看，古代有自然的辩证思维（万物有对说为代表）、真理的辩证思维（体用思维为代表）、主体的辩证思维（反思方法为代表）。史学和经学，历史思维和辩证思维统一，如司马迁在"通古今之变"中"究天人之际"，如经学和史学联系密切，"六经皆史"说等，都是表现。

不论哪一种辩证思维，又都是中庸方法的表现。儒家提倡的中庸之道，是我国古代中道思维的集中代表。道是中庸的主体，中庸是道的本质形式特征。而中庸之道的和谐状态而言，就道的实践特征立论，则始终体现出中庸既是普遍的，又是灵活的，具有与时俱进等的特征。

古代中庸那种辩证思维，既不是柏拉图那种破执显真、破而不立，也不是黑格尔那种概念的进展，而就是现实人生、社会的发展，人格境界的提升，人性的自觉和实现的总规律。故这种辩证思维，是人成为理想的人、社会成为理想社会的基本方法。这种辩证思维，其实质是人性，是道，是人性与天道的统一，可谓中道理性。

今天我们称中道为辩证法，称中道精神为辩证精神。中道，就是道，是真理。它有对立统一、相反相成等特性，这种特性，我们今天称为辩证法。换言之，我们在认识实践中认识掌握了辩证法，进行辩证认识研究、辩证实践创造，就是古人所谓"遵道而行"；我们在社会主义建设中自由地认识、实践，完全符合各种真理，就有古人所谓"从容中道"的意思。让中道成为我们认识实践的基本方法，成为我们自觉和实现人性、追求实现社会理想的依据、标识、桥梁和理想，这就是"中道而立"。"中道而立"的人，让中道洋溢于人民群众的精神世界，成为劳动群众实现理想的准则和标志，则不仅中道而立，而且中道而言、中道而行、中道而安、中道而乐，这就是新时期的中道精神。

三、中道精神

中华优秀传统文化历史悠久，连绵不绝，经受了5000多年的考验，仍然持续向前发展，体现出强大的生命力。中华优秀传统文化光辉灿烂，内容丰厚，有足够的资源可资利用以走向世界，有足够的材料可供解释以包容百家，蕴含有普遍而深厚的解释力。究其原因，核心还是中华文化的中道传统，根本源于中华文化的中道精神。

中华优秀传统文化以中道为中心，展示了天人、体用、主客的辩证统一关系，充满了朴素的辩证思维。这样发掘、展示出来的中道，高明、博厚、悠久，不偏窒、不浅薄、不低俗，传播所及，非一时热度，亦非任何人所能独占、私有，非任何事所能囊括全部。这体现了中道理性精神。

人们借助道德修养，认识掌握中道以后，自然可以下学而上达，实现理想；借助道德修养，让中道渗透于我们的人性修养中，弥漫于我们的家庭、国家、天下建设中，奠基和保障我们劳动群众的人生快乐幸福，滋养人类文明共同体，造福人类子孙后代，传承、推进和发展人类文明；进而使中道思维源于传统，经过传承发展，而又高于传统，实现近代以来国人会通中西、贯通古今的宏伟理想。这体现了中道超越精神。

对中道的认识掌握，不是从概念分析得来的结论，而是从人性修养的实际出发，从家庭、国家、天下建设的实际出发，实事求是的经验总结。即是说，虽然讲中道超越，但中道超越而不超脱，不脱离现实实际情况，而是就在现实中实现人之所以为人、社会之所以为社会的高远理想，于世俗中达到神圣，在繁华世界里宁静致远。人们在人生、社会实践中，自觉地志于中道、依于中道、归于中道，使中道既源于实践，又高于实践，还要回到实践中去，这就是中道实践精神。

由此可见，中道理性精神、中道超越精神、中道实践精神，也辩证统一，并不各自独立，更不能截然对立起来。中道精神存在于人们对中道规律或中道真理的认识和实践活动中，是中道真理的主体化、人格化表现。中道规律则普遍存在于事物的结构、运动和关系中，是事物产生、变化和消亡的总规律。以《周易》为例，太极即阴阳和合，表述的是事物构成结构的中道。由阴阳和合而生生不息、生生不已，是事物产生、运动动力的中道。事物在乾坤、刚柔、强弱、兴衰、幽明、死生之间转化，是事物运动变化规律的中道。

《中庸》："天命之谓性，率性之谓道，修道之谓教"；"喜怒哀乐之未发，谓之中"。据此，中道真理，还尤其凝聚潜存在人性与天道的统一中，由天命而落实于人性，成为人的本性的固有内容。在本质上看，人性就是中道，中道一定要落实于人性，成为人们在修养中、教化中认识、实践中道的内在依据。正因为有这样普遍必然的逻辑依据支持，人们才可以在现实世界里认识掌握中道，实践遵循中道，而且以认识中道、实践中道为乐。人在家庭、国家、天下间生产生活，学道、闻道、行道、传道，穷理尽性以至于命，不断提高人格境界，并帮助他人也不断提高人格境界，使大家都达到自觉、自主、自由、自信，便是人文精神的中道。

中华文化中的中道精神有一个产生、形成和发展的过程。其中，孔子的诞生是一个里程碑事件，他创立的儒学是中道精神开始昂扬挺立的标志。他提出的不偏不倚、无过无不及而又使老百姓日用常行的"中庸"方法充满了中道理性精神；他提供的"道"的思想体系和他对传统宗教的改造，给中华文化中的中道超越精神立定了基本规模、框架和发展方向，即天人合一的规模和框架，人文的、理性的特质和发展方向；他的忠恕之道、推己及人、知行统一等主张，则为中华文化中的中道实践精神提供了理论说明，还以其圣人人格为后来中道实践者树立起光辉榜样。后来儒学的发展，也构成了古代中道精神发展的主线。

尽管如此，古代的中道理性没有经过逻辑洗礼，不免朴素；古代的中道超越缺乏足够的科学支持，不免和宗教纠缠不清；古代的中道实践没有自觉上升到劳动群众主体地位上来，不免流于个人英雄式的奋斗，而容易归于失败。这就有必要在马克思主义指导下，接受马克思主义辩证思维洗礼，建立新时期的中道哲学体系，帮助劳动群众树立科学的世界观、文明史观、价值观；有必要充分吸收外来优秀学术思想，拾遗补阙，使传统中道精神内容更加丰满、充实；有必要结合社会主义建设实践，推动传统中道精神创造性转化，在新时期继续弘扬中华文化的中道精神，用中国社会主义建设中昂扬的劳动群众的自强不息精神、艰苦奋斗精神、团结奋斗精神、勇于创造精神等，来充实和丰富中道精神的时代内涵。

中道理性是一种德性智慧。它渗透于我们的日常生产生活中，滋润和浇灌着我们的精神世界，成为我们人生、社会的理想、准则、方法、主体等，就是中道理性精神。在这方面，《老子》的辩证观、孔子的人性论，以及后来对逻辑分析的探讨及其限制，马克思思想方法的引进和中国化，分别在不同时期、从不同侧面体现了中华文化的中道理性精神。

中道超越精神，就个人言，即中道使人具有一种超越性。中道使人完全超越世俗功利追逐、个人利害得失、市场交易计算的境界。就社会言，即中道使人超越宗法血缘关系，超越家庭、乡村、地域而国家，超越国家而天下，超越现实而历史，而未来。但这种超越，又不是宗教或神学的那种脱离世俗的神圣境界，而就是现实世界本身的不断进展，是个人人性修养的不断提升，生产生活水平的不断提高，文明史的不断推进。中华文化的超越精神，根本上说，以天人合一、体用合一、主客合一的中道为核心，为主体，为依据，为方法、准则，为理想目标，所以，这种超越精神，本于中道，依于中道，归于中道，可谓中道超越精神。

认识上的超越，主要在学术上表现出来。以形而上学为主线的道统观的变化，也可谓超越观念的变化。综合的学术批评传统，即哲学的、历史的、社会政治的综合批评传统，构成中国学术批评的特质。我国古代长期延续发展的经典诠释方法、经学思维方式，实际上是这种综合批评的方法表现。

信念上的超越，也有天人合一、体用合一的特点，但又不离人伦日用。这使得我国历史上的宗教信仰人文性、理性色彩浓郁，超越于是成为一种内在超越和世俗超越相结合的模式。所谓世俗超越，即个人人生修养的超越、社会理想的超越、天人关系的超越，以及文明史的推进、道统或绝学的传承。

对人而言，超越的前提是中道的认识和掌握，超越的基础是中道修养不断提高。忠恕之道是其基本方法。即先提高自己，然后推己及人，帮助他人也不断提高；最终达到至善境界。至善境界，表现于个人，即圣人境界；表现于社会，即大同社会。

中道运用于人的社会实践活动中，或人的社会实践活动中蕴含了中道在内，是为中道实践精神。这里的实践，特指我国历史上推己及人的教化实践活动，涉及德治的理论和实践、外来政治理论及其实践、学术实践、文化实践等方面的内容。汉唐儒学在政治上、精神家园建设上、学术上，都有实践儒学的气质，也在一定程度上体现了儒学的中道实践精神。

道论方法 ^①

　　站在道本体的高度论方法，是为道论方法。道论方法，根本上是道自身存在形式和运动规律在人们认识方法和实践方法中的表现。故道论方法，便是道的方法论、道的逻辑学。关于道与逻辑的关系，西方人多以为逻辑与存在本体有内在联系，而我国先贤则有不同意见。或以为逻辑与道体统一，如金岳霖；或以为不能用形式逻辑分析道体，如熊十力。笔者以为可以用逻辑分析道体，但不能局限于形式逻辑的逻辑分析，还必须有辩证逻辑的逻辑分析。道的逻辑主要是辩证逻辑，辩证法是道论方法的核心内容。

　　道显作为显示的可能世界，固然是必然世界；但绝非只是形式的世界。相反，道显的可能世界，是形式的，也是有内容的、有真实存在的世界。此世界的内容，既有可能的形式，也有可能的质料、可能的动力、可能的目的。它是抽象的现实世界，或者说是虚有的实有世界，是和现实坚硬世界不同的软世界。

　　既然可能世界不只是形式，故对可能世界的认识也不能仅仅凭借形式逻辑的演绎推论，还必须运用生活直觉、生命体验。在这点上，熊十力批评金岳霖的本体完全是分析的，其实它根本不是本体，因为本体不能分析，就有道理。正如黑格尔说："纯科学绝不是形式的，它决不缺少作为现实的和真正

---

①　本文摘自《道论》"道与逻辑"一节，收入时有个别字句修改。该书由人民出版社于2016年出版。

的知识的质料。倒是唯有它的内容，才是绝对真的东西，或者，假如人们还愿意使用质料这个名词，那就是真正的质料——但是这一种质料，形式对于它并不是外在的东西，因为这种质料不如说是纯思维，从而也就是绝对形式本身。因此，逻辑须要作为纯粹理性的体系，作为纯粹思维的王国来把握。"[①] 在这种可能世界里，可能的形式和可能的质料有机统一，共同构成真理的内容。

金岳霖先生以为，可能是可以有能而不矛盾。如此，可能便是逻辑可能。若依照道论，可能乃可以现实有形而能依然抽象无形；可能既是逻辑的可能性，也是现实的可能性。现实不穷尽一切可能，因为并非所有可能都同时现实；现实也不耗尽任一可能，因为任一可能都可以反复现实。如以衣服比可能，人比现实，则人已经衰老，但旧衣常新，真是"物"是而人非。

道不出于逻辑，逻辑出于道。以逻辑论道，只是以用论体，不是道论方法的全部。道有自由，道显融贯，而道现历程，可以经验。故经验的、实践的、历史的、逻辑的、反思的方法之综合，才构成道论方法。世界从道流出，万物、人、社会从道流出。人的社会实践、经验、反思，人生和社会奔向自由的一以贯之历程，是世界的基本要素。只有从道流出的世界认识道，才可能逼近道的真相。

道体并不是单纯的逻辑形式。黑格尔由实体辩证过渡为概念，再由概念辩证过渡为自我意识的抽象论述，反映的正是思想史上人们主要依靠感性直观能力和历史观察力，首先认识到实在的气，再依靠逐渐发展起来的逻辑分析能力和推理能力，认识到普遍的、必然的理，最后依靠逐渐完善的反思能力，才真正认识到以自我意识为主要内容的本心的认识历程。这个认识历程正好表现着这样一个事实：人们对于道的认识，在事实上总是经历着"气→理→心"循环往复的过程，从具体到抽象，从零散到系统，从直观到逻辑地进行着。在认识活动中事实上在先的认识对象，在道体论或存在论里恰恰逻辑上在后。具体事物都是在道有、道显之后道现的产物，道现物在认识活动中总是事实上在先，而在道体论上则必然排列到道显、道有之后。

关于天人关系，历史上进行理性认识和处理，我国先贤多倾向于天人合

---

① 黑格尔.逻辑学：上卷[M].杨一之.译，北京：商务印书馆，1974：31.

一思路，即使提出"明于天人之分"的荀子，也主张在"制天命而用之"的基础上求得天和人之间的某种统一。一些学人还倾向于从历史途径寻求天人之间的沟通；但这历史途径，除了提出"生成""感应""理"和"势"等范畴外，并没有得到逻辑上的系统说明。在西方，哲学家将本体理解为单纯的逻辑形式系统，是一个传统；他们习惯于用形式逻辑提供的必然推论沟通和处理本体和现实世界之间的关系。结果，本体和大用不可避免有割裂。如马克思说，"莱布尼茨本人也没有能够在上帝的神通广大同人的自由和天性之间确定先定的谐和"①，这样的事例绝不只莱布尼茨一人。这说明，仅仅依靠形式逻辑那样的理性推论，是难以沟通普遍必然的天和不那样普遍、不那么必然的人之间的关系的；这种限制的存在，也是神学家断定上帝的启示超越理性，理性不能上达天庭的原因之一。后来康德的先验、黑格尔的辩证法，都被认为是联系天人的桥梁。如果将先验理解为普遍必然的可能条件，将辩证法理解为既是先验的普遍必然，又是和自然历史过程不可分割的运动形式或规律，则可以认为，包含了形式逻辑、先验逻辑、辩证法在内的道和，就是联系道和人关系的根据和桥梁。

道本体绝不只是单纯形式逻辑那样的逻辑形式。何以为证？因为，第一，如果它只是形式，则将存在者如气（阴阳无行等）、水、火、元子、灵魂、大我、主体、绝对精神、意志、情感等，都排除在外。本体将不全面，其存在也将不是真正存在，而只是单纯理智的抽象存在。其实道是大全，它不只是抽象物。四时行，百物生，逝者如斯，万物生意，无非道体流行。第二，本体如只是形式，则在逻辑上从单纯的一理不足以推论出众理，尤其不可能推论出矛盾。但现实世界却存在着众多矛盾，如死生之类，这就难以解释；也不足以解释人类认识到的分理越来越多这一现象。第三，本体如果只是逻辑形式，在功能上便不足以充当现实世界存在坚定有力的根基、根源或本原或主体，也不足以充当现实世界具体规范的源泉，不足以充当世界的真主体。

在康德看来，本体的存在，乃是完全的形式逻辑的规定性，故本体的存在，和现实如100元钱的存在不同。但问题在于，康德所谓存在，是否就是真

---

① 马克思，恩格斯.神圣家族[M]// 马克思，恩格斯.马克思恩格斯全集：第二卷.北京：人民出版社，1957：126.

正的本体呢？或者只是理智的形式逻辑的分析还原的抽象存在？此种抽象存在，除了形式逻辑的逻辑规定性，是否就一无所有？如果是，它还能否充当世界的本体？亚里士多德所谓质料、目的、动力等实体因素何在、何出？以存在为本体，又将存在看成只是逻辑规定的存在，此说即使是在西方哲学中也只是部分哲人的讲法，并无超越不同思维方式、不同文化部门的普遍意义。即使在康德本人那里，他自己努力的方向，他自己做出的最重要的哲学贡献，并不在以形式逻辑分析出物自身那样的本体，而在于提出"先验逻辑"，为沟通本体和现实世界开拓了光明的新方向，寻求到了可靠的新途径。

道和是一个运动之流，有逻辑形式性和历史过程性。逻辑形式就是道的辩证法，历史过程就是宇宙产生、形成和演变的过程。道的逻辑形式和历史过程互不分离，有机统一。道和的实质是"道即道"，"即"的意思既是直接的同一，这是静态的道和；又是动态的自我对立、自我实现而自我统一，这是动态的道和。

最初，我国古人曾经将道的形象化称为天，将道有道显道现形象化称为天命。如《中庸》首句"天命之谓性"，天命是道有道显道现的综合表现。道有是天命，故《中庸》强调其"诚"性，即实在性；道显是天命，故古人讲的义理、今人讲的真理均在其中，这突显了道的规定性；道现是天命，所有现实事物，包括人在内，均是天命的产物，无一例外。而人的特殊性在于，通过学习等修养提高而获得本性的自觉，和精神的昂扬、挺立。故可以这样理解古人的天命：就天而言，孔子所谓"天"，主要有自然之天、义理之天、主宰之天三义；虽然有三义，在孔子那里其实只有一个天，天的三义其实只是天的三个方面；这三个方面在后来的思想史上逐渐展开，即大自然、真理和人民群众。天只是大自然、真理和人民的总和。于是，天命也就是大自然的产生、演化过程，是真理的显现、丰富和实现的过程，也是人民群众创造历史、决定历史命运的长远历程。其中，人民群众认识、利用、改造大自然，尊重、热爱大自然，与大自然共处，和人民群众认识、丰富、充实、实现真理，和人民群众挺立主体性，昂扬精神力量，奔向自由全面发展的理想，是一个过程，即天人合一的过程。

两种道和，体用统一。意思是说，同一是统一的出发点、标准、目标，统一则是同一的进一步显示、展开和实现。两种道和体用统一，是形式逻辑和辩证法体用统一的理论基础。两种道和体用统一的形式，就是道的逻辑。道和则是道的逻辑必然引申出的存在状态。

孔子说："吾道一以贯之。"又说："予一以贯之。"他的一贯之道究竟是什么，见仁见智。其弟子有解为"成人"的"忠恕"原则的，或将忠恕原则狭隘理解为只是处理人际关系的原则。孔子儒家核心思想竟然只是人际关系准则，如此理解未免太狭隘，与儒学充当国人数千年精神家园的地位不俦。不能说曾子"忠恕"的解释错误，只能说后人有误解。应该说，孔子一贯之道，"尽己"（尽自己的全力于 X，即忠于 X；孔子思想要点在于"为己""克己"而后成己，即通过学习、克己等理性的修养活动，使自己成为真正的、理想的人，从而实现真正的自己）即忠，推己及人（己立立人、己达达人，己所不欲，勿施于人，齐家治国平天下的外王事业在内）即恕，内圣、外王均在其中。运用于人际关系之中的"忠恕"，只是忠恕之道的部分运用，只是其用，而非其体。故理解"圣人"之言，不能局限于只是某种现实具体情景。回到孔子，以孔子理解孔子，同情地理解，孔子一贯之道，唯有统一根本和枝叶、形上和形下、内圣和外王的"道的逻辑"庶几近之。

道的逻辑首先是先天逻辑，其次又是先天逻辑和后天经验认识的统一。康德提出了先验逻辑。在他那里，先验逻辑针对经验认识而言，讨论主体在经验认识之先已经存在的可能的、普遍必然的先验认识能力（包括先验感性直观能力、先验逻辑分析能力、先验理性综合能力几部分）及其运用。康德的先验逻辑主要属于认识论，也属于主体论，不属于本体论，但对欧洲本体论产生了深远影响。依照道论，先天逻辑的内容，不仅要讨论主体的先于经验存在的可能能力，也应讨论对象的先于经验存在的可能的形式，讨论主体和对象关系的先于经验存在的可能的关系。故先验逻辑不能离开先天逻辑而存在。依照金岳霖的意思，先天就是对象的先于经验存在的可能的形式；他的这一解释符合我国古人"先天而天弗违"之说，颇有道理。据此，道的先天逻辑，不仅要研究主体的可能性、对象的可能性、主体和对象统一的可能性，而且从更深层次看，还要讨论道体本身。具体而言，一要讨论道现的可能的条件，即道显，也就是研究道显必然道现的实际；二要研究道显的必要的条件，即道有，也就是研究道有必然道显的实际；三要研究道有的必要的条件，即道，也就是研究道而必然道有的实际。

就体用言，体无疑是先验存在，对体的认识只能依靠先验能力。用既可以是先验存在，也可以是经验存在；对用的认识则先验能力和经验能力都是必须的。至于体用关系，则是先验的也是经验的存在，认识体用关系，也是先验推理和经验能力并用。

最后，道的逻辑由两部分构成：一是形式逻辑，以"道即道"命题所表达的同一原则为核心内容；二是辩证法，以"道即道"命题表达的对立统一，实现自身为核心内容。

显现的、自在的道的矛盾运动规律，是形式逻辑；显现的、自为的道的矛盾运动规律，是辩证法。形式逻辑既然产生于矛盾的未显，故它的存在，以不矛盾为基本准则，以克服矛盾为逻辑思维的职志。形式逻辑可谓矛盾运动规律的负的方法表达；运用逻辑分析方法，目的在于识别和排除认识上的、表达上的、命题上的矛盾，为清晰认识道、表达道、体系化道提供保障。这种方法，可谓为逻辑思维对矛盾运动过程进行基本的理性认识的方法，而有其孤立地、静止地看对象的弱点，不足为怪。辩证法则是矛盾运动规律自身的直接的显现。

两种逻辑内容的关系是：同一原则是逻辑必然的根本原则。但它只是命题的静态结构形式或必然推论，只是可能而非现实。抽象的同一在对立统一的矛盾历程中现实化，同一原则在现实中实现自己的历程形式，就是辩证法研究的对立统一原则；对立统一原则也必须以同一原则作为自己的出发点、标准和目的的根本地位，实现同一原则，才能成为真正普遍必然的辩证法。

"道即道"中，静态的"即"之所以必须在动态的"即"中实现自己，是因为，只是静态的即，也就只是单纯的自我同一。这意味着：第一，真理只是纯理，而无现实事物支撑，太抽象无力；第二，既然理事分裂，则一方面理的内涵太贫乏，另一方面事只是材料，太不普遍、必然，太盲目；第三，静而不动的理，太僵硬、教条，不灵活、灵便，不足以对付现实世界里那些貌似真理的东西。比如，假恶丑伪害等也可以以自我肯定的形式，冒充能够主宰世界的、普遍必然的、有生命力的存在，单纯同一原则"很傻很天真"，对此无能为力。唯有拥有"理性的狡狯"称号的对立统一原则，在同一原则基础上，发挥外化自己而后回归自己的特长，才有足够能力克服假恶丑伪害，实现真理的价值。

同一原则的展开，为形式逻辑。形式逻辑学研究之，在此不赘述。对立统一原则展开，为辩证逻辑，辩证法研究之。关于辩证法，却需要进一步研究。在西学中，因为柏拉图的辩证法破执显真，康德的辩证法是二律悖反原则，黑格尔的辩证法是绝对精神自我外化而回归历程，施奈尔马赫的辩证法是认识真理的方法等。至于以辩证法名号称呼中国思想方法的，也由此不能获得统一。

孙正聿从哲学角度谈辩证法理论在哲学各个部门中的特点说，辩证法理论"就是研究理论思维前提的内在矛盾"[①]。他所谓理论思维，指逻辑推论系统，理论思维的前提，指任一理论系统的推论前提，如三段论的大前提和小前提。因为逻辑推论只保证形式的是，克服形式的非，而不管前提作为命题其意义究竟是对还是错，皆假设其为对。在人们对这些前提的认识中，以及这些前提作为命题，涉及的对象世界中，本身存在着内在矛盾。故辩证法就是研究这些矛盾的学问。若依道论，辩证法不只研究理论思维前提的内在矛盾，是认识论、逻辑学，而且它尤其要研究整个世界的逻辑前提及其内在矛盾，它还是本体论。

道的辩证法有两方面：一是道的体用辩证法，简称为体用辩证法；二是道的发展辩证法，可简称为发展辩证法。两种辩证法的关系也是辩证统一的，两者统一才构成道的辩证法。体用辩证法是发展辩证法的结构实质，发展辩证法是体用辩证法的实现历程。

体显现为用，这是体的用化；用呈现体，这是用的体化。体是道，用也不能不属于道；体用合一才是道。

因为体用合一，中国古代就没有西方思想史上那样的唯X主义。黑格尔以绝对精神辩证运动为核心的思辨哲学体系，可以作为西方唯心主义的代表。费尔巴哈揭示其贬斥感性的、物质的现实世界，和基督教对自然界的态度相

---

① 孙正聿.辩证法研究：上[M].长春：吉林人民出版社，2007：11.

近。他说："物质是精神的自我异化。所以物质本身就获得了精神和理性；但同时它又被看作不实在的、不真实的本质，因为只有从这种异化中复生的本质，即使自己摆脱了物质、摆脱了感性的本质，才称得上是完善的、具有真正形式的本质。可见，自然的、物质的、感性的世界在这里所遭到的否定，就跟被原罪所败坏的自然在神学中所遭到的否定一样。（"未来哲学"第35页）。"[1] 在宋明理学那里，个别理学家如朱熹、王阳明，他们的天理论、良知论有时就表现出这种"唯心主义"的倾向；但由于他们有体用合一的思路，这种倾向受到抑制。只有在程朱末流、王学末流那里，贬斥感性现实世界的倾向才显著起来。明末清初实学家们提出"道器不离""理欲不离"等命题，将体用合一思路具体化，对这种偶尔出现的"唯心主义"倾向有纠偏作用。

历史上思想家已经发现，体显现为用，即体之用化，有以下几条途径。第一，异化。体是同，是一，用是异，是多。体用化，是同者异者化，简称异化。同之异化，异之同化，合同异而为道。第二，外化。体是内在存在，用是外在存在。体用化，是内在外在化，简称外化。内者外化，外者内化，合内外，乃为道。第三，对象化。体是主体，用是体这一主体的对象。体用化，是主体对象化，简称对象化。用呈现体，即用之体化，是主体的成长过程。主体对象化，对象主体化，合主客，是为道，共同构成主体的成长过程。这也有两种情况：一是无意识的事物的体化，是自在的呈现。事物在运动中因为呈现了自己分有的道而成为该事物。二是人的体化，是自在自为地呈现。人的身体遵循着事物的体化原则，而人的精神则不同。通过人的修养，即对世界的认识、实践的发展，将世界的合理内核转化为人的主体修养，提升自己的认识、能力和人格境界，使人性在人生中得到完全实现，让自己成为真正的人。在这方面，中国儒家的思想提供了丰富的思想资料。

生成，是体的用化的完成；发展，是用的体化的过程；生成和发展的统一，是为道。

此外，与体用相关的几对概念，如普遍和特殊、必然和偶然、永恒和变化、无限和有限、绝对和相对等的关系，也是体用关系。既然是体用关系，

---

① 马克思，恩格斯．神圣家族 [M]// 马克思，恩格斯．马克思恩格斯全集：第二卷，北京：人民出版社．1957：179.

也遵循体用化和用体化的体用关系规律。即普遍性用化为特殊性，而特殊性又体化为普遍性，必然性用化为偶然性，而偶然性体化为必然性，永恒用化为变化，而变化则体化为永恒，无限用化为有限，而有限则体化为无限，绝对用化为相对，而相对则体化为绝对。普遍、必然、永恒、无限、绝对是道，其分别用化的结果特殊、偶然、变化、有限、相对，也不能不属于道，两者体用统一才是道。历史上有些思想家断定，只有普遍、必然、永恒、无限、绝对才是道，特殊、偶然、变化、有限、相对就不是道，这不符合实际。根据这种断定而得出的关于本体的断定，或者说由此形成的本体论，自然也就有静止地、孤立地、片面地看问题的色彩。

问题在于，体既然是普遍的、必然的、永恒的、无限的、绝对的，何以用化的结果就不再是普遍的而是特殊的、不再是必然的而是偶然的、不再是永恒的而是变化的、不再是无限的而是有限的、不再是绝对的而是相对的呢？他们或者以外化、异化等进行解释，或者以为是本体的坎陷。若依照道论，只是因为道显现不同的缘故。偶然性，只是必然性的幽显而已，特殊性也是普遍性的幽显；变化只是永恒现实化之朗现、暗现、现隐诸形式之转换在时间上的表现。相对和有限，都只是绝对性、无限性在显现者那里的部分表现；因其属于部分，只分享到道部分的绝对性和无限性，故为相对的绝对，有限的无限。相对的绝对，就是相对；有限的无限，就是有限等。

体用辩证法有二层次：一是道存在形式的体用辩证法，即道与道有、道显、道现的辩证统一原则；二是显现于人认识世界里的体用辩证法思想内容。包括：无形和有形的体用辩证法（聚而成形，散而为虚）、一理和众理的体用辩证法（本然和实然、必然和固然、应然）、道心和人心的体用辩证法等。

两个层次的体用辩证法，也是体用统一的。存在形式辩证法是体，认识到的辩证法思想是用。

何谓体用统一？体用统一，即体即用，体用和谐统一。

发展辩证法也有二层次：一是"道即道"，道发展自己，实现自己的历程形式，这是体；二是这个历程形式的显现，显现于人们认识世界里的发展辩证法思想内容，这是用。体用统一。

按照道论，显现出来的辩证法，至少应有道有辩证法、道显辩证法、道现辩证法，以及这三种辩证法的有机统一。道有辩证法必须通过道显辩证法来进行直观，而道显辩证法则必须通过道现辩证法来提炼和归纳。也可以说，道现辩证法是人们已经认识到的辩证法的总和，而道显辩证法则是蕴含在道现辩证法中的逻辑形式，道有辩证法则是对辩证法的总的直观。

人们已经认识到的辩证法思想内容，依据运动主体的不同，主要有三种：一是自然辩证法；二是真理辩证法；三是主体辩证法。三种辩证法有机统一，并不分离，所以在认识上，在表达上，都不能将两者割裂开来。

自然辩证法研究现象和事实，研究人类社会的现实、历史和未来，反映现实世界的根源、生成历程，揭示道现界自强不息、生生不已的生命，生与死或有与无、古与今、现实和未来等是古人发现的自然辩证法的对立范畴，"大化流行""生生不已"命题是古人发现的自然辩证法的核心思想命题；"体用一源"是古人以生成论思维方式描述体用辩证法的命题。各门经验科学都是对自然社会现象、现实历史未来运动过程的研究，都为自然辩证法提供材料基础和知识准备。自然辩证法要克服的是死亡、病态、缺乏，追求的是延续、充实、丰富多彩。

真理辩证法研究事物的性质、关系、结构，研究事物的运动规律、人类社会的活动规矩、精神世界的运动逻辑，揭示道显界融贯和谐的秩序，反映可能世界的根据、显示历程，有形与无形、形上与形下、抽象与具体、体与用、本质与现象、因与果、同与异、一与多、形式与内容，以及真与伪、善与恶、美与丑、用与无用、信与不信等是前人发现的真理辩证法的对立范畴，孔子的"一以贯之"，庄子的"道通为一"，理学家的"理一分殊"、道统说等，是我国古人发现的真理辩证法的核心思想命题；"体用不二"是近人发现的体用辩证法的光辉命题，这个命题从一理与众理辩证统一角度描述体用辩证法，说明一理显示于众理、众理蕴含于一理的关系，说明万物依照理而成其为万物的理与物的关系，说明理是现实世界的根据、规范、标准、方法、理想等等，都比较准确。存在的同一、不矛盾、排中性，关于存在命题的同一、融贯、排中标准，知识标准的融贯说，逻辑学，逻辑哲学，辩证法，分析哲学等，蕴含着欧洲哲人有关真理辩证法的思想。真理辩证法所要克服的是矛盾、假恶丑伪害，追求的是统一、融贯、和谐。

　　主体辩证法研究事物的功能、作用，研究人类社会的自觉、自主，反映精神世界自由灵动的历程，揭示道有界精神自由的本质。作为本体的存在，永恒的一，似乎是逻辑还原的产物，其实就是人心中一点灵明的显示。对存在、一、一点灵明的讨论，都是本体论，而对那灵明的讨论，不仅是本体论，而且是主体论，准确说是本体的主体论，也是主体的本体论。心与物（身）、心与理、本心与人心、主体与客体、现实与理想等，是前人发现的主体辩证法的主要对立范畴，孔子提出的"人能弘道""我欲仁斯仁至""从心所欲不逾矩"，《大学》的"明明德"，孟子的"先立乎其大者""求其放心"，王阳明的"致良知"等命题，是古人提出的主体辩证法的核心思想命题。"体用合一""主客合一"是近人提出的反映主体和客体关系为主的体用辩证法命题。柏拉图的理念论，笛卡尔的"我思故我在说"，培根的"知识就是力量说"，黑格尔的实体即主体说、精神辩证法思想，马克思的真理一旦为人民群众所掌握就会爆发出强大的力量、人民群众创造历史、人类必将奔向人人自由全面发展的共产主义理想社会等学说，以及各种生命哲学、精神哲学、自由主义等，是欧洲哲人提出的有关主体辩证法的代表性思想。主体辩证法所要克服的是消极、被动、堕落，追求的是自由、宁静、圆满。

　　上述三种辩证法之间的关系，大约有三个方面：从存在角度看，三种辩证法都寓于自然辩证法之中。具体而言，主体辩证法寓于真理辩证法之中，而真理辩证法又寓于自然辩证法之中，自然辩证法则寓于现实世界中。这意味着，没有自然辩证法，也就不存在真理辩证法、主体辩证法。从发展角度看，自然辩证法要进展到真理辩证法，真理辩证法要进展到主体辩证法，三者才能各自成为其自身，实现其价值；从内容和功能角度看，自然辩证法要发展，包容真理辩证法和主体辩证法在内，才能很好地解释现实世界的演化，才能充分说明现实世界是发展的，而不是退步的。因为事实上，现实世界非死的、机械的材料堆砌，乃是活的、有生命力的必然发展、真理的显现、自由的实现历程。这仅仅依靠现有的自然辩证法内容难以解释清楚；从人的认识角度看，主体必须先认识对象，而后才能在此基础上反思自我，从而认识主体自身；而对象有经验事实和形上理则两个层面。从个别到一般，对于对象运动规律的总结，是自然辩证法的内容；从具体到抽象，对于对象形上理则逻辑运动规律的提炼和推导，是真理辩证法的内容；从对象到主体，对于主体运动法则、主体之所以为主体的反思和实践，是主体辩证法。

三种辩证法统一，是天人合一的辩证法，是天人关系运动历程的最抽象形式或规律。道的辩证法，显现为三大辩证法。辩证法的核心内容是体用辩证法。如体为道自身，用也为道自身，则辩证法是道自身的形式；如道为道自身，用为道的有、显、现，则辩证法是道的有、显、现的形式；如体为道自身，而用为道之有及显现出来的世界，则辩证法是道和世界关系的形式和运动规律；如道运动，则辩证法是道的运动规律。三大辩证法通过体用辩证法统一起来。

从统一角度看，三大辩证法都是道的辩证法的显现。其具体内容有气和世界的关系，气和物的关系，气和众理的关系，气和功能作用、心理活动、现实各种精神如民族精神等关系，这是自然辩证法的内容；理和世界的关系，理和众理的关系，理和物的关系，理和功能作用、心理活动和现实的各种精神如民族精神等关系，这是真理辩证法的内容；心和世界的关系，心和物、众理、功能作用、心理活动、现实的各种精神等关系，这是主体辩证法的内容。

恩格斯在《自然辩证法》中说："在本书中，辩证法被看作关于一切运动的最普遍的规律的科学。这就是说，辩证法的规律无论对自然界和人类历史的运动，或者对思维的运动，都一定是同样适用的。这样的规律可以在这三个领域的两个中，甚至在所有三个领域中被认识出来，只有形而上学的因袭者不明白他所看到的是同一个规律。"[1] 自然辩证法或事实辩证法、思维辩证法或真理辩证法或形式辩证法、主体辩证法或精神辩证法三者归根结底是同一辩证法，此即道的辩证法。道的辩证法是三个辩证法的展开与凝聚、对立与统一，故对立统一规律是道的辩证法的基本规律。道的辩证法首先是自然界的运动规律，所以它首先是自然的、经验事实的辩证法，即自然辩证法。量变质变规律是其主要规律；大化流行、生生不已，乾坤并建、阴阳合和，"有象斯有对，对必反其为"等，是这个规律的中国表述形式。量变规律不能是真理辩证法的内容，因为真理超越空间形式；也很少是主体辩证法的内容，

---

[1] 恩格斯.自然辩证法·劳动在从猿到人转变过程中的作用[M]// 马克思恩格斯.马克思恩格斯全集：第二十卷.北京：人民出版社，1971：611.

因为主体的进展在觉悟真理的基础上才有可能，也不以数量形式显现。辩证法也是逻辑分析和推论的最高规律，是逻辑的逻辑，所以它也是真理的、逻辑形式的辩证法，即真理辩证法。对立统一规律，中国人称为"有物有则"；"和而不同"，并行不悖、并育无害，殊途同归、百虑一致；"有对斯有仇，仇必和而解"；一以贯之，道通为一，理一分殊；多元一体。它一方面排除矛盾，直接达到同一式统一；另一方面在矛盾中发展，克服、超越、包容对方，达到新的和谐程度。柏拉图表示为破执显真方法，施奈尔马赫继承之。它也是人格提升、精神进展的规律，是人成为人的抽象形式，所以是主体辩证法。黑格尔称为精神辩证法，国人则直接看成是提升人生境界的普遍方法。主体进展规律的主要形式是否定之否定规律，即主体自身不断否定自身，以趋向于无限。《老子》"为道日损"说，孔孟"克己""寡欲"说，庄子"无待"说，大乘空宗"一破到底"思维方式，禅宗的不立文字、呵佛骂祖，陆九渊"不读书"说，王阳明所谓正其不正以归于正法，冯友兰所谓负的方法，皆否定之否定规律的否定部分的中国表述形式，其肯定部分则有日新说、明德亲民说、推陈出新说、止于至善说等，西方人则断定为发展说。

三大辩证法之间的关系形式和运动规律的具体内容有气理关系、心理关系、心气关系，以及道气关系、道理关系、道心关系。其显现则有两条路径：一是道的显现，即道有、道显、道现的路径，是由体到用。显现形式的矛盾，正是道的辩证法的直接表现；二是寓有路径，是由用到体。寓有形式的矛盾，是道的辩证法的间接表现。如果道的辩证法不表现出来，则只是道的辩证法自身。道的辩证法自身是体，其两条路径是用；两条路径中，直接表现道的辩证法的显现辩证法是体，寓有是用。可见，三大辩证法是体用辩证法的展开，而体用辩证法则是三大辩证法共有的逻辑内容。

人认识道的总规律，是认识辩证法。认识活动是道现界的活动，故认识辩证法属于由用到体的辩证法在人理性的精神活动中的表现。人的精神活动中，还有非理性的意志活动、审美感受活动等，也遵循相应的辩证法则。诠释学是研究理解活动的学问，而理解则是人的精神和道为一的活动。所以，诠释学的内容实质上就是由用到体辩证法在人的精神活动中的表现。

道和不仅是道自身的结构、性质、关系、功能状态，也是道固有的一种自我保障性能。它保障道不会因为自相矛盾而不存在、不实在；它保障道不会因为在道显道现中的矛盾而导致道不显、道不现；它保障道不会因为存在着无数矛盾而导致道的世界由此不和谐。一言以蔽之，道和是道有矛盾，但又能自我克服、超越、包容矛盾的保障。因为存在中有矛盾而能在存在中克服、超越、包容矛盾，而使道自身仍然存在，这可谓道存在的和谐。因为显现中有矛盾而能在显现中克服、超越、包容矛盾，从而使道正常显现，这可谓道显现的和谐。正因为如此，道和是太和，是世界上所有矛盾的和谐统一。

《中庸》有"致中和，天地位，万物育"说，中是天下大本，和是天下达道，中和是有体有用的天道的、也是人性的基本特性，故可以视为人性修养达到的最高境界。或可说，道和是自然的或天的中和，中和是人为的或人的道和。

思想史研究生如何提高理论思维水平 ①

培养研究生发现问题、分析问题和解决问题的能力是我们的任务。要完成这个任务并不容易。关键是搞清楚发现、分析和解决问题的能力的理论性质和内容是什么。我认为，其实质就是探究如何经过学习、研究以提高理论思维水平。

一、历史上理论思维提高的通行办法

我的理论思维水平是如何提高的？

一是上大学时，在四川大学历史系。从本科时期开始，我就长期泡在图书馆。只要不上课，就在图书馆；见到感兴趣的书就翻一翻，看一看。这样读的书比较杂，比较多。

二是读历史系具备的朴素的历史思维，这是很好的基础。本科时我就写过关于康有为的政治思想、程德全的政治思想的论文。研究生期间，在导师魏瀛涛、胡昭曦两位先生指导下，写过《孙中山与四川护法战争》《宋代的重庆》《明末农民战争历史作用再认识》等学术论文。硕士毕业论文写《论魏了翁的学术思想与政治主张》，将《鹤山大全集》摘抄了一遍，积累了许多卡片。研究生毕业后，继续研究蜀学，特别是宋代蜀学，搜集了几乎全部材料，然

---

① 笔者曾于2017年为西北大学中国思想文化研究所数十位研究生做关于中国思想史方法的学术报告。本文即由此报告整理、补充而成。

后归纳概括，养成了从材料出发讨论问题的史学习惯。

三是在西北大学攻读博士学位，有意识地提高理论思维水平，尤其是逻辑分析能力得到有力训练。张岂之先生用书信指示我，应读笛卡尔《沉思录》、斯宾诺莎《伦理学》，以及毛主席的《论持久战》等，还应该读一些形式逻辑方面的书。我觉得自己读书受益，理论思维水平真正提高，还是在研究贺麟以后。用过去的老办法，搜集贺麟思想的材料，然后进行分析归纳。突然有一天，好像朱熹说的，"一旦豁然贯通"，就将贺麟各方面的思想打通了。贺麟先生的"新心学"思想体系由此得以重构起来，这应是我博士论文的主要贡献。

如果说，贺麟先生的著作教会我辩证思维，那么，金岳霖先生的著作则教会我进行逻辑分析，两位先生携手带我进入了中国哲学之门。毕业留校工作后，我继续研读了金岳霖、冯友兰、熊十力、张东荪、张岱年等哲学家的著作，上溯到先秦诸子，以及宋明理学。将不同思想家的思想体系放在一起比较，自然容易见得各自的优劣得失。同时对中国古代儒家的宗教思想、诠释思想、形而上思想等，以及西方相关的哲学，如康德、黑格尔、马克思，以及基督教神学，都花过功夫，进行过研究、思考。读康德，知道了理想主义哲学一般的入门思路。读黑格尔，知道了辩证思维的基本形式和宗旨，其实在于即心即理，即心学即理学，也可谓欧洲理想主义之集大成者。对马克思著作的研读，对我思想的影响也很大，不仅以马克思为例，认识到理想主义中有很多合理因素可供汲取，而且对现实、历史、社会经济、政治等，都具备了近现代的、超越我国古代的观察能力和分析思路。在此基础上，方有《道论》之作。

《道论》是哲学著作，有对我国现实问题的总的理论思考。因为探讨了我国历史上的形而上学，故也可以有理想信念的性能；道的信仰或信念，由此就具有了可靠的理论基础，有清晰的理论说明。对我们人类而言，《道论》提供了一种和而不同、博大宽容，直到天下大同的人生态度，帮助我们树立起一种不执着于小我眼前得失利害，而致力于实现全人类普遍道义的高远理想，具备一种不囿于事物局部而从世界整体出发、顾全大局的通达视野，洋溢着一种不局限于问题现象而直探本质的下学上达精神。在认识方法上，《道论》

提供了一种古老而又全新的、融会中西的辩证思维方式；这种辩证思维方式，不仅具备了逻辑和直觉统一、逻辑和历史统一、逻辑和"亲证"统一的思维框架，而且汲取诠释学成果，有儒家经典诠释方法基础。《道论》也可以说是我国道统思想史的理论总结。因为归根结底，思想史就是道的呈现史，是道的认识、实践和传播史。

思想史和社会史结合，是侯外庐标志性的思想史研究方法。从进西北大学攻博开始，我就在张岂之先生指导下，研读侯外庐等人的思想史著作，思考两者结合的依据、性质、桥梁、环节、主体等。后来读马克思的书，专门围绕思想史问题，摘录了近百万字①，在此基础上形成了《论马克思的思想史研究方法》等论文。大体上，社会史、学术社会史、作者生平、日常观念史、文化史、学术史、思想史，是思想史与社会史结合的几个逻辑环节。意思是说，思想史与社会史结合，其实是一个逻辑运动过程；上述环节构成这个总过程的各个阶段。其中，社会史是基础。但对思想家、学者而言，他们所面对的社会史，不是我们现在通过史料理解的，有些抽象的社会史，而是他们通过其生产生活，及其家学渊源、学术师承、学术交流等社会交往，而接触了解到的、具体可感亲切的社会史，我将它称为学术社会史；关于学术社会，我曾有《学术社会研究》一文发表，对此有专门讨论。与具体学术社会环境相应，学者们还面临着普通人的日常观念、宗教信仰、风俗习惯等文化的影响。而已有的学术成就则为学者的思想提供了历史传统、知识基础、认识方法、评价标准等，为问题的思考和解决提供了语言文字等思维工具和表达工具，提供了学科路径、专业水平和有效范围限度。思想史，除了概念史、命题史、系统史外，则包含更多的逻辑分析在内。

恩格斯说过，提高理论思维的办法没有别的，就是读哲学史。我们不少同学读过哲学史著作，但好像效果并不明显。这是为什么呢？我的体会是，只看哲学史著作是不行的，应该结合哲学史，细读、研究哲学史上那些大哲学家的原著。走进他们的思想体系之中，像他们一样再想一遍。马克思是这样做的，黑格尔是这样做的，孔子、朱熹、王阳明都是这样做的。

---

① 马克思恩格斯. 马克思恩格斯学说要义 [M]. 北京：人民出版社于，2018.

我们再看其他例子。中国古代，诸子之间理论思维水平参差不齐，儒道高一些，多为朴素的辩证思维，墨子差一点，但还发展出了逻辑推论，法家多为经验思考。汉代以后，大家公认的方法就是诸子百家，无所不窥。佛教进入中国并中国化后，宋明理学家的办法就是出入释老，返归六经，张载、二程、朱熹、王阳明等无不如此。如晚明大儒刘宗周言阳明为学次第："先生之学，始出词章，继逃佛老，终乃求之六经，而一变至道。"[①]明清时期，从学科方面说，经学和史学结合，也是很重要的方法。正如黄宗羲言："学者必先穷经。然拘执经术，不适于用。欲免迂儒之诮，必兼读史。"[②]经学近于今人所谓哲学，古人重视经学和史学结合，相当于说我们要将哲学和史学结合，在方法上主要是逻辑和历史结合。近代以来，我们学习西方，化西学为国学是主题。于是，提高理论思维的办法变成出入西学，返归中学。现代新儒家、自由主义、马克思主义三大派学者无不如此。三大派能建立自己新学术思想体系的并不多，多流于一种理论倾向，故对自己理论的方法论反思或有不足。再联系西方哲学史上提高理论思维的办法，如古希腊、古罗马哲学对后来的深远影响，如新柏拉图主义、新亚里士多德主义、经院哲学，还有近代康德、黑格尔等，就可以看出，理论思维的提高，除了要研读哲学史著作，尤其要研读大哲们的原著。在大哲学家的思想体系中遨游，在思想海洋中学习思想的游泳技能，是必由之路。

总体来看，历史上出现了两种情况：一是研究一人或一派的哲学思想体系，甚而终生株守，于是有各种主义出场。这样的主义，有使学问陷入师法、家法的危险；不同主义之间，难免产生门户之见，矛盾发展到尖锐时，甚至势同水火。能够进入某一大家的思想内部，与学术大家交心，当然有见地；但信守这一家的学说，丝毫不越门墙半步，看其他大家、其他学派的思想便难免如异端邪说，必欲否定之、拔除之而后快。这就表现出明显的局限。用辩证法看，当你特别不满意某人或某学说时，说明你正缺乏其人、其学的优点，你的思想正缺乏这类学说的精华。所以，你很恼火，以至非理性对待它。二是不止研究一人一派，而是研究多家多派，就是我常说的，先研究一

---

① 刘宗周.阳明传信录小引 [M]// 王阳明全集：下.上海：上海古籍出版社，1992：1613.

② 《清史列传》卷六十八《黄宗羲传》。

家，入乎其中；然后研究与之矛盾的、批评他的或他批评的派别，自然见得原来派别的不足，而能出乎其外，超越 ×× 主义；这样不断积累，越来越丰富，自然就能对整个哲学史或思想史有更深入的理解，去接近对真正学术思想史优秀传统的把握，也就是对历史的真正把握。因为历史和学术思想史上讲的优秀传统，即古人所谓道统，在根本上是统一的。

二、历史思维

思想史理论思维提高，涉及历史和逻辑两大要素。我们知道，从侯外庐开始，思想史和社会史就是我们强调的基本方法。如果我们这样理解，社会史是历史的集中表现，思想史是逻辑的历史展示，那么，社会史和思想史相结合，就接近于是历史和逻辑统一方法的具体表现。其中的两个基本要素是历史思维和逻辑思维；而历史思维又是基础。

首先，历史思维是从史料出发，实事求是的科学思维。有多少材料，说多少话；七分材料不说八分话。论从史出，切忌以论代史。即使逻辑推论的结论，也一定尽可能寻找史料做论据。从感性认识上升为理性认识，从具体到抽象，让逻辑分析建基于历史事实基础上，是历史思维的任务。

其次，历史思维也包含了逻辑思维在内。这种逻辑思维主要是辩证思维。故辩证法往往在历史研究中，在人生实践中展示比较充分。可以从两个方面理解历史活动中、历史进程中的逻辑思维。

第一，历史是变和不变的统一。

动态地看同一事物，事物在不同时间段，有变易。《周易》讲易有三义，有变易、不易、简易。其实这三易，恰恰反映了我们认识历史变化的三个阶段：由变易，而不易，而简易。简易就是变易中有不易，不易表现于变易中；可以将简易看成变易和不易的辩证统一。

由事物的变易，就可以将事物的变化划分为不同阶段，因为每个阶段都有不同的特点。逻辑上说，最初就可以分为未变和变易两个阶段。然后根据变化而又变化的情况，可以划分为三个阶段、四个阶段……以至无穷阶段。但研究变易的学问，从无划分无穷阶段者。因为任何事物的变化均非无限，而只能在该事物的规定性范围内变化，只能在其存在的前提下变化。人类社会历史虽然逻辑上说也可以是无限，但目前的历史过程还是有限的。中国历史没有中断过自然发展进程，也只有5000多年的历史。于是，在中国思想史上，我们划分变易的历史阶段，一般有这样几类：

其一，两个阶段。如始终，《大学》"物有本末，事有终始，知所先后，则近道矣"。如死生，《周易》"原始反终，故知死生之说"。当时的古人，何以和我们现在说始终、生死不同，而是反过来说终始、死生？我以为，古人重视自己的后天修养对于人生的意义和价值的重要性，而生、始是拼爹拼外在环境、拼传统，唯有死、终可以靠自己，由自己的修养决定，可以经由自己后天的努力而掌控。这也值得今人思考、借鉴。

其二，三个阶段，以及三个以上的阶段。如我们研究思想家一生，可以划分为早中晚三期之类。

历史分期，人生分阶段，皆就其不同阶段之变易而立论，故我们划分历史阶段，就应揭明各个阶段互相不同的特征；还应解释各阶段不同的原因，逻辑的和历史的原因；最后，理应揭示不同阶段变化中的不变者。由此才见得不同阶段是一个统一的历程，见得社会人生、历史发展历程乃是变与不变的辩证统一。其中，不同历史阶段中不变的积极因素集合起来，流衍而为历史的优秀传统，古人谓之道统。

第二，历史也是异与同的统一。

本来一切事物都是异同的统一，历史上的人物、事件、思想、制度等，无非体现这一点而已。为什么要强调这一点？因为异同关系是一切逻辑以至一切方法的基础。历史和逻辑统一方法的根据，就在于历史中有逻辑存在，逻辑一定要在历史中表现。历史中的逻辑，主要是辩证逻辑。异同关系，就是其中最重要的辩证关系之一。

比如，《易传》提出"易有太极，是生两仪"。太极就是同，两仪就是异。《老子》提出"道生一，一生二，二生三，三生万物"，道和一都是同，二、三、万都是异。异同的辩证关系形式是这样的："同→异→同"。如《老子》"天下万物生于有，有生于无"，而且众有必然"复归于无极"，这就呈现为"无→有→无"的辩证形式，这实际上是"同→异→同"辩证形式的表现。

"同→异→同"，说明异同关系的逻辑进展进程及其规律。要划分历史阶段，就是同、异、异之同三个阶段。黑格尔将这称为正反合的三一公式。辩证逻辑反映的历史发展过程，总的看就是三阶段。第一个同，普遍必然，但缺乏现实力量，故抽象无力。因为抽象无力，故它必然运动，即外化。异就是同外化的结果，我国古人称为生成或呈现；异的基本特征是现实有力量，但不够普遍必然；异还表现为与同的存在形式相对立的形态。于是产生了同异矛盾。矛盾的结果，是扬弃。扬什么？弃什么？扬的是同的普遍必然性和异的现实有力性，弃的是同的现实无力性和异的特殊性偶然性等。这样扬弃的结果，得到第二个同。这个同，既是普遍必然的，又是现实有力的，所以是具体概念，表现的是具体真理。因为这个同包容了第一个同和异的精华在内，故可以称为异之同，是前两者的对立统一的收获；相比第一个同来说，它还是真理，但已经有现实力量了，所以是发展。这个发展，不是第一个同的本质的改变，而只是第一个同的现实化。所以其发展主要是从抽象到具体的进展、升华。

运用上述异同逻辑理解"和而不同"，可以说，就同而言，是天下大同；就中间环节异而言，则是和而不同。然而这个"和"，也只是大同的异化表现而已。

需要注意，同异逻辑是一切逻辑的基础。逻辑学，就同异关系中的同而言，针对同一事物或不同事物之相同处立论。形式逻辑的思维，排除了异，仅就同异关系中同的静态存在、同的普遍必然性展示而言。同一律、不矛盾律、排中律是同的运动规律，故为形式逻辑的三大规律。辩证逻辑本质上也是同一律的表现，是同的运动、同的普遍必然性的展示，是同借助自己外化的异而展开为矛盾，从而扬弃自身的不足，而成就具体的同自己。

同异逻辑还是比较方法的理论基础。比较方法，就同异关系中的异而言，针对不同事物之相异处进行比较。按照黑格尔看，比较有内在比较、外在比较。外在比较指在事物之同的前提下，对不同事物之异进行比较。一般科学比较都属于这类比较，但这还只是比较的初级阶段。内在比较是在同的基础上对同一事物在不同时空条件下之异进行比较，是同一事物之内在本质、内在精神的比较；也指对不同事物在任何时空条件下的同的比较，也就是对不同事物共同本质的归纳、概括。内在比较实质上是不同事物本质的自我比较、自我呈现。故内在比较是比较方法的高级阶段。

三、逻辑思维

总的看，逻辑思维就是从真理出发，以真理为准则，为理想，传播、普及真理的思维方式。

在逻辑中，真理最初以理念（即柏拉图的 idea，在认识上指真理观念，或真观念，表现为逻辑概念，我国古人称为"名"）表现出来。后来更以命题形式，尤其是本体论命题形式表现出来，形式逻辑的三段论是集中表现。因为命题无非就是理念和理念之间的关系。从某一理念出发，变成从理念关系出发，就更接近本体了，对世界的解释力也更强了。在此基础上，更为复杂的形式，是从命题系统出发，即从思想体系出发，这就是××主义的思维方式，也就是理性的信念了。

历史思维基本要求是论从史出，寓论于史；逻辑思维的基本要求则是论从理出，论合于理。

因为逻辑思维从真理出发，而真理普遍必然，故人们掌握了逻辑思维方法，就可以进行逻辑推理，得出必然结论，正所谓"不出户，知天下"，闭门造车而又出门合辙。

从真理性观念出发，从真观念出发，在日常生产生活中，就是信仰真观念、传播真观念、实现真观念。从真观念出发，而真观念即真理之在观念中，故可以借助实践，变精神为物质，变思维为存在，变理想为现实。

我们古人讲的教化、文化、变化气质等，以及德教、文教、政教、礼教等，有一个基本前提，即以仁义道德这个真观念的自觉、觉悟为前提，传播和实现这个真观念而已。这正是从真理出发的思维方式，接近于一种演绎推论。

在从真观念出发这点上，也是古今中西，心同理同，同条共贯的。在这个意义上，孔子忠恕之道，忠是修己，恕是推己及人，仁爱众生，安人安百姓，也是从真观念出发的逻辑思维的运用。

历史上已经出现的逻辑思维形式主要有三大类别：

　　形式逻辑：三段论是代表。数理逻辑可谓形式逻辑的现代形式。分析哲学主要用的就是形式逻辑推论。用形式逻辑研究思想史或哲学史，如冯友兰研究中国哲学史所用的"解析"方法，主要是概念分析、命题的逻辑推论、系统的逻辑矛盾的考察等。

　　先验逻辑：是由现实推论可能、再由可能推论现实的逻辑。为何能从可能推论现实？因为此可能性是真观念，是真理，而真理有普遍必然性，现实也不例外。用先验逻辑研究思想史，对于过去我们称为"唯心主义"之类的学术思想，也就是形而上学、本体论、心性论等进行分析、理解，特别重要。因为先验逻辑揭示了一般唯心主义思想家的思维方式，一种针对现实而追问其先验可能性，也是追问其普遍必然的真理性依据的思维方式。所以，我总是要同学们阅读康德的《纯粹理性批判》一书，以接触、理解，并最终学会、掌握先验逻辑分析方法，才能对历史上的一些思想家如孟子、庄子、禅宗、陆王等，甚至如孔子、老子，程朱理学等的思想、思路有清晰准确的理解。

　　辩证逻辑：辩证逻辑也叫辩证法，在西方有柏拉图式、黑格尔式、恩格斯式。柏拉图的辩证法是对话中的破执显真法。黑格尔辩证法是集大成形式，是辩证逻辑的典型；恩格斯的叫做自然辩证法。

　　中国辩证逻辑材料很丰富，但没有建立起自己的辩证逻辑学。古代思想家们谈到的天人、内外、体用等，在思维形式上无不是辩证思维；因为没有系统化、清晰化，没有用概念、命题表现出来，故谓之朴素辩证思维。用辩证逻辑研究思想史，除了我们通常理解的评价两点论外，最重要的有二：一是要全面地、联系地、发展地看问题，而不局限于某一方面，孤立地、静止地分析某一问题，好像对象独立而不变化一般。二是对于本体论系统中不同范畴，如中国古人思想中的天和人、内和外、体和用、心和物等，它们之间的联系，往往都是辩证联系。只是对这种辩证联系，思想家们或许自觉，或许没有自觉而已。

　　我们研究思想史，一个重要责任，就是讲清楚古代已有辩证关系范畴、命题中的具体内容，如辩证运动的起点、中介、目的、条件、发展实质等，并结合现实理论需要，扬弃其内容。同时，辩证逻辑是整个世界运动的总规律，也是人类文明史总规律，故古代辩证范畴、命题等的研究，还要结合整个世界的变化、人类文明史来进行。在此基础上建立新的中国辩证逻辑学，是我们的理论任务。

四、思想史中逻辑和历史的统一

在思想史研究中，最重要的方法是历史和逻辑的统一，思想史与社会史结合只是其表现。同时，历史和逻辑统一，在历史思维和逻辑思维中，都各有其表现。历史中有逻辑，历史思维包容了逻辑思维在内，使历史不仅仅只是史料的堆砌，而且有内在逻辑联系。这种逻辑联系使历史在不同时间、不同空间都能成为一个有机整体。而逻辑要表现于历史中，逻辑思维要表现于历史思维中，成为最重要的历史必然性的源泉。

还要注意，历史思维中有逻辑环节，而逻辑思维要呈现为历史生命。这也应是历史和逻辑统一的表现。

比如社会史中，历史就包含大社会和小社会两个逻辑环节，是两者的统一。社会史是思想史的基础。从史料出发，就是从社会史的史料出发。在思想史视野里，社会史有大社会和小社会的区别，是两者的统一。大社会指整个社会历史条件、社会大环境，一般由后来的历史学家进行描述。小社会指学者或思想家直接面临的生产生活环境，我也称之为学术社会，如他所出生的家庭、生活的乡村、学习的学校、工作的单位，他所接触到的书籍、风俗、礼教、师承、学友等，他所参与或知道的重大历史事件、历史运动、历史思潮，他所交往的重要历史人物等。对学者而言，小社会可谓他的学术社会。对思想家而言，小社会就是他的思想社会。学者或思想家们就在小社会中生产生活，受到小社会的直接影响，也反过来直接影响着小社会。

小社会和大社会的关系是：其一，就所处的社会历史阶段、社会主要性质等而言，小社会是大社会的一部分，是大社会的缩影，大社会是小社会的全体，是小社会的延伸和扩大；其二，中国疆域辽阔，人口众多，各地自然条件、文化条件不同，故学者或思想家生活的小社会就各有不同。比如由于地理环境、出产、民风民俗等不同，小社会对学者或思想家的影响，可能和我们预估的整个社会的影响有差距，学者或思想家面临的具体问题就可能不同。如近代洋务运动期间，东南沿海地区广受西学影响，但内地如陕西地区，依然是传统文化占主导地位。用近代大背景去理解贺瑞麟这类陕西本土学者，以及用陕西传统文化背景去理解张之洞，就可能出现差错。这意味着，我们研究思想史的社会史背景，不仅要研究大社会史，尤其要关注小社会史。这样才能更准确地理解学者或思想家的问题意识、所思所想。

大社会落实为小社会，小社会上升到大社会高度，社会史研究的科学性才能获得保证。在思想史、社会史研究中，追求大社会和小社会的统一，应成为社会史研究的基本原则。和大社会史不同，在小社会史的研究中，区域史、地方史、地方志、个人传记、族谱、家谱、碑铭等史料，会受到更多关注。

又如，逻辑思维呈现为历史生命，表现为古人的道统观念、现在的文明史主线的观念。逻辑思维就是从真理出发、认定真理普遍有效的思维方式。我国古人将真理看成道。则古人的逻辑思维就是从道出发、认定道普遍有效，故学者们一生追求的，就是求道、闻道、行道、传道，直至让天下有道。道因为人的努力求索、言行活动而呈现出来，人因为道的引领、滋润而有意义和价值，历史因为道的呈现和人性的自觉、实现而愈来愈成为人人自由全面发展的历史。这些都可谓道的逻辑的呈现。

五、中道思维

历史和逻辑统一，与古人揭示的体用统一、主客统一等一起，在思维世界里，都只是道在不同方面的思维方式表现。上述思维方式，归根结底，只是道的思维方式。

同时，在古人那里，道的思维，往往也就是中道思维，道的方法就是中道方法，道的逻辑就是中道逻辑，无不洋溢着中道精神。孔子说："中庸之为德也，其至矣乎！"中道是至高无上的人性修养境界。它虽然至高无上，极为抽象，但又匹夫匹妇能知能行、日用常行。《中庸》虽然强调了君臣、父子、夫妇、昆弟、朋友五道，但不排斥中庸方法也可以成为认识方法、思维方法。借助近现代的科学方法、逻辑思维、历史思维等，充实中庸方法的内容，是中道方法发展的必由之路。

中道思维和具体某种方法是什么关系？在此可以打个比喻。中道便如中国高速公路网。譬如，我们驾车，从广安出发，到达目的地西安，可以用方法一，走高速，经达州、安康。这是条捷径。但我们也可以用方法二，走南充、广元、汉中，到西安。现在我们还可以用方法三，走巴中、汉中，到西安。这三条路好像是矛盾的。但如果我们将这三条路看成中国高速公路网的一部分，则它们不仅不矛盾，而且各有其妙用。从整个高速公路网看，只要你进入了网络，则条条道路通西安，不论哪条路均可，区别只在于远近不同，效率高低而已。中道是本体，展开来，它也如一种和谐的结构，一种大全，一种至高无上的方法标准。因为它就是道自身的直接表现。故中道，不局限于具体某一条道路、某一种方法，它存在于所有道路、方法的总和之中；故每条道路、每种方法，都是中道的一部分，是中道的一点表现，都不在中道外。毋宁说，每条道路、每种方法只是到达中道的一个阶段或一个层次。有中道支持，则只要你上道了，那么条条道路通西安。

可见，就中道思维和各种具体研究方法的关系而言，中道思维不是某种具体的方法，故不能执着局限于这些具体方法，而不求超越。每一具体方法又是中道方法的在不同层次、不同阶段、不同领域的表现，中道方法可谓各种思维方法的有机结合、辩证统一。中道方法就是各种具体方法背后之方法，是各种方法的本原、标准、理想。可见，我们研究思想史，绝不只一种方法。我们要不断学习，多研究，针对不同对象，要使用相应的不同方法。对经验史实，对思想文本，对语言文字，对思想内容，应运用不同的方法；这些不同方法，并非截然对立，不能过渡，而是相互联系，相辅相成的。它们共同构成了我们达到思想史真理彼岸的逻辑环节。

我们学习研究思想史，如何运用中道思维？我认为，完全可以针对不同对象、不同主体，针对思想内容所属专业领域和学者的修养境界，而综合起来，灵活运用。其大要有三：

一是从事实出发，即从实际出发，从材料出发。从事实出发，首先要以材料为据，用事实说话。一分材料说一分话，七分材料不说八分话。说话多少，全凭掌握事实多少。因为，这种方法要求认识的真或伪，以是否符合事实为准则，符合事实是认识为真的标准。所以，要追求真理，就需要搜集材料。搜集到材料后，还要整理材料，对材料进行分类，加以归纳概括，对不同事物、不同类别进行比较，观察和描述其异同，寻求合理的解释，得出结论。因为这种结论从材料或事实中得出，故有真实性，也有一定的或然性；即面对新的事实、搜集到新材料，结论或会稳固，或会修改、完善，有时甚或错误。结论真的程度，仰赖我们搜集材料的全面性。搜集材料越多，掌握的事实越多，得出的结论就越接近真。

从事实出发，向前，可追本溯源，寻找到事物产生的根源，明了事物的本质要素；向后，可展望未来世界，明了事物运动的归宿。同时，实际需要经验，材料需要搜集、整理、辨析，需要从理论上归类、解释。可见，从事实出发，实事求是，既拨开历史迷雾，揭明史实真相，也指引着真理呈现的方向，呼唤着真理的诞生。

我们知道，科学方法首先就是从事实出发。同时，我们也不能忘记，科学的目的就是帮助人们认识、把握真理，提高生产生活水平，自觉和实现人性。黄宗羲所言："读书不多，无以证斯理之变化；多而不求于心，则为俗学。"[1] 故理、心问题，必须思考、解决。

二是从逻辑出发，即从真理出发。逻辑思维的准则就是，从真理出发，依据真理，归于真理。但这真理必须是人们认识掌握到的真理；人们认识掌握到的真理会表现为观念形态，即真观念。故从真理出发，就是从真观念出发；从真观念出发，就会表现为从理念出发，从概念出发。从真理出发，依据真理，让真理做主，使不同认识、判断、命题，能相互融贯，不矛盾，最终归于真理，达到关于真理的形式系统，是真理运动的基本规律。演绎推论是从真理出发进行推论的基本方法，逻辑学是从真理出发进行认识活动的典型学科，伦理学、法学等则是从真理出发研究实践活动的典型学科。

在我国古人看来，从逻辑出发，绝不是单纯对象性的抽象思维，而就是从人性出发，从本心出发。结合古代儒家思路，从真理出发，亦即《中庸》"率性之谓道"。朱熹注，率，循，遵循。何谓道？道不远人。人以为道而远人，不可以为道。遵循人本性而言行活动，即是道，即是真理。而性从何

---

① 全祖望.鲒埼亭集：卷十一 梨洲先生神道碑 [M]// 全祖望集汇校集注.上海：上海古籍出版社，2002：219.

来？《中庸》首句"天命之谓性"便是答案。天命是人性的本原，人性是道的依据。于是，从人性出发，从与天命合一的人性出发，便是儒学的基本逻辑思路。而此人性，据古人理解，又不单单是一种抽象形式，而是生命、德性、本心的统一。于是，后来遂发展出"生之谓性"的气质之性论、至善本性论、本心良知论。但能作为出发点的，能充当思维方法起点的，唯有后两种人性论。即从本性出发，或从本心出发，或心即性，性即心，从即心即性的心性出发。这种思路，正是后来心性论的基本思路。心性论的逻辑思维所要排除的矛盾，不局限于认识、判断、命题的矛盾，而尤其关注人的本性本心和现实的言行活动的矛盾，实不符名，现实的名也不符合理想的名，故必须正名。孔子正名说，正是从真理出发、从概念（"名"）出发进行思考的典型方法。

三是从本心出发，让本心做主宰，为本心朗然呈现服务。从本心出发，即孟子"求其放心而已矣"、王阳明"致良知"的活动。从本心出发，即先立乎其大者，则其小者不能夺；在任何时候、任何地方、任何言行活动，皆能反身于诚，反省自我，反思本心，从本心出发，以本心为主宰；最终觉悟本性，澄明本心，感受到"心即理也""实体即主体"之乐，从而实现真我。表现于外，理想信念先行，理性实践随之；面对真伪、善恶、美丑，要讲良心，面对利害得失，要讲公心，面对事情变化、时事变动，要讲民心。民心民意是本心的现实表现，文化精神则是本心的抽象凝聚，它们始终是认识和实践的主体；人的自由全面发展则是理想，圣人则是古人认识到的理想人格。哲学、宗教、艺术等精深文化部门，其修养的最高境界，都是觉悟和呈现本心，用王阳明的话说，即"致吾心之良知于事事物物"。针对不同认识、判断、命题，其真伪的评判标准，显得好像是约定而成，或约定俗成。其实皆为从本心出发，而本心即真理，心即理也。

上述三个出发方式，前后相继，呈现为由低到高的发展形态，即人们认识和实践方法的进展，归根结底，就是道的历史，也是道的逻辑，也是道的历史和道的逻辑的统一，即道的方法，中道思维。

之所以能够如此，是因为我们的研究对象本身，我们的世界、历史就是如此存在的。如史实虽为对象性存在物，但史实有其性能，任何历史人物均有其认识、实践的基础、前提、方法，处于一定的心身和社会结构、关系、性质、功能作用中，历史事件有生灭，国家有兴衰，事物运动有规律，这些都可以比较分析，提炼总结，进行逻辑归纳、推论。天生万物，有物有则。物有其理，有其性能，历史中有真理，有精神，这些都是历史中有逻辑、事物中有真理的表现。

再从逻辑一面看，本来，所有概念最初都有其外延，有现实事物做基础，命题有现实事物的联系做基础，命题系统有其现实事物的结构、关系、秩序、规律为基础。数理逻辑、符号逻辑，分析哲学所用逻辑，虽不一定有现实经验对象，但也一定需要它们作参照。正因为这样，从材料出发、从实际出发，从事实出发，就可以而且必然进展到从逻辑出发、从真理出发、从概念出发，而又不违背前者要求的较高级阶段。我们常常批评一些人从概念出发，不是批评他从概念出发错了；而是说他只从抽象概念出发，而没有从实际出发。他没有将实际、概念两个出发点统一起来，反而对立起来。致使他用以出发的概念，并不是真理，而只是抽象物，缺乏现实生命活力。

而逻辑是理，它不仅是对象性的理，而且是理性，是人性的一部分。所以，逻辑不仅是理，而且是心，是即心即理的。就存在而言，理不离心而存在，没有离开心的理存在，或者说所有理，都是相对我们人的理性认识和实践主体而言的理性实在，天下无心外之理。就性能而言，所有的理，都有规范和主宰性能，包含了心在内。换言之，凡理即有主体性能。因为主宰性能正是主体性能的一个部分，也是理主体性能一个方面的表现。理有主体性，故理含心在内。理的辩证进展，实质上，在心这方面言，就是理中的心从自在发展到自为，由蒙昧到觉悟，自隐到显。就人们对理的认识和实践运用言，真理的实现，真理主体性的实现，都离不开人的努力，离不了人理性认识和理性实践能力的运用，离不开人主体性的觉悟和挺立。换言之，真理主体性的展示，离不开人主体性的昂扬。站在主体立场看，甚至可以说，人主体性的挺立，是真理主体性展示的前提条件。维特根斯坦说过，逻辑出于大我。逻辑一定会表现到精神上，变成人认识和改造世界的理性能力。学习掌握逻辑，能让人的认识清晰、准确、融贯不矛盾，能让人的实践方向、方法、标准明确，信念坚定，笃实有力。用古人的语词说，就是理的实现，理中心的性能的实现，必须以人本心的明觉为前提。人对真理的认识和运用，蕴含着人对真理主体性能的认识和转化，实质上也是人主体性内容的充实和丰富，是人主体性能力的训练和锻炼的收获。当人们认识和掌握了真理时，最后回头看理从抽象到具体的发展过程，无非就是心的成长过程，是心利用理，认识运用理，依据遵循理，而后以理为本质，从而实现心的过程。这个心，既是人的道心，也是理的心性；既是人心向本心的回归，也是本心在人心中的实现。

心即理，本心一定要表现到人心中，本心一定要借助人心，而主宰人身，进而主宰人的言语行为、社会活动、社会关系。这个过程，王阳明称之为"致良知"，即致良知于事事物物，让良知呈现到我们一切言行活动中。良知之所以能体现到我们实践面对的事物中，是因为心即理也，良知首先要呈现为真理的形态。良知、本心、道心，就是我们所谓主体，它的实质内容就是真理，心即理也。故良知的实现，致良知于事事物物，就是让真理在现实中实现出来，在人们的言行活动中表现出来。让良知做主宰，就是让真理做主宰。良知和真理的区别在于，良知就是真理在心中，是被真理充满的心，是真理的主体化、活化、有力化、灵性化，是自由的真理，而如果没有良知支持，真理或可能只是抽象形式、固定不变的条款，也可能演变为对自由的束缚。

由上可见，由事实而真理而本心，从归纳而演绎而反省，自对象的具体而抽象，而主客统一的主体，都体现出方法的进展。方法的进展，就是道自身呈现于我们的理性认识和实践中，是我们自身人性修养的综合进展在方法论上的表现。所以，古人认为，方法的进展，也是人们人性修养提高的表现，是人们认识和实践能力增强的理论形态。人性及人在知行活动中自觉和实现人性，充实丰富和确证人性，才是人的方法、思维形式的内核所在。这意味着不管是从实际出发，还是从真理出发，从良心出发，这些都是表象。本质上，就是从道出发。

从道出发，而道不离器。从道出发，也可以说就是要从器出发。器背后有道，物背后是气。故从道出发，一开始就表现为从气出发，气学家多如此。气的运动可感通。感，就是经验直观。从经验到的对象性的事物、材料、对象出发，其实就是从经验实际出发，从经验的事实出发，这是从道出发的第一种形式。

从道出发，即从与道统一、与道为一的人性、本心出发，从天理良知出发，从理性或精神出发。这里有两种形式：一是从真理出发，二是从本心出发。从真理出发的学问是逻辑思维，从真理出发的信仰和实践活动是教化，从真理出发的理性认识活动是哲学探索和哲学传播、普及。从本心出发是仁学、仁政、仁行。但心即理，真理和本心统一不可分。故从真理出发表现为从真观念出发，真观念即真理性观念，那是一种心，但是真理的心，是本心；它也是一种理，但是真理，而且是人们认识把握到的真理，是人们实践活动中获得的具体真理，普遍必然而又人人能知能行，这就是道。

统一了上述几种思维方法在内的中道思维，就是明心见性的方法。达到了道的方法高度，变成道的反思、道的逻辑、道的经验，便可以克服单纯反思的个体性和直观性，克服单纯逻辑思维的抽象性、思辨性，克服单纯经验认识的特殊性和有限性。在道的方法里，反省直观而普遍必然的逻辑在内，内在而外在在其中，知而行在内；经验而以先验为依据、为准则、为理想，对象而主体内在超越不离；逻辑而以主体的实践为基础，实践经验和心性体验包括在内。既摆事实、讲科学，又动脑子、讲逻辑，还满足需要、讲良心。人性修养方法包含了科学方法、逻辑分析在内；科学方法、逻辑分析方法则充实、丰富了人性修养方法。比如，经验归纳方法清晰化了古代格物修养方法的经验程序和经验内容，逻辑分析方法清晰化了古代穷理方法的形式标准和理性步骤，让对象性方法发展成为科学方法，以反思为核心的主体辩证法则使知行统一，抽象具体统一，理和心统一。三者结合，就逼近了道的方法。

可见，道的方法，就是各种理性认识和实践方法的有机统一，不仅是古人所谓天人合一、知行合一、内外和一、体用合一、主客合一的方法，而且也是历史和逻辑统一的方法、真理和人民群众的自由实践统一的方法、人民群众的需要和认识改造世界能力的统一的方法。之所以能如此，无非是因为道就是气、理、心的统一。故道的方法能将气的方法、理的方法、心的方法熔冶一炉，铸成至高无上的中道方法。

道的方法，中道方法，就是从道出发，以道为依据、为准则、为程序、为步骤、为方向和理想的认识和实践方法，是道呈现为人类优秀文化传统的历史方法，也是道传播、普及、传承的方法，也就是人们学道、修道（志于道、求道、闻道、行道）和传道，最终让天下有道的方法。这时，道的方法不仅是单纯的理论思维方法，而且也是社会实践方法、人生境界提升方法、文明发展方法等。

还要注意，人们对道的体认、实践有不同境界，对方法的认识掌握亦然。用佛教的概念说，对中道方法也要无执，承受效法，学习实践而已。其中三个境界区别明显：第一，有法，有一定的方法；第二，无法，知方法之理，由此可以引申和掌握许多具体方法，而无一定之法；第三，吾法，道之所至，春风化雨，人唯有遵道而行，因信称义，知而行之，从容中道。自有法，经无法，成吾法，三者统一，三法毕竟一法，中道方法而已。这就是体用合一、道德统一，而归于至道，又落实为发自本性、遵循规律、合目的性的实践活动，即道的显现历程。

参考文献

[1] 辞源（合订本）[M].北京：商务印书馆，1988.

[2] 马克思,恩格斯.马克思恩格斯选集:第四卷[M].北京:人民出版社，1972.

[3] 列宁.哲学笔记[M].北京：人民出版社，1957.

[4] 周易正义[M].十三经注疏本.北京：中华书局，1980.

[5] 毛诗正义[M].十三经注疏本.北京：中华书局，1980.

[6] 尚书正义[M].十三经注疏本.北京：中华书局，1980.

[7] 周礼注疏[M].十三经注疏本.北京：中华书局，1980.

[8] 礼记正义[M].十三经注疏本.北京：中华书局，1980.

[9] 春秋谷梁传[M].十三经注疏本.北京：中华书局，1980.

[10] 王先谦.荀子集解[M].北京：中华书局，1988.

[11] 司马迁.史记[M].二十五史本.上海：上海古籍出版社，1995.

[12] 楼宇烈.王弼集校释[M].北京：中华书局，1980.

[13] 脱脱，等.宋史：二十五史本[M].上海：上海古籍出版社，1995.

[14] 张载集：章锡琛点校[M].北京：中华书局，1978.

[15] 朱熹.四书章句集注[M]//新编诸子集成本：第一辑.北京：中华书局，1983.

[16] 黎靖德.朱子语类[M].北京：中华书局，1986.

[17] 王夫之.老子衍[M]//船山全书：第十三册.成都：岳麓书社，

2011（2）.

[18] 全祖望 . 全祖望集汇校集注 [M]. 上海：上海古籍出版社，2000.

[19] 胡适 . 中国哲学史大纲 [M]. 北京：东方出版社 1996.

[20] 冯友兰 . 四十年的回顾 [M]. 北京：科学出版社，1959.

[21] 冯友兰 . 三松堂学术文集 .[M] 北京：北京大学出版社，1984.

[22] 冯友兰 . 中国哲学简史 [M]. 涂又光，译 . 北京：北京大学出版社，1985.

[23] 冯友兰 . 中国哲学史新编：第四册 [M]. 北京：人民出版社，1986.

[24] 冯友兰 . 南渡集：下编 [M]. 北京：商务印书馆，1959.

[25] 冯友兰 . 贞元六书（上、下册）[M]. 上海：华东师范大学出版社，1996.

[26] 冯友兰 . 中国现代哲学史 [M]. 广州：广东人民出版社，1999.

[27] 金岳霖 . 金岳霖文集：四卷本 [M]. 兰州：甘肃人民出版社，1995.

[28] 刘培育选编 . 金岳霖学术论文选 [M]. 北京：中国社会科学出版社，1990.

[29] 刘培育主编 . 金岳霖的回忆与回忆金岳霖 [M]. 成都：四川教育出版社，1995.

[30] 贺麟 . 五十年来的中国哲学 [M]. 沈阳：辽宁教育出版社，1989.

[31] 贺麟 . 哲学与哲学史论文集 [M]. 北京：商务印书馆，1990.

[32] 贺麟 . 黑格尔哲学讲演集 [M]. 上海：上海人民出版社，1986.

[33] 贺麟 . 文化与人生 [M]. 北京：商务印书馆，1988.

[34] 贺麟 . 现代西方哲学讲演集 [M]. 上海：上海人民出版社，1984.

[35] 侯外庐，赵纪彬，杜国庠 . 中国思想通史：第一卷 [M]. 北京：人民出版社，1957.

[36] 张岂之 . 侯外庐著作与思想研究：33 卷 [M]. 长春：长春出版社，2016.

[37] 钱穆 . 国史大纲：上册 [M]. 北京：商务印书馆，1994.

[38] 陈寅恪 . 金明馆丛稿二编 .[M] 上海：上海古籍出版社，1982.

[39] 蒙默. 蒙文通全集：六册 [M]. 成都：巴蜀书社，2015.

[40] 杨伯峻. 论语译注 [M]. 北京：中华书局，1980.

[41] 何兆武. 历史理性批判散论 [M]. 长沙：湖南教育出版社，1994.

[42] 张立文. 心 [M]. 北京：中国人民大学出版社，1996.

[43] 杨祖陶，邓晓芒. 康德纯粹理性批判指要 [M]. 北京：人民出版社
2001.

[44] 王路. 走进分析哲学 [M]. 北京：生活·读书·新知三联书店，
1999.

[45] 杨国荣. 从严复到金岳霖：实证论与中国哲学 [M]. 北京：高等教
育出版社，1996.

[46] 陈晓龙. 知识与智慧——金岳霖哲学研究 [M]. 北京：高等教育出
版社，1997.

[47] 高军，等. 中国现代政治思想史资料选辑：上册 [M]. 成都：四川
人民出版社，1984.

[48] 封祖盛. 当代新儒家. [M] 北京：生活·读书·新知三联书店，
1989.

[49] 李振霞，傅立龙. 中国现代哲学人物评传：下卷 [M]. 北京：共中
央党校出版社，1991.

[50] 韦政通. 伦理思想的突破 [M]. 成都：四川人民出版社，1988.

[51] 胡昭曦，等. 宋代蜀学研究 [M]. 成都：巴蜀书社,1997.

[52] 郭齐勇. 形式抽象的哲学与人生意境的哲学 [J]. 中州学刊，1998
（3）.

[53] 埃德蒙德·胡塞尔. 逻辑研究：第一卷，倪梁康译 [M]. 上海：上
海译文出版社，1994.

[54] 全增嘏. 西方哲学史：下册 [M]. 上海：上海人民出版社，1986.

[55] 夏基松. 现代西方哲学教程 [M]. 上海：上海人民出版社，1996.

后 记

书稿清样出来后，我请西北大学中国思想文化研究所博士生吴益生、赵阳阅读校对。两位同学很认真，细心审读，查对材料，提出了不少宝贵意见，使本书更臻完善。

光明日报出版社的同志为本书出版也做了不少繁杂编辑工作。

在此一并致谢。

张茂泽

2019年7月2日于西安